江宁历史文化读物

中共南京市江宁区委党史工作办公室
南京市江宁区地方志工作办公室
编

南京出版社
南京出版传媒集团

图书在版编目（CIP）数据

江宁历史文化读物 / 中共南京市江宁区委党史工作办公室，南京市江宁区地方志工作办公室编. -- 南京：南京出版社，2025. 8. -- ISBN 978-7-5533-5176-6

Ⅰ. K295.34

中国国家版本馆CIP数据核字第2025C46C72号

书　　名　江宁历史文化读物
作　　者　中共南京市江宁区委党史工作办公室
　　　　　南京市江宁区地方志工作办公室
出版发行　南京出版传媒集团
　　　　　南 京 出 版 社
社　　址　南京市玄武区太平门街53号
邮　　编　210016
联系电话　025-83283873、83283864（营销）　025-83112257（编务）

策划统筹　徐　智
责任编辑　徐　智
装帧设计　赵海玥
责任印制　杨福彬

排　　版　南京新华丰制版有限公司
印　　刷　南京凯德印刷有限公司
开　　本　787 毫米 × 1092 毫米　1/16
印　　张　19.25
字　　数　248千
版　　次　2025年8月第 1 版
印　　次　2025年8月第 1 次印刷
书　　号　ISBN 978-7-5533-5176-6
定　　价　68.00 元

编委会

十朝京畿　百代风华

作为古都南京主城辖区之一的江宁，历史源远流长，文化积淀深厚。江宁与南京唇齿相依，水乳交融，共同走过了跌宕起伏的发展历程：境内的汤山葫芦洞见证了南京地区最早的人类活动；江宁是十朝都会南京之京畿所在，随南京历史沉浮、命运与共；历史上，隋代、唐代、南唐、北宋、清代及民国早期，南京的政区建置一度以“江宁”为名，南京的简称“宁”更是直接来源于“江宁”；江宁、上元两县长期寄治于南京城内，与南京同城发展，不可分割。因此可以说，江宁与南京山水相连、风物无差，江宁历史文化是南京历史文化的核心组成部分。

一、从金陵到秣陵

从考古发现看，江宁地区人类开发的历史至少可以追溯到50万年前，1993年汤山葫芦洞内南京直立人头骨化石及古脊椎动物化石的发现，在南京乃至南中国都具有划时代的意义。

至新石器时代，以江宁陶吴昝缪遗址下层为代表的新石器时代晚期遗存，其文化面貌明显受到了太湖地区良渚文化的强烈影响，反映两地先民之间曾经有过比较密切的联系。尤其是出土玉器中的玉梳

背，是良渚文化的典型器物之一。在良渚文化中心区以外的其他地区，玉梳背往往出土于当地的最高等级墓葬，很可能是当时最高权力和等级的象征。以昝缪遗址为中心的陶吴地区，可能是当时江宁乃至整个南京地区的权力中心所在地。

步入夏商周三代，以原属汤山街道桦墅村的点将台遗址下文化层为代表的点将台文化年代相当于中原的夏代，已迈入青铜时代门槛。之后的湖熟文化年代相当于中原的商代至西周初年，以最早发现于江宁湖熟集镇而得名，其时青铜器得到了普遍使用，生产力发展水平已有较大提高。秦淮河及其支流两岸星罗棋布的湖熟文化聚落遗址，表明这一时期江宁地区的开发进入到一个新阶段。不仅如此，湖熟文化青铜器中的罍、爵，陶器中的绳纹鬲、甗、簋等器类的造型与中原商代同类器物相近，卜甲、卜骨的风俗亦与商文化有着密切的关系，可以认为商王朝的势力已经跨过长江，曾经影响到今江宁地区。

“太伯奔吴”是载于史册的商末周初重大历史事件，对南京和江南都具有重大影响。由于周人的到来以及中原地区先进文化的传入，包括江宁在内的江南地区社会文明进程被提速，并建立了最初的国家——吴国。有学者认为，太伯奔吴的“衡山”很可能与江宁和安徽马鞍山市交界的横山有关。换言之，建国早期的吴国中心可能在苏皖交界的横山地区，直到西周康王时代，才迁往镇江丹徒地区。春秋战国时期，吴、越、楚三国在南京相继争霸称雄，各民族逐渐融合，共同推动了江宁地区社会、经济的发展。史载周元王三年（前473）越灭吴后，勾践于次年命范蠡在濒江临淮之地修筑越城，其遗址近年已在秦淮河南岸长干桥西南的西街地块考古发掘中得到确认。而在此之前，从新石器时代晚期至春秋时期的南京区域中心，一直在今江宁西南境的陶吴、横溪、丹阳集镇一带。昝缪遗址玉梳背的出土，商代晚期大型精美青铜礼乐器的发现，春秋时期大型土墩墓的分布，以及相关历史传说，均可证明这一地区已有权贵乃至王权。甚至可以推测，这一地区可能已有区域性方国存在。据《景定建康志》卷16记载，北宋景德二年（1005），江宁县南六十里之“陶吴铺”改称“金陵镇”。现在看来，“金陵”本来就是陶吴铺的古称，所谓改称只是恢复本名而已，以陶吴集镇为中心的江宁区西南境实则是最早的“金陵”，是早期南京的区域中心。

周显王三十六年（前333），楚威王大败越国，为“私吴越之富，擅江海之利”，于是在新占领的吴越要地设置金陵邑（邑即后世之县），并在秦淮河入江口之石头山筑城为治，其辖域主要包括今南京主城及周围的江宁区。金陵邑是今日南京主城，也是江宁历史上有史可考的最早政区建置。根据考古发现的线索，金陵邑城址可能在今清凉山北麓一带。

秦祚虽短，但对后世江宁影响甚大。秦灭六国后，在今南京主城及江宁地区先后设置秣陵、丹阳、江乘三县。主流观点认为，始皇帝二十六年（前221），秦改金陵邑为秣陵县，移治于秦淮河中游的今秣陵集镇。此后，历两汉、孙吴、两晋六百余年，这里一直是秣陵县（孙吴改名“建业”）的政治、经济和文化中心。近年有学者根据文献记载及考古发现的线索，认为秦代秣陵县治仍继续沿用战国楚金陵邑城，直到汉高帝六年（前201）始迁至南京城西冶城与西州桥之间，孙吴时期则沿用为建业县治。西晋太康三年（282），因分秦淮水北为建邺县，原县治为建邺县所用，秣陵县治始迁往今秣陵集镇。

此外，秦始皇东巡两过江宁所修之驰道，使这里成为秦驰道网的枢纽之一，是江宁古代道路史上的重要里程碑，并留下“秦始皇鞭方山”“秦始皇断长垄泄王气”等诸多传说，成为今日江宁非物质文化遗产的重要组成部分。秦始皇泄金陵王气，无疑是孙吴政权为立国江东之政治需要而附会出来的传说，但“断长垄”疏通秦淮河则极有可能。研究认为，秦代水利工程技术发达，可以集中力量对方山东南水系及西侧屯水湖泊龙藏浦进行疏通，其上源古赤山湖水得以畅泄长江，大量湖滩出露水面，为大规模围湖造田提供了条件，进而为此后湖熟及周边地区的经济发展及汉初的置县奠定了基础。

两汉时期，江宁境内设有江乘、秣陵、胡孰（湖熟）、丹阳四个县级政区，其中秣陵、胡孰、丹阳三县一度成为侯国。西汉初年，析江乘、丹阳两县地新置胡孰（湖熟）县，就是得益于秦代的“断长垄”疏秦淮以及汉初对方山至湖熟段秦淮河流域的开发。汉高帝六年（前201），朝廷下令天下县邑皆筑城，江宁境内各县（侯国）城池当筑于此时。这些城池沿用了相当长一段时间，直到今天有些地面尚有遗迹可寻。总的看来，两汉时期江宁地区经济、社会得到进一步发展，先前比较明显的地域文化特色已逐渐消亡，代之而起则是全面融入统一的汉帝国大家庭之中，为即将到来的六朝辉煌做好了充分的准备。

二、从建业到江宁

东汉建安十六年（211），孙权从京口（今江苏镇江）徙治秣陵，改秣陵县为建业县。从黄龙元年（229）九月孙权正式迁都建业，到祯明三年（589）隋军大举伐陈，南北统一止，先后有孙吴、东晋、宋、齐、梁、陈六个朝代相继在建业（后称建康，即今南京）建都，史称六朝。六朝定都，不仅使南京迅速成为闻名于世的东方国际性大都市，也大大带动了作为京畿之地的今江宁地区社会、经济和文化的全面发展。这一时期的都城建康规模格局快速扩张，据《太平寰宇记》卷90所引《金陵记》记载，至梁都之时，城中二十八万余户，其西界至石头城，东界至倪塘，南界至石子岗，北过蒋山（今紫金山），东西南北各四十里，其中的“倪塘”即在今日江宁上坊地区。

就政区建置看，孙吴沿设建业、丹阳两县，而在湖熟、江乘两县境内“寓政于农”，改设典农都尉，集军务、屯务、民事于一身，以促进农业经济快速发展，从而有效保障都城建业的军民粮食供给。太康元年（280）西晋灭吴后，对吴都建业实行贬抑政策，建业县改复旧称秣陵县，湖熟、江乘典农都尉亦改回为湖熟县、江乘县，又在政区设置上分而治之，以强化控制，其中之一便是析秣陵县西南沿江之地新置临江县，次年改称江宁县。改名之缘由，《太平寰宇记》卷90引南朝《舆地志》云：“以江外无事，宁静于此，因置江宁县。南门临浦水，至今呼江宁。”其中“江外无事，宁静于此”八字，是“江宁”取名之源。太康三年（282），又以秦淮为界，水北为建邺县，水南为秣陵县。建兴元年（313），为避晋愍帝之讳，改建邺县为建康县。

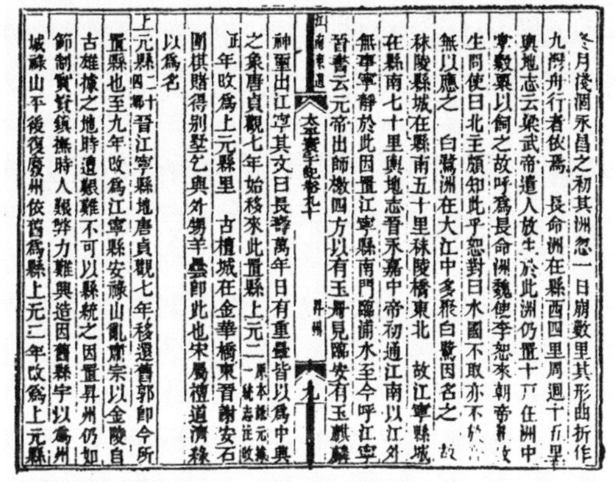
冬月後潤永昌之初其洲忽一日崩數里其形曲折作
九𡚁舟行者依焉　長命洲在縣西四里周迴十五里
輿地志云梁武帝遣人放生於此洲仍置十戶在洲中
亨穀粟以飼之故呼爲長命洲魏使李恕來朝帝使文
生問使曰北主頗知此乎恕對曰水國不取亦不於
無以應之　白鷺洲在大江中多聚白鷺因名之　故
秣陵縣城在縣南五十里秣陵橋東北　故江寧縣城
在縣南七十里輿地志晉永嘉中帝初通江南以江外
無事寧靜於此因置江寧縣南門臨浦水至今呼江寧
晉書云元帝出師檄四方以有玉册見臨安有玉麒麟
江南東道　太平寰宇記卷九十　昇州　九
神璽出江寧其文曰長壽萬年日有重暈皆以爲中興
之象唐貞觀七年始移來此置縣上元二
年改爲上元縣里　古檀城在金華橋東晉謝安石
圍棋賭得別墅乞與外甥羊曇即此也宋屬檀道濟祿
以爲名
上元縣四鄉二十　晉江寧縣地唐貞觀七年移還舊郭即今所
置縣也至九年改爲江寧縣安祿山亂肅宗以金陵自
古雄據之地時遭艱難不可以縣統之因置昇州仍如
節制實資鎮撫時人艱弊力難興造因舊縣宇以爲州
城祿山平後復廢州依舊爲縣上元二年改爲上元縣

《太平寰宇记》卷 90 书影［嘉庆八年（1803）南昌万廷兰刻本］

据史籍记载，江宁县治在江宁集镇江宁河北岸，其城址至宋元时期尚存。近年，文物部门在江宁集镇华西村先后发掘820座古墓，其中战国晚期至两汉时期的墓葬多达469座，可知早在战国两汉时期，这里已然经济发展，人口繁盛，成为西晋置县于此的重要物质基础。

有旧志认为江宁置县后不久即废，至永嘉元年（307）复置江宁县。不过，20世纪60年代雨花台区板桥石闸湖的一座西晋墓出土的永宁二年（302）买地券文，记载葬地为“江宁县赖乡”；2020年4月，宁马高速公路江宁街道段出土西晋铭文砖若干，其铭文有“太康七年”“葬江宁南乡”等字样，可以证明太康七年（286）、永宁二年（302）江宁县仍存。此后1700余年，江宁县所辖地域范围虽代有变更，但作为一个独立的县级政区名称沿用至今，成为江宁历史上使用

时间最为长久的县名。

东晋时期，江宁地区仍置湖熟、江乘、建康、秣陵、丹阳、江宁六县。至梁代，再析梁武帝所生秣陵县同夏里为同夏县。其中东晋、南朝时期的建康县、秣陵县并称“京邑二县”，在建康城内附郭而治，官秩高于其他各县，这一格局对后世产生了深远的影响。此外，东晋以降，为安置因战乱南迁的侨民，今江宁地区还先后设置不少侨州、郡、县。其间屡有省置并废和辖域调整，致使这一时期政区建置异常复杂。

自西晋永嘉年起，中原士族纷纷避乱江左，其中大部分集中在南徐州（治所在镇江）及都城建康周围。以建康为都城的东晋、南朝成为华夏正朔所在，包括江宁在内的江南地区对于保存、延续传统衣冠礼乐文化作出了重要贡献。与此同时，外来人口的大量涌入，导致当地语言、风俗有较大改变，江宁地方文化由此呈现鲜明的多样性与南北交融性。

隋唐两代，南京地位一落千丈，其政区更迭频繁，人口锐减。隋灭陈后，尽废旧都所辖众县并入江宁一县，县治则迁往原建康都城宣阳门外陈代安德宫旧址。在南朝建康诸多属县之中，隋留存“江宁”一名，其复杂心态恐怕与西晋灭吴后析置江宁县相同，都缘于当时的最高统治者希望统一后的江南能够和谐安宁。这也是“江宁”作为县名沿用最久的主要原因。至唐代，又先后有江宁、归化、金陵、白下等县名之更易。上元二年（761），一度改名上元县，这是后世江宁称上元县之始。

隋唐时期南京虽失去都城地位，但南郊的牛首山、祖堂山地区却是唐代兴起的佛教牛头禅宗的发源地，法融、慧忠等众多高僧大德在此传法宣道，使之一度成为南方佛教中心之一。与此同时，江宁还是当时文人骚客凭吊吟咏、流连忘返之地。其游踪所至，遍及境内山水城林，所咏之诗作更赋予这片土地浓郁的人文情怀与浪漫的诗意画境。

三、江宁、上元，同城而治

五代十国时期，今江宁地区先后隶属杨吴、南唐。两国虽仅割据东南一隅，但政局相对稳定，经济发达，文化繁荣。沉寂数百年之久的南京再次焕发勃勃生机，一跃升为杨吴西都金陵府城和南唐国都江宁府城，江宁也随之再次成为畿辅之地。史载杨吴天祐十四年（917），析上元县西南19乡、当涂县北2乡之地重置江宁县。这是“江宁县”名消失150多年之后被重新启用。此后直至清末，上元、江宁两县一直同城而治，城外分域辖管，这一格局延续近千年之久。20世纪50年代在祖堂山南麓发掘的南唐先主李昪钦陵和中主李璟顺陵，被誉为江南最大之地下宫殿。2010年在顺陵西北约100米新发掘的3号墓，被推定是后主李煜昭惠后周氏之懿陵。祖堂山南唐三陵是这一时期江宁地区最重要的文物遗存，是研究南唐历史文化与艺术的瑰宝。

两宋时期，南京作为东南重镇，其重要性远超其他同级政区。特别是南宋时期，南京还一度作为留都、陪都，是仅次于都城临安的军政要地。两宋之交，中原动荡，大量民众随宋室南渡，这是六朝之后北方人口的再一次大规模南迁，其中不少人举族定居于上元、江宁两县，成为今日江宁居民的重要来源之一。南宋初年，南京作为抗金的重要前沿，许多著名战事就发生在江宁地区。这一时期的江宁乡域社会，区别于前代的一个重要特点是市镇经济的迅猛发展。土桥、湖熟、陶吴、秣陵、淳化诸地人烟稠密，皆先后设镇，成为两县区域中心。在这些集镇周围的汤泉、索墅、龙都、东流、麒麟、铜井、朱门、路口等二十多地亦有相当数量的人口聚居，商品贸易发达，均设市进行管理，成为次集镇一级的乡域经济中心。以南京为中心的两县驿道网的建设同样得到重视，驿站、驿铺布设之繁密超过前代。这些驿道将所经之新兴市、镇紧密联结起来，为后世长期沿用，其路线与民国时期新筑的多条公路线大体吻合。

江宁地区最重要的两宋时期考古发现无疑是北宋名臣王安石家族墓和南宋秦桧家族墓。前者位于将军山南麓“复地朗香三期”别墅工地，据出土墓志铭，2009年发掘的一座墓葬为王安石之父王益墓，另外一座为王安石异母长兄王安仁墓；后者位于牧龙及其周围的建中、清修、江宁集镇原粮管所等地，20世纪80年代以来所发现的秦桧家族墓至少有7座之多，此外还有作为其家族坟寺的移忠寺遗址，其中秦桧之子秦熺夫妇合葬墓、被推定为秦桧夫妇合葬墓的建中南宋墓都出土了大量的精美文物。

有元一代，江宁、上元两县依旧分治建康（后改称集庆）城。据《至正金陵新志》记载，至元二十七年（1290）的两县人口及延祐年间（1314—1320）的田地总数，都较南宋有显著增加，反映了其时土地开发的规模及人口增长的速度超过南宋后期的真实情况。

明初洪武、建文、永乐三朝的50余年，南京成为大明帝国的京师，全国的政治、经济和文化中心。作为都城附郭赤县的江宁、上元，被誉为“海内第一邑”，“其富庶甲于东南，巍然为天下首善邑”。由于京师建设的需要，明初大兴土木，大批手工业者、士绅和富户入籍江宁，人口的大规模流动必然带来生产技术的革新和社会文化的多样化。至今有“天下第一碑”之称的阳山碑材以及号称长达180里的外郭城垣就是这一背景下的产物。

此后，京师虽北迁，但南京作为留都（或称南都）长达两百多年，江宁仍是南都郊畿核心区域，继续保持相当的繁荣。特别是在明代中晚期，江宁的乡村经济再次得到显著发展，陶吴刻书、定林烧窑、秣陵机织等特色手工业逐渐兴起，江宁出产的湖熟板鸭、牛首银杏等地方特产也开始闻名于世。

明代正德、万历年间先后纂修的四部江宁县志，弥补了建县以来一直没有志书的缺憾。明代中期刊印的《献花岩志》《牛首山志》《祈泽寺志》等著名山、寺专志，把对乡土历史的编纂和研究引向了深入。此外，众多文人雅士纷纷赞美江宁的田园山水，留下了无数咏叹诗篇。朱之蕃《金陵图咏》所收金陵四十景中多处涉及江宁，盛时泰所列金陵十景更几乎全在今江宁地区，其中不少成为清代评定的“金陵四十八景”的雏形。

作为明初京师和此后留都郊畿之地，江宁地区山岗丘陵上分布着大量的名人墓葬。其中既有我国古代伟大的航海家郑和墓、洪保墓，也有为大明王朝镇守南疆近三百年的将军山沐英家族墓，还有饮誉中外的文化名流朱之蕃、顾起元、陈沂、顾璘、王韦墓。中华人民共和国成立后，江宁地区发掘了众多明代功臣贵族墓葬。以沐英墓所出青花“萧何月下追韩信”图瓷梅瓶、驸马都尉宋琥及其子宋铉墓所出两件釉里红“岁寒三友”图瓷梅瓶、沐启元墓所出“渔翁戏荷”琥珀杯、牛首山弘觉寺塔地宫所出鎏金喇嘛铜塔等为代表的大量精美文物，堪称国之重宝，不仅是江宁历史文化的重要组成部分，也是明代物质文化高度发展的重要见证。

明清易代，南京的弘光政权没能承担中兴复国的重任，旧朝的南都虽降为清朝的江南省城，但上元、江宁两县的设置仍沿袭不替。作为前朝京畿地区，江宁是明代遗民活跃的区域之一，为后人留下了丰富的精神文化遗产。清初所施行的一些重大政策改革，在一定程度上减轻了民间赋役负担，有利于社会秩序的稳定和经济的繁荣发展。康乾时期，江宁乡村人口增长迅速，至嘉庆年间一度达到百万之数，创下了近代以前的最高纪录。地方特产如南乡米、南乡猪肉、圩蟹、湖熟板鸭、牛首银杏、兰花、水仙、云雾茶等声名远扬。同时，特色手工业如陶吴刻书、秣陵机织、龙都贩药、窦村石刻、定林烧窑、朱门烧炭等表现出旺盛的生命力。牛首山、祖堂山、献花岩、方山、汤泉、虎洞等地方名胜继续吸引大批文人墨客访幽探胜。乾隆帝南巡江宁，更是屡次出城游历，有力推动了“金陵四十八景”中“江宁八景”的形成。

太平天国运动期间，天京（今江苏南京）外围的江宁地区沦为清军与太平军反复拉锯的战区，以致战后的恢复重建经历了漫长的数十年。不过战后重建工程的巨大需求，又刺激了乡村交通运输和商品经济的发展，促进了部分区域的经济复苏。见诸史籍的江宁乡镇数量比战前大大增加，传统的区图、里甲，逐渐被市镇、村里所代替。晚清时期，随着门户开放，始有外国学者来此开展地质勘探与地理调查，江宁由此进入现代科学的视野。宣统三年（1911）九月，新军第八镇在秣陵关反清举义，打响辛亥革命江苏省的第一枪，拉开了南京走向共和、建立民国的序幕。

四、迁治东山，苦难辉煌

辛亥革命后，江宁成为中国第一个共和之都的京畿地区。其行政区划发生了巨变，上元、江宁两县合并，先为南京府，后为江宁县，延续千年的两县同城而治的历史结束。南京临时政府的昙花一现，并没有使江宁的发展出现重大转机。1919年，汤山率先展开始于基础设施建设的全面开发，成为江宁走向近代化的重要标志。同时，林业建设、作物改良、农村调查、矿产勘探与开采等工作也先后开展，对打破农村封闭面貌具有积极意义。随着1927年北伐胜利，南京被确定为国民政府首都，江宁再次获得重要发展机遇。

首先是城乡分界，在城为南京市，中央直辖；在乡为江宁县，江苏省辖。江宁县有史以来虽第一次退出城区，但与城市仍然关系密切，县府在最初几年仍寄设于南京城内。

1932年12月，国民政府通过《县政改革案》和《地方自治改革案》。次年2月10日，江苏省政府正式设江宁县为自治实验县，直隶江苏省政府。实验以公路建设、水利治理、农业改良和教育普及为核心目标，探索现代化乡村治理的可能性。随后开展了户籍整理、税制改革、警政整顿、治安管理、农村救济、农技推广、教育普及、卫生倡导、风俗改良等一系列乡村治理工作。这一模式在全国范围内引起关注，成为乡村改良运动的典范。作为国民政府改良农村实验的特区，江宁的乡村改良更多体现以行政改良为特色的农村综合治理，大量先进的政治、经济、社会等方面的理念与手段被集中推行，对江宁的现代化治理具有开创之功，对江宁民众也具有现代化启蒙的积极意义。

江宁改制后，因县政府仍局促于城内，对于施政牵制甚多，遂以“地点适中，交通便利，地势雄伟，易于建设，且地方经济不难发展者为原则”，勘定“山环水抱”的土山为新的县政府所在地。通过迁治土山的决议后，县政府随即派员测量制图，进行市政分区规划：其政治区，居土山中心，要便利交通；教育区，“避烦嚣之地，掠风景之胜”；园林区，利用土山，加以开辟；其他还有商业、住宅、河港等区。新的县府设于政治区内土山南麓的孙家祠一带。1935年5月13日上午10时，在土山镇新建的县政府礼堂举行县署迁治仪式。土山以别名改称东山镇，“东山”作为县府所在地名被沿用至今。

全面抗战爆发后，江宁因地处南京外围，成为中国军队阻击日军的重要战场之一。在南京保卫战中，淳化、汤山、牛首山等地爆发了激烈战斗。中国守军用血肉之躯捍卫国家尊严，在江宁历史上留下了可歌可泣的一页。日军占领南京后，在江宁地区犯下了滔天罪行，江宁人民同样深受南京大屠杀的浩劫之苦。此后，新四军和中共地方组织深入江宁地区，开展游击战争并建立抗日根据地。江宁人民在抗战中表现出的英勇气概，为抗战的最终胜利作出了不可磨灭的贡献。而以新四军先遣支队抗战指挥部遗址、横山县抗日民主政府旧址为代表的众多红色遗存，成为江宁红色文化的重要代表，传承着那段烽火岁月的记忆。

抗战胜利后，江宁进入短暂的重建时期。当局在江宁着手实施所谓新县制，如成立民意机关、增强县政府职能、裁撤区署、建立乡镇公所、调整保甲、整理警卫、普及教育，等等。然而，由于内战的全面爆发和经济的迅速崩溃，这些巩固统治的种种措施未能挽救国民党政权失败的命运。

1949年4月23日，南京解放，江宁随之获得新生，开始谱写全新的、更加伟大的历史篇章。中华人民共和国成立后，江宁被划归南京市管辖，开启了全新的发展阶段，乡村的基础设施建设逐步推进，地方经济开始步入正轨。改革开放后，随着城市化进程的加快，江宁逐步由传统农业区域向综合型经济区域转型，传统产业与现代产业相结合的经济格局开始成形。2000年撤县建区后，在南京城市扩展的大背景下，江宁逐渐由城乡接合部发展为现代化都市核心区域之一。至2023年，常住人口从74万增长到198.52万，经济总量则从113亿元增长到3056.19亿元。在经济迅猛发展的同时，江宁始终重视保护与传承丰富的历史文化遗产，将自身深厚的文化底蕴与现代城市建设相结合，为区域发展提供了强大的文化支撑。

综上，江宁的历史文化既深沉厚重，又绚烂多姿，从远古时代的南京直立人到六朝京畿的辉煌，再到民国自治实验县的探索，在史海沉浮中始终展现惊人的韧性与活力，为后人留下了宝贵的物质遗产与精神财富。今天的江宁正以开放与创新的姿态，继续书写属于自己的新辉煌。这片拥有悠久历史与灿烂文化的热土，正在焕发新的生机，成为新时代历史文化与现代文明交相辉映的重要舞台。

目 录

第一章　山川锦绣

江宁位于长江下游南岸，区域面积1563平方千米，东、南、西三面环抱南京城。自然环境得天独厚，文化底蕴深厚绵长。其山川形胜，可用“六山一水三平原”来概括。

江宁区境内以低山、丘陵为骨架，组成一个以低山、丘陵、岗地、平原、洲地交错分布的综合体，大致可分三个地貌单元：东北部低山丘陵，西南部低山丘陵，中部黄土岗地和有少数低山突起的平原。介于群山之间，秦淮河水系和沿江水系滋养着这片富饶的土地。百家湖、九龙湖等湖泊犹如一颗颗璀璨的明珠，镶嵌在江宁大地上。

江宁山水，不仅自然景色优美，而且人文积淀深厚。清代评选出的“金陵四十八景”，江宁就有其八，分别为东山秋月、牛首烟岚、祖堂振锡、献花清兴、天印樵歌、祈泽池深、台想昭明、虎洞明曦。1981年，南京市总体规划开辟八大风景区，江宁的祖堂、牛首区和汤山阳山区皆列其中。山水间，有名胜古迹、墨客诗文、美丽传说。江宁秀丽的山川连同其承载的数不胜数的古迹名胜和人文典故，成为人们游览风光和缅怀历史的绝佳去处。

第一节　群山环绕

江宁是一个多山的区域。据统计，境内称山的大小山丘有400多个，大部分在海拔200米以下。其中，横山第二高峰四径山高363米，是区内第一高峰。

江宁的山由亿万年前造山运动形成。区境东北部为宁镇山脉西段的南支，分布有汤山、阳山、青龙山等海拔200—300米的低山丘陵，大致呈东西方向延伸，山体多由石灰岩组成；区境西南部分布有横山诸峰及云台山、莺子山等，海拔多在250—350米，山势多作东西走向，或作东北—西南走向；区境中部突起的少数低山有东山、方山、牛首山等，海拔在数十米至200米左右。

一、东北部低山

江宁东北部低山中的主要山岭属于宁镇山脉一部分，分布在境内秦淮河以北。众多山岭中，以汤山、阳山、射乌山、青龙山、大连山为著。

汤山，位于宁杭公路南侧，山势作东西方向延伸，长5千米余，宽近2千米，面积约11平方千米。共有九峰，主峰团子尖海拔292米。山体石质多由晚寒武世及奥陶纪白云岩和石灰岩构成。

从南面看汤山（赵慕明摄）

汤山因温泉得名。“汤”，古汉语所谓热水也，山流热水当然是温泉。汤山，顾名思义便是温泉之山。据地质考察提供的资料，早在1亿多年以前，这里的温泉就已经流出地面。汤山温泉自古闻名，南朝宋武帝刘裕第五子江夏王刘义恭曾作《汤泉铭》道：“秦都壮温谷，汉京丽汤泉。炎德资远液，暄波起斯源。”相传早在南朝梁代，汤山温泉就被皇帝封为“圣汤”，故人们对于汤山温泉常以“圣”字名之、咏之。如唐代汤山温泉畔建有“圣汤延祥寺”，又如清代诗人袁枚所作《浴汤山五绝句》有“为寻圣水濯尘缨”句。现代科学测量分析，汤山温泉温度为55—60℃，含镁、钙、锶、硫等30多种矿物质及微量元素，不仅宜于沐浴，而且对多种疾病有良好的治疗作用。20世纪60年代初，时任卫生部副部长、医学家傅连暲在所著《养生之道》一书中将南京汤山温泉与北京小汤山温泉、辽宁汤岗子温泉、广东从化温泉，并称为“全国闻名的温泉”。20世纪80年代，在“金陵新姿览胜评点征联”活动中，“汤山温浴”被评为“新金陵四十景”之一。2008年，国土资源部授予汤山温泉“中国温泉开发利用示范区”称号。2012年，汤山被世界温泉及气候养生联合会授予“世界著名温泉小镇”称号。2015年，汤山温泉旅游度假区成为首批国家级旅游度假区。

素有地质博物馆之称的汤山岩溶地貌发育颇佳，过去发现的溶洞有朱砂洞、老虎洞等。其中朱砂洞较为有名，曾是一处道观，民国时不少社会名流来此游览并留下诗文。20世纪八九十年代发现的溶洞有雷公洞、葫芦洞等。其中雷公洞是1984年5月采石工人在汤山北麓作业时发现的，因洞所在小山称雷公山，故名。据专家考证，此洞属埋藏型岩溶溶洞，有300万年发育史。洞内深邃曲折，怪石嵯峨，有多个小厅和廊道，全洞面积约为1500平方米。1990年3月，采石工人在雷公洞东南面又发现一个更大的溶洞——葫芦洞。该洞面积达1800

平方米。葫芦洞与近旁的雷公洞景观形态不同，它豁然开朗，高大宽广，最高处近20米。洞中不仅有千姿百态的钟乳，而且有大量动物化石。更令人惊喜的是，1993年3月从葫芦洞中出土两具远古人类头骨化石，即南京人1号头骨化石和南京人2号头骨化石。南京人1号头骨化石，推断年代为距今60万年至50万年，2号头骨化石年代为距今50万年至24万年。“南京人”的发现震动了中外科学界，被评为1993年“全国十大科技新闻”之一。

射乌山，在汤山的北面，跨句容市境。南与阳山相对，东北与宝华山相接，为第三纪以前火山喷发堆积而成的死火山。山势呈东西方向延伸，长约5千米，共有八峰，主峰海拔233.2米。相传远古时，后羿在此山射落九日，为民除害。那么，为什么叫“射乌山”呢？因为传说太阳中有三足乌，而乌即指太阳，故名。据传，后羿射落的一个太阳落进汤山的山肚子里，从此汤山便流出热乎乎的温泉来。

阳山，北与射乌山为邻，南与汤山相望，西与青龙山相接。山体东西延伸7千米，南北宽约1.5千米。主峰居中略西，海拔342米。阳山的名称较多，古名雁门山，俗称孔山。唐李白诗“绿水向雁门”，即指此山。又因主峰形似一对羊角，也称羊山。清代诗人袁枚的散文名篇《祭妹文》中有“葬三妹素文于上元之羊山”句。主峰西南半山坡有著名的“阳山碑材”。所谓阳山碑材，是指三块拟雕石碑而尚未凿离山体的巨大石材。分碑座、碑首、碑身三大块，其中碑座长约26米，宽16米，高12米，以一般石灰岩比重2.7计算，重约1.3万吨。此石除北面与山体相连及底部留有几个支撑石座外，几乎凿空。距碑座不远处，矗立着椭圆形的碑首，长约20米，宽8米，高10米，重约4000吨。碑首旁横亘着巨墙屏障一般的碑身，长约50米，宽4.4米，高12米，重约7000吨。除东部及底部的两处支撑点尚与山崖相连外，其余均与山体剥离。若将碑座、碑身、碑首三石垒起，通高约72米，相当于24层楼高，重达2.4万余吨。难怪袁枚在《洪武大石碑歌》诗中惊叹："碑如长剑青天倚，十万骆驼拉不起！"根据史志记载可知，阳山碑材为永乐三年（1405）至四年（1406），明成祖朱棣为其父明太祖朱元璋修建孝陵而凿，拟雕造"大明孝陵神功圣德碑"。因碑重难移等缘故，遗留山中。六百多年过去了，雄伟壮观的碑材上一锤一凿的痕迹依然清晰如昨。它既是我们祖先勤劳智慧的印证，也是中华民族创造精神的写照。1957年，阳山碑材即被公布为省级文物保护单位。2005年，上海大世界基尼斯总部确认阳山碑材为"世界最大的碑材"。2013年，阳山碑材被国务院公布为全国重点文物保护单位。

阳山碑材景区

青龙山，跨汤山、麒麟、淳化、东山四个街道。据《同治上江两县志》载，此山"重峦叠嶂""迂回曲折""石坚而青"，故名青龙，又名青山。山体狭长，呈西南—东北走向，长约15千米，宽约2千米。据说有81座山峰，主峰小茅山居中段，海拔277米。山体大部绿化，生长马尾松、杉等。青龙山名胜古迹众多，人文资源丰富。山北面梁朝本业寺遗址处有我国山水诗派开山鼻祖——南朝刘宋大诗人谢灵运墓。山东北面宁杭公路南侧，有民国时期国民党元老于右任等创办的永安公墓，其中葬有不少当时军政和社会各界名人，如1928年在山东被日军杀害的我国17名外交官之一的张鸿渐“白石衣冠冢”等。山东南面的张山，原有清“金陵四十八景”之一的“虎洞明曦”。南朝齐代大儒刘瓛曾隐居山中蘼芜涧治学课徒。据方志记载，南唐后主李煜曾狩猎于青龙山。青龙山是入了李白法眼的，他所写《登金陵冶城西北谢安墩》一诗中的“青龙见朝暾”，即描述此山。

大连山，在淳化、汤山、东山街道交界处。因山体较大，又与青龙、天宝等山相连，故名。山近南北走向，长约3千米，宽约1.5千米，主峰海拔282.5米。大连山，一般认为即古时的彭城山。宋《景定建康志》记载“彭城山有彭城馆”，大概是山名的由来。另据《同治上江两县志》记载，明代文学家、刑部尚书顾璘葬于彭城山，其墓志为大名鼎鼎的吴中才子文徵明所撰。

二、西南部低山

江宁西南部低山中的主要山岭有横山、铜山、云台山、莺子山等。

横山，位于苏皖两省的江宁、溧水、博望（横山所在安徽部分原属当涂县，现已划归马鞍山市博望区）三区交界处，又名横望山，据《太平府志》载：“四望皆横，故名。”又据《当涂县志》载：“左氏传作衡山，衡、横通用也。”山近东西走向，弧形分布，山脊线长约15千米，南北宽3千—5千米，有大小62座山峰。主峰因呈拱形，太阳一出即可照到，故名太阳拱，海拔459米，矗立于江宁南面不远的马鞍山市博望区境内。横山不仅峰高壑深，而且有深厚的历史文化积淀。纵览历代史志所载，有学者认为太伯奔吴首先到达之地即今江宁、博望交界的横山。再从考古发现看，今江宁横山下曾多次发现商周时代的遗存，如20世纪五六十年代在陶吴出土的西周青铜鼎，在横溪出土的西周大型云纹兽面青铜铙等。此外，江宁铜山、小丹阳、横溪一带乃至宁镇地区分布的西周至春秋时期密集的土墩墓也是重要的佐证。地处吴头楚尾的横山，还是吴楚交兵、争夺地盘的古战场。周灵王二年（前570），楚军伐吴，被吴军大败于衡山（今横山），吴国的大国地位从此奠定。这是有文字记载的最早的江宁战史，因此，横山也是江宁乃至南京地区有史记载的最早的古战场。横山风景幽绝，自古就是高人雅士隐居修炼之地，其中影响最大的当数“山中宰相”陶弘景。据《太平府志》引《真诰》云：“陶弘景隐居，有读书堂、石门、古祠、灰井、丹灶诸景。”李白与横山也有不解之缘，曾多次来此游览访友、把酒吟诗，甚至隐居石门，观山赏景。这里提到的石门，为峡谷深处天然石壁，状如巨门，气势恢宏。石壁上有唐代镌刻的“石门”二字，直径达1.2米，笔力遒劲，赫然入目。据专家考证，“石门”二字为李白留下的真迹。

横山远眺

铜山，位于禄口街道之南，铜山自然镇之东。山有大小二峰，又称大、小铜山，其中大铜山海拔195米。铜山原有不少名胜古迹。山顶有雷公殿，供奉神话中掌管打雷的神——雷震子塑像。山腰有金牛洞，洞口有两巨石拱门，洞内有石桌、石凳，传说有姑嫂二人在此遇到金牛。金牛洞下有方方正正的平地，人称“万年台”，是早年乡间百姓看戏的好去处。铜山的出名，还与被杜甫称赞为“俊逸鲍参军”的南朝大诗人鲍照有关。鲍照（约414—466）曾任秣陵令、前军参军等职。《过铜山掘黄精诗》当是他在秣陵任上，到乡间公务之

余，掘黄精后所作。

云台山跨横溪、江宁两街道，山势略呈东北—西南向，面积7.2平方千米。主峰海拔319米，巍峨陡峭，耸入云表。因春秋季节常云雾缭绕，故名。旧有白云观、泉石之胜，山东麓有抗日烈士墓。白云观位于云台山山顶，其建筑以地势分三层三进，共20余间。旧时，香火之盛远近闻名。观外有石龙池，池中有似龙状的小蝾螈，自在游动，似与来人嬉戏，被视为吉祥物。山东麓坐落着庄严肃穆的云台山抗日烈士墓园。墓园面积1600平方米，园内安葬新四军第二支队三团营长邱立生、政治教导员王荣春等65位烈士遗骸。1964年5月，中共江宁县委员会、江宁县人民委员会决定兴建云台山新四军抗日烈士墓，建纪念亭、纪念碑，将原来分散埋葬的烈士遗骸移放到新建的墓穴里。1979年8月，中共江宁县委、县革命委员会重修云台山烈士墓，增建高达16米的纪念碑，并在烈士墓前建宽敞的平台和高5米、宽7米的三楹牌坊。1992年，云台山烈士墓被列为南京市文物保护单位和爱国主义教育基地。云台山下曾庄有明代万历进士，官至吏部左侍郎的顾起元墓；甘村有清代守闽台近20年，官至福建陆路提督的王万祥墓。

云台山（赵慕明摄）

莺子山位于江宁街道朱门社区东南，跨横溪街道，又称朱门山。东北—西南走向，长约3千米，宽2千米，主峰居中，海拔277.5米。莺子山山形优美，苍翠耸天，旧志称“数十里外望之，秀入云霄，群山罕匹”。全山绿化良好，生长有松、杉、毛竹。旧时，山中所产“铁线兰”被列为地产珍稀品种。《金陵待征录》云：“铁线兰出朱门山，叶与茎皆细，茎与花皆深绿，色微近黑，故名。”明代诗人盛时泰有《送僧入朱门山采春兰》。

三、中部低山

江宁中部广阔的平原、岗地上，散布着高低不一的低山如东山、方山、江宁牛首山、祖堂山、吉山、凤凰山等，其中以东山、方山、牛首山、祖堂山为著。

东山原名土山，位于东山街道江宁主城区北部，秦淮河东岸，海拔62米。山体多由侏罗系象山群砂岩及砾岩构成。东山虽小，却是文化名山。早在孙吴太平三年（258），孙权第六子孙休从会稽赴建业（今江苏南京）登基，曾从此山经过，并在山下布塞亭休息。因为“天子”驾临，今天在布塞亭中仍可见“飞龙”图案。东晋时，在都城建康（今江苏南京）供职的谢安十分怀念会稽东山故居，便在江宁土山仿照故居建别墅，常邀朝中贤士子侄游宴于此，这便是土山更名为东山的缘故。东晋太元八年（383），谢安在此运筹帷幄，以8万精兵大败号称百万

谢公亭（赵慕明摄）

之众来犯的前秦军队，取得被后人引为典范的淝水之战的胜利，改变了东晋被灭亡的历史命运。人们崇仰谢安，历代无数名人雅士都曾到其营建别墅之地的江宁东山寻访遗迹、抒发追思。李白、王安石、苏轼、袁枚等都曾来过此山并留下诗文，乾隆皇帝六下江南两登东山，留下的两首诗均以《东山》为题。东山的人文积淀深厚，可惜许多历史遗迹已杳不可寻。所幸中华人民共和国成立后尤其是改革开放以来，当地政府对东山的绿化和建设颇为重视，先后修筑了登山台阶，复建了谢公祠、布塞亭、谢公亭等亭台楼阁，并命名为“东山公园”，让古“金陵四十八景”之一的“东山秋月”显得格外迷人。

方山，位于江宁区中部，秦淮河东岸。面积6.5平方千米，海拔209米。“形如方印，故名方山，亦名天印矣。”这是南朝刘宋山谦之在《丹阳记》中对方山的介绍。相传，方山是玉皇大帝遗落的一枚金印化成的。又传，方山的由来与秦始皇有关。两千多年前，始皇南巡，经过南京时见方山金光闪闪、紫气腾腾。随行善于“望气”的官员禀报说：“此山独矗天地，天子气直冲斗牛，久后必出贵人，代大秦而定天下。”秦始皇不由大怒，抽出随身携带的神鞭对着方山拦腰挥去，只听轰隆一声巨响，便将方山山头打出天外，留下如今的模样。神话是迷人的，科学研究揭示，方山的方形外貌是距今1000万至300万年前火山喷发造成的。方山是中国东部同时期喷发火山中的典型代表，已被联合国教科文组织列为世界30个典型火山地貌之一。

俗话说“自古名山僧占多”，方山则是佛道并立。据《景定建康志》记载，1700年前吴大帝孙权就为著名道士葛玄在方山立洞玄观。自六朝始，山上先后建造了许多佛寺和道观，方山成为佛教和道教盛行之地。大体说来，东有东霞寺，西有宝积庵，南有洞玄观，北有定林寺，顶有海慧寺等。南宋高僧善鉴因钟山上定林寺荒废，募资

方山国家地质公园

于方山重建寺庙，沿用定林寺之名。近年，古刹已在原址复建。值得一提的是，原定林寺内建于南宋乾道九年（1173）的砖塔，虽历经八百多年风雨仍巍然屹立。该塔高14.5米，底层直径3.45米，七级八面，结构奇巧，为南京地区现存历史最久的楼阁式砖塔，也是世界第一斜塔。方山洞玄观经江苏省民族宗教事务局批准也已规划复建。

千百年前，方山以其独特的风景，以及“方山埭”“破岗渎”等规模巨大的水利工程，吸引了无数达官贵人、文人墨客，诞生了难以计数的诗篇。这些作品为方山的文化积淀增添了夺目的光辉。较早又有名气的诗，当首推南朝刘宋时期开创我国山水诗派的鼻祖谢灵运的《邻里相送至方山》。这是近1600年前诗人从建康出发，赴瓯越（今浙江温州）做官，在方山向送别他的“邻里”告别的诗。今天读来，仍然令人为诗人的留恋之情和生动描写而感动。六朝时期咏方山的诗还有东晋官至尚书令的王彪之《与诸兄弟方山别诗》，南齐王融、南梁沈约分别所写《侍游方山应诏》等。

牛首山，位于谷里街道东北部，南接祖堂山，东连翠屏山，北跨雨花台区。古时称牛头山，因双峰东西相对，状似牛头，故名。海拔

243米，面积5平方千米。山体由砂岩、凝灰岩和粗面岩构成，有铁矿蕴藏。

牛首山的名声始于1600多年前的东晋。相传东晋建国之初，晋元帝司马睿为显示皇权至尊，想在都城建康正南门——宣阳门外建高大的双阙。丞相王导想到晋室初立，国力空虚，指着远处正对着宣阳门的牛首山双峰说："此天阙也，岂烦改作？"意思是说这是天然的双阙啊，如再造就多此一举了。晋元帝见王导说得有理，也就打消了建阙的念头。此事传开后成为美谈，牛首山也被称为"天阙山"。

据记载，早在南朝时牛首山就有了佛寺，这为佛教在牛首山的发展打下基础。唐代初年，高僧法融在此创立佛教禅宗"牛头宗"。牛头宗主张深居山林，禅坐凝思，心性空寂，力求超脱。这些思想为中国禅宗思想体系的建立奠定了基础。因此，牛首山堪称中国禅宗的重要起源地之一。

牛首山的名胜古迹甚多。其中弘觉寺塔尤为著名。弘觉寺塔立于东峰南面山腰，七级八面，砖木结构，连同塔刹高约45米。塔因唐大历九年（774）代宗李豫"感梦"而建，算来已有1200多年历史。不过，今天所见之塔已非唐代原塔，而是明代正统年间重修之塔，近年也曾加以维修。当年塔建成后，著名诗人刘禹锡曾受邀撰写《牛头山第一祖融大师新塔记》。此外，牛首山的名胜古迹还有郑和墓、洪保墓、岳飞抗金故垒等。

如今，经过全面规划和精心打造，牛首山面貌已焕然一新。2015年10月28日正式开园的牛首山文化旅游区精彩纷呈。其中被人们称为"世界级震撼"的景观是佛顶宫。佛顶宫是在被开采几十年铁矿而消失的西峰巨大的深坑中建成的。这一大胆设计，不但建成了美轮美奂的佛宫，而且补齐了"天阙"。佛顶宫是佛教至高圣物释迦牟尼佛顶骨舍利（2008年在南京大报恩寺遗址发现的宋代长干寺地宫出土）安奉之地。地宫总建筑面积约13.6万平方米，总高89.3米，共九层，地上三层，地下六层。地上三层为禅境大观，核心展示点为一尊长7.5米的释迦牟尼卧佛。地下六层为地宫，乘手扶电梯到达地宫第五层，映入眼帘的是高达26米，恢宏、瑰丽的舍利大殿。因殿内有1343尊金碧辉煌的佛像，故又名千佛殿。千佛殿中央矗立着一座高21.8米的舍利大塔，每逢重大节日，从最底层的舍利藏宫迎请佛顶骨舍利到舍利大塔内，供广大来客瞻礼。佛顶宫上笼罩着的是再造的西峰大、小穹顶。大穹顶镂空的铝合金跨度达220米，形如佛祖袈裟覆盖在半圆形的小穹顶上，象征佛祖的无量加持。与佛顶宫同时建成开放的，有高88米、九级四面，外观为唐代风格的佛顶塔，还有坐落于牛首山东峰东南侧坡地的仿唐建筑风格的佛顶寺。

牛首山今貌

祖堂山位于牛首山南，系牛首山分支，古名幽栖山，面积约3.6平方千米。主峰芙蓉峰，海拔256米。

祖堂山是历史上著名的佛教圣地。早在刘宋大明三年（459），这里便建有佛寺，寺以山名，称幽栖寺。唐贞观初，高僧法融禅师在此山修行，创佛教禅宗牛头宗，为第一祖师，故改山名为祖堂山，寺为祖堂寺。南唐时，中主李璟、后主李煜常来礼佛，并于此大兴土木，“造寺千间”，这里成为香火鼎盛的皇家寺院和佛门僧侣的云集之地。岁月沧桑，如今恢宏的寺庙建筑虽已不存，但人们熟知的“献花清兴”“祖堂振锡”，都是祖堂山佛教文化的反映。

1993年5月，有关部门计划在祖堂山复建宏觉寺。宏觉寺原在牛首山，初名佛窟寺，后称弘觉寺，清代为避乾隆帝名讳，改称宏觉寺。该寺历经兵燹，久已废圮。经考察，决定在祖堂山原幽栖寺一带复建，定名祖堂山宏觉寺。复建后的宏觉寺建有三圣殿、观音殿等多座佛寺殿宇，已成为南京南郊一大佛寺和知名的旅游景点。俗话说盛世修庙，宏觉寺在祖堂山的复建盛况，堪称现代版的“祖堂振锡”。

层峦叠嶂的祖堂山（赵慕明摄）

20世纪50年代初，考古工作者在祖堂山南麓发掘出南唐先主李昪的钦陵和中主李璟的顺陵，即“南唐二陵”。南唐二陵是长江中下游地区发掘的规模最大的帝王陵寝，出土文物600多件，为研究南唐陵寝制度和历史文化提供了珍贵的资料。1988年，南唐二陵被列为全国重点文物保护单位。此外，祖堂山下还有明代兵部尚书王以旂及我国著名女考古学家、南京博物院院长曾昭燏等名人墓。

第二节　众水汇流

一、河流

江宁区境内主要有两大水系，秦淮河水系介于青龙山、汤山、牛首山、横山与天马山之间；沿江水系则位于青龙山、汤山以北，牛首山、天马山以西区域。

秦淮河水系，包括秦淮河干流、秦淮新河、句容河、溧水河、汤水河、解溪河等21条河流。秦淮河水系中的主要河流是秦淮河及秦淮新河。

秦淮河源远流长，是一条通古今、跨区县的地域名河。从发源地到入江口全长110千米，其干流主要在江宁区境内，支流密布，纵贯南北，为全区第一大河。

史载，秦淮河本名龙藏浦，又称淮水。淮水是何时的名称已难说清，大体说来应该是“龙藏浦”在前，“淮水”在后。秦淮河曾经有过的第三个名称是“小江”。“秦淮”则是这条河流的第四个名称了。“秦淮”的名称最早出现在东晋，唐代普遍使用。如李白《留别金陵诸公》中便有“六代更霸王，遗迹见都城。至今秦淮间，礼乐秀群英”的诗句。晚唐杜牧的名篇《泊秦淮》问世后，“秦淮”之名便盛行天下。

秦淮河

秦淮河的形成众说纷纭。一种流传甚广的说法是秦始皇所开。持此观点者认为河名姓“秦”就是一个证据，况且司马迁《史记·秦始皇本纪》明确记载秦始皇到过南京，当地又有秦始皇为泄金陵“王气”命人掘断金陵长垄的传说。不过，对以上说法，古人早有质疑。如唐人许嵩在所著《建康实录》一书中指出：此河“其二源分派屈曲，不类人功，疑非秦始皇所开”。经现代科学考察证实，秦淮河属自然河道，并非人工所开凿。地质学家认为，远在一千万年以前，就已经有这条河流了。

至于秦淮河的源头，据明代《宝华山志》记载：“秦淮河之源有二，一系句容宝华山，一系溧水东庐山。”宝华山海拔444.9米，为秦淮河的北源。据清《上元江宁乡土合志》记载，其水“出句容华山南，合茅山水，西北入上元界”。这里的“上元界”指今江宁土桥一带。后由此向西流贯湖熟，至方山下的西北村。这一从句容境内的来水称句容河。东庐山海拔289.7米，为秦淮河的南源。其水经溧水城区流入江宁铜山、周岗、禄口、秣陵、龙都等地，也流到方山下的西北村。这一从溧水境内的来水称溧水河。句容河和溧水河在江宁方山下的西北村汇合成秦淮河干流，再由方山之西向北流经东山等地，流入南京市区入江。

秦淮河流域平原广阔，山林遍布，雨水充沛，气候温和，自古就是人类宜居之地。20世纪50年代初，江宁湖熟镇秦淮河畔以及后来在秦淮河及其支流两岸发现的“湖熟文化”表明，三四千年前在秦淮河流域居住、劳作的先民已经相当稠密了。20世纪90年代初，秦淮河支流汤水河畔汤山葫芦洞中发现的“南京人”头骨表明，距今50万年前，秦淮河流域已经有人类繁衍、生息。秦淮河流域不仅是远古先民赖以生存的家园，也是区域历史上城市诞生的摇篮。仅就今江宁地域而言，就先后出现过秦时的秣陵、汉时的湖熟。

秦淮河是一条奔腾不息的河流，千百年来在惠泽两岸的同时，也常常给人们带来水患。中华人民共和国成立后，人民政府对秦淮河流域进行了系统的大规模整治，如在上游修建了100多座中小型水库，以便于防洪和蓄水。为了彻底解决秦淮河下游堵水，南京城容易被淹这一千百年来的难题，1975—1979年开挖了一条人工河道——秦淮新河。秦淮新河始于江宁东山附近的河定桥，至雨花台区的金胜村入江，全长18千米，河面宽130—200米。该河入江口附近建有节制闸，以适应排涝防洪、抗旱、航运的需要。秦淮新河在江宁区境内长4.64千米。当年，秦淮新河的开挖工程基本上都是由人力承担，投入民工总数达12万人。秦淮新河的开挖工程是当代南京开挖河段最长、施工时间最久、投入人力最多，对秦淮河水系影响最为深远的一项水利工程。

沿江水系，包括七乡河、九乡河、江宁河、板桥河、和尚巷等9条直接流入长江的河流。

长江从江宁区江宁街道南端和尚港流入境内，自西南向东北顺流而下，从江宁街道北端江宁河口出境，江岸全长19.2千米。长江江宁段宽度一般为1000—3000米，水深15—30米，最深处达70米。江面现有新济洲、新生洲、再生洲、子母洲和子汇洲等，其中最大的新济洲面积8.5平方千米。

长江江宁段江面浩瀚，丰富的长江水资源为江宁的经济发展和人民生活提供了重要的保障。商船由沿江的和尚港、铜井河口、新济洲等码头，东可出海，西可达长江中上游城市。秦淮新河江边节制闸既可泄洪排涝，又能提水抗旱，对全区半数以上农田旱涝保收发挥着重要作用。长江边所建日产30吨自来水的水源厂，可为江宁城区提供充足的生活、生产用水。进入21世纪，江宁滨江经济技术开发区在长江江宁段岸边迅速崛起，成为江宁经济与社会发展又一新亮点。长江江宁段的广阔深邃，令古往今来的诗人流连、赞美。南朝齐代大诗人谢朓《晚登三山还望京邑》中的千古名句“余霞散成绮，澄江静如

练”，写的正是这里的江面。长江江宁段见证了江宁的千年历史，也见证了江宁走进新时代的开放、发展、腾飞。

七乡河发源于汤山境内的孔山、安基山一带的群山。旧时因河水流经孟塘、孟北、东阳等七乡地域，得名七乡河。该河先呈东西流向，到孟北墙里与许巷间折而向北，流经栖霞区摄山镇的漳桥、西渡流入长江。全长18千米，在江宁区境内长6.2千米，是汤山地区重要的泄洪和灌溉河道。七乡河虽不长，却是一条古老的河流。20世纪70年代初，七乡河畔原汤山公社桦墅大队境内发现古代先民文化遗址，因遗址处相传为秦桧点将台，故称“点将台文化”遗址。据《南京文物志》记载，该遗址中、上层属于宁镇地区早、晚期遗存，时代相当于中原商代和西周时代；下文化层的时代相当于中原夏代，距今4000年前后。点将台文化遗址出土的遗存虽以石器、陶器为主，但发现有青铜炼渣，足以证明点将台先民已经步入青铜时代的门槛。点将台文化的产生，与七乡河的哺育是分不开的。

九乡河发源于汤山街道境内青龙山深处原北尚庄一带，先由坟头向西流，再向北经栖霞区注入长江。此河相传为秦代所开，古称锁石溪。民国时河流为锁石、东流、西流、麒麟、仙林、长林、衡阳、栖霞、石埠九乡数万亩农田灌溉所系，故名九乡河。九乡河全长23千米，在江宁区境内长13.2千米。下游曾为明代运粮和石料的重要水道，故又名运粮河。据《景定建康志》和《栖霞区志》记载，九乡河原名江乘浦。这是因为秦始皇东巡，在此浦入江处渡江，遂设江乘县，而浦也“因县为名”。江乘浦见证了古邑江乘的兴衰沧桑。

江宁河古时称南浦，也称江宁浦。发源于安徽省天马、萝卜和江宁娘娘、杨家等山。向北流经原陆郎、江宁两镇，在今江宁街道河口村附近流入长江，在区境内的长度为19.1千米。江宁河是一条古老的河流，大约晋代初年置江宁县（县治在今江宁街道）以后始称江宁浦、南浦。古人多有记载，如王安石《南浦》诗云："南浦随花去，回舟路已迷。暗香无觅处，日落画桥西。"民国以后，江宁浦改称江宁河。值得一提的是，江宁河上有座周郎桥，传为三国名将周瑜所建。如今此桥依然端立于江宁河上，只是已非当年所建。

板桥河，旧称板桥浦，清末更现名。发源于谷里、陆郎交界处的大金、林木等山，自南向北在雨花台区大胜关注入长江。全长15千米，在江宁区境内长10千米。板桥河是一条颇有历史文化的河，史志对其多有所记。如《景定建康志》载："板桥浦在城西南三十里，阔三丈五尺，深九尺，下入大江。"该志还记载了李白的诗《秋夜板桥浦泛月独酌怀谢朓》。据《同治上江两县志·考水》记载，板桥浦甚至还被北魏地理学家郦道元载入巨著《水经注》："江水经三山，又湘浦出焉，水上南北结浮桥渡水，故曰板桥浦。"这也解释了"板桥"之名的由来。

二、湖泊

据方志记载，历史上江宁境内湖泊星罗棋布，由于泥沙淤积，加上历代围垦，许多湖泊已经消失。随着改革开放和旅游业的兴起，一些残存的古老湖泊得到恢复和开发，如百家湖、杨柳湖等。一些原来的水库在保持灌溉功能的同时，华丽转身"变"为湖泊，如蟠龙湖（原赵村水库）、安基湖（原安基山水库）等。

百家湖位于东山集镇西南部，江宁经济技术开发区内。古时湖畔坡陀周延，芳草如茵，为牧马场所，曾名马牧湖（浦）。后因灌溉周围百家农田，更名为百家湖。至20世纪80年代，该湖仅有水面约0.4平方千米，且部分水面已分割成养鱼池。20世纪90年代初，江宁经济技术开发区的创建为百家湖带来新生。经过全面整治，湖面拓展为0.66平方千米，平均水深约4米。湖上新建了4座桥梁，其中白龙桥由东向

西横跨湖心，长约千米，如龙卧伏。湖东所建三层汉白玉凤凰台是新世纪新南京标志性建筑之一。以凤凰台为中心的白龙广场，是南京最大的市民休闲广场。湖畔有闻名遐迩的别墅园区——百家湖花园、胜太路商业街及湖滨金陵饭店等酒店。南京地铁1号线在这里设有“百家湖”站点。

百家湖

九龙湖位于江宁经济技术开发区南部，古名高亭湖。据《景定建康志》记载：“高亭湖在城东南三十里，周回二十里，溉田二十五顷。”由此可见，高亭湖早在宋代就是今江宁区域的一大湖泊。2000年，该湖被规划为旅游休闲地，整治和绿化工作随即展开。至于九龙湖名由来，据说因该湖多汊，形似九个龙爪，故名。九龙湖北起牛首山河，南至东南大学九龙湖校区，东临双龙大道，西至苏源大道。湖面被清水亭西路、诚信大道、吉印大道分为四部分：北湖、中湖、南湖、东南大学校内湖。全湖面积约1.12平方千米，湖岸线长约12千米。湖水清清，岸草茵茵，鸟鸣关关，处处充满湿地原生态魅力。沿湖的雕塑，刻有成语、诗词的廊柱，伸向湖心的亲水栈道，一个又一个别致的供人休憩的小亭，无不散发着浓郁的文化气息。湖畔坐落着东南大学江宁校区、南师附中江宁分校、临江高级中学、同仁医院等

九龙湖一角（赵慕明摄）

教学医疗单位，聚集有中船鹏力科技集团、九龙湖国际企业总部园、长安福特马自达研发中心等高端企业。

杨柳湖位于湖熟街道杨柳村南部，古时称刘阳湖，为县东南大湖之一。西汉时，因湖周物产丰饶，曾在附近设湖熟县。据《景定建康志》记载，七百多年前的杨柳湖周长有30里，可灌溉田地3000亩，可见湖面之大、湖水之深。经过数百年变迁，至20世纪80年代，偌大的杨柳湖只剩下800亩水面。为了发掘杨柳湖的历史文化，再现杨柳湖的迷人风光，近年当地政府制定了《杨柳湖文化风景区建设规划》，复建了古牌坊、古亭、古码头，开辟了5.6千米的游船线路。这一条为游人开通的水上游览线，把杨柳湖畔南京地区现存最好的明清村落建筑群——“九十九间半”和水乡田野、蓝天白云串联在一起。

汤泉湖位于汤山街道东北面的冈峦间。该湖原名汤泉水库，水库大坝于1958年动工兴建，1961年竣工。大坝长270米，高10.6米，水域面积0.77平方千米，最大库容量273.2万立方米。汤泉湖紧邻汤山集镇，风景别致。湖西有江苏省工人疗养院。湖东北面是海拔400米以上连绵起伏、重峦叠嶂的九华山，山中有春秋时期遗留的古铜矿。宁杭

汤泉湖（赵慕明摄）

公路和沪宁高速公路从湖南、北两面经过，湖畔的白鹭常伴急驶的车流翻飞。

银杏湖位于谷里街道公塘社区南面的大金山下，原名公塘水库。水库于1966年兴建，1973年扩建，1975年建成。大坝长590米，高15米，水域面积0.76平方千米，库容490万立方米。2000年，水库因栽种许多银杏树而更名为银杏湖，并由南京银杏湖农业观光休闲有限公司开发，从事农业观光、休闲旅游，以及球类运动场所和配套服务设施建设。至2004年底，已初步形成以银杏湖千亩碧波为中心的，千亩茶园、千亩银杏、千亩金桂、千亩樱花、万株名贵乔木以及千亩球类健身场所融为一体的度假、休闲、旅游景区。

第二章 文明渊薮

江宁是南京先民之根，南京文化之源。江宁汤山社区发现的距今已有50万年以上的“南京猿人”化石，不仅开创了南京有人类活动的历史，而且是整个长江下游地区目前发现的最早先民。在原属江宁汤山桦墅村发现的点将台文化，是迄今为止南京夏代历史的唯一代表。1951年在江宁湖熟镇发现的湖熟文化，是长江下游地区土著文化与中原商文化交互融合的产物。正是在湖熟文化的滋养下，南京诞生了距今3100年的“长干古城”，拉开名城营建的序幕，并且孕育出在中国历史上产生重要影响的吴国及其文化。

从诞生第一个南京先民，到最先踏入文明的门槛，江宁都走在南京乃至江苏省的最前列。“文明渊薮”是对江宁历史文化价值、地位、贡献最恰如其分的评价。

第一节 汤山“南京直立人”

汤山社区隶属江宁区，位于南京主城以东约28千米处。境内西、南部分布着一条东西走向、长约5.5千米的山地，总称汤山。汤山地区岩溶地貌发育完善，溶洞众多，为远古人类的生存和各种化石的保存提供了较为理想的环境。葫芦洞位于汤山西段雷公山西北部的山腰处，1990年由当地民工开山采石时发现。洞全长约64米，平均宽度25米，面积1800余平方米，因其东、西两端较宽，中部略窄，形似葫芦而得名。

葫芦洞考古发掘现场

1993年3月13日，当地民工在葫芦洞南侧下方的一个小支洞中发现一具头骨化石，即南京人1号头骨化石。4月17日，民工在大洞与小洞之间的巷道沉积中又发现一具头骨化石，即南京人2号头骨化石。同年12月至次年1月，由南京市博物馆联合北京大学，对出土头骨化石的小支洞进行考古发掘，又发现一枚古人类臼齿化石和2000余件古脊椎动物化石。南京人1号头骨化石属于一位30岁左右的成年女性，其形态具原始性：骨壁厚，整个头骨尺寸较小，颅容量小，发育有直立人样式的眶上圆枕和枕骨圆枕，前额低平、后倾等。这些特征都与北京直立人相同，在古人类分类学中处于相同的位置，因而被命名为“南京直立人”，简称“南京人”。1号头骨化石的绝对年代，经南京师范大学地理科学学院、美国明尼苏达大学同位素实验室、澳大利亚昆士兰大学地球科学系实验室等中外机构利用高精度电热质谱铀系法（TIMS）多次测定，修正为距今60万至50万年。这一结论得到古人类研究界普遍的认可。

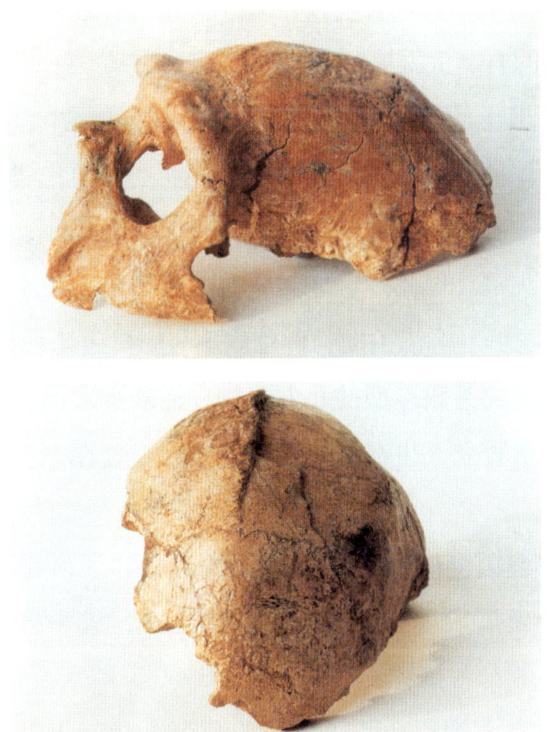

南京人 1 号头骨左视图（上）、南京人 2 号头骨顶视图（下）

南京人2号头骨化石仅保存有脑颅顶盖左半的大部分和右半上部的一部分，从颅骨的粗壮、骨壁的厚重、颅腔的宽阔等特点判断，可能属于一个30—40岁的壮年男性。2号头骨形态上有与直立人相接近的特征，如颅骨最大宽的部位在乳突上嵴部，颅盖最大宽稍高于耳点平面；前囟位指数和额角均处于北京直立人的变异范围之内。同时，2号头骨又有一些接近早期智人的特征，如角圆枕只见于颅外面；枕骨圆枕形态中段较粗，两端渐细，类似大荔早期智人；脑膜中动脉分支形式与现代人相似；颅盖高指数和前囟角比北京直立人稍大；等等。综合上述特征，2号头骨所代表的古人从总体上看属于比较进步的直立人，处于直立人至智人的过渡阶段。经测定，2号头骨化石的年代为距今50万至24万年。

葫芦洞小洞中还发现有一枚古人牙齿化石，经研究属于一个20岁左右智人个体的右侧上颌第2臼齿。

葫芦洞内出土的动物化石数量十分丰富，包含哺乳动物6目15科22属24种，有棕熊、黑熊、中国鬣狗、虎、豹、中华貉、狐、南方猪獾、李氏野猪、肿骨鹿、葛氏斑鹿、毛冠鹿、梅氏犀、水牛、马、剑齿象、马铁菊头蝠、鼠耳蝠、变异仓鼠、根田鼠、似小林姬鼠等，总称为“汤山动物群”。汤山动物群总体上与周口店北京直立人第1地点动物群相当，主要为耐冷型的北方动物，而缺少喜湿热的南方动物种类，这表明南京直立人生存的环境较为寒冷，处在一个影响范围很大的寒冷期或冰期之中。

汤山葫芦洞因同时发现多枚古人类头骨和牙齿化石，涉及直立人和智人两个发展阶段，以及大量动物化石，成为与北京周口店齐名的我国古人类与古生物学研究的关键地点。南京人1号头骨化石的发现，把江苏有人类活动的历史提前到距今50万年以上，对于我国人类起源和演化的研究具有极为重要的价值。葫芦洞中未发现石质或骨质工具，说明这里并非南京直立人生活的主场所，很可能是偶然进入。2011年，南京市考古工作者又对葫芦洞周边地区进行了一次较为全面的考古调查。调查确认，汤山和周边的阳山、青龙山、伏牛山等地至少存在26个大小溶洞，部分溶洞中已经发现有动物骨块化石。这些溶洞的存在和相关线索，证实汤山一带是适宜古人类生存和活动的区域。

第二节　点将台文化

根据“中华文明探源工程”研究的最新成果，大约从距今约5800年开始，我国各个区域相继出现较为明显的社会分化，进入了文明起源的加速阶段；距今5800年至3800年，经历的是文明起源的古国时代；距今3800年之后，我国进入了王朝时代。南京所在的长江下游，与辽河流域、黄河中下游、长江中游地区一起，是支撑中华文明多点起源的关键区域之一。南京地区的文明起源发轫于新石器时代，完成于商代晚期。在这一进程中，江宁境内发现了点将台文化，标志着当时的南京已经相当接近文明时代的门槛。在随后的湖熟文化阶段，南京修筑了最早的古城，建立了最早的方国，最终完成了文明起源的伟大征程。

点将台文化是以点将台遗址命名的考古学文化，其时代与中原地区的夏代基本相当。点将台遗址原属江宁县汤山乡桦墅村（现属栖霞区西岗社区），1972年秋被江宁县文化部门首先发现，1973年11月由南京博物院组织发掘。

点将台遗址的外观呈圆台形，高出周围地面约4米，南北长60米，东西宽50米，所存面积约3000平方米，发掘面积约130平方米。遗址文化层的堆积厚达2.5米，分为上、中、下三个文化层。其中，中层和上层遗存分别属于湖熟文化和吴文化早期，相当于中原的商代和西周早期，而下层遗存的时代早于湖熟文化、晚于新石器时代晚期文化，绝对年代约在公元前2000年至公元前1600年之间，大体相当于中原地区的夏代。下层遗存中黑陶所占的比例增加，出现薄胎磨光泥质黑陶，盛行篮纹、方格纹，呈现出一种比较特殊的文化面貌。1989年，南京博物院考古人员将点将台遗址下层遗存所代表的文化特征确定为“点将台文化”。

点将台遗址（2002 年）

点将台文化不仅发现于点将台遗址，通过多年的考古调查与发掘，南京的北阴阳营、安怀村、太岗寺、昝缪、朝墩头，镇江的马迹山、城头山、三台阁、团山，以及马鞍山的邓家山、釜山等遗址中均发现有点将台文化的地层和遗存，说明它是夏代较广泛分布于宁镇和皖南地区的一种重要的地方文化类型。

在点将台文化中，生产工具仍以磨光石器为主，主要器形有斧、锛、刀、凿、戈、镞等。青铜器目前虽未发现，但在高淳朝墩头和镇江城头山遗址中都出土过点将台时期的青铜炼渣，证明该文化已经迈入了青铜时代的门槛，成为宁镇、皖南一带最早的一支青铜文化。

点将台文化的生活用具以陶器为主，另有少量玉器、骨角器和蚌器。陶器在遗物中数量最多，最能反映该文化的基本面貌。点将台文化陶器的制法有手制和轮制，出现了胎壁极薄的磨光黑陶。陶器的器形有鼎、袋足鬶、罐、豆、瓮、盆、三足盘、尊形器、杯、钵、豆、碗等。从形态特征、装饰上看，陶器可分为明显不同的三组：甲组陶器的主要器形有三角形侧扁足盆形鼎、侈口罐、敛口罐、深腹盆、浅盘细柄豆、深盘高柄豆、侈口大圈足簋、罐形圈足匜、浅盘高足匜等，纹饰主要有弦纹、刻画纹、捺窝纹、戳点纹等。这组器物的源头是宁镇地区既有的北阴阳营文化。乙组陶器主要器形有足跟有捺窝的三角形侧扁足绳纹罐形鼎、筒状袋足甗、横篮纹高领罐、广口罐、绳纹小口瓮、宽把觚形杯等，纹饰主要有弦纹、拍印的篮纹、绳纹、细弦纹和少量的方格纹。这组器物的源头为分布于豫东、皖西北、鲁西南等淮河上游地区的王油坊类型龙山文化，然后经苏北地区的南荡、周邶墩、龙虬庄等遗址，传播至宁镇地区。丙组陶器的主要器形有三角形侧扁足甗、直壁附耳缸形器、深弧腹平底盆、三足盘、凸棱纹尊、凸棱纹折腹杯、蘑菇钮器盖等，纹饰以凸棱纹为主，有少量弦纹。这组器物的来源是分布于山东中南部的尹家城类型岳石文化，同样经苏北周邶墩等遗址，影响至点将台。在三组陶器中，甲组器物占50%以上，乙组器物约占40%，丙组器物占5%左右。通过对陶器来源的文化因素分析，可以看出点将台文化是一种混合型文化，本土与外来文化因素几乎各占一半，本土文化受到了北方外来文化的深刻影响。

在点将台文化的构成要素中，王油坊类型龙山文化占有很大比重。经多位学者研究，公元前2400年至公元前2100年前后的豫东、皖西北和鲁西南一带，是东夷集团中有虞氏部族活动的中心区域，诞生于此的王油坊类型龙山文化就是有虞氏的文化。有虞氏是传说中舜帝所在的部族。新石器时代晚期，有虞氏在舜的带领下，与以鲧、禹为首领的夏后氏部族发生过激烈的争夺。失败后，舜“禅让”禹，有虞氏被迫举族迁徙。公元前2100年以后，王油坊类型龙山文化在当地突然消失，却在江淮东部的兴化南荡，高邮周邶墩、龙虬庄等遗址留下大量遗存，最终于公元前2000年左右到达宁镇地区，与当地原有文化相结合，创造出点将台文化。近年来，上海广富林遗址也发现了王油坊类型龙山文化遗存，进一步证明了有虞氏部族一路向东、向南，渡过长江求取生存与发展，是历史上发生的真实事件。

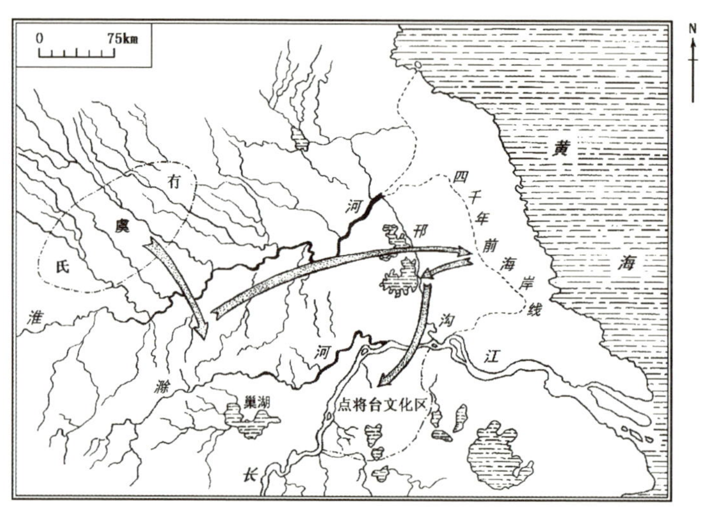

有虞氏部族迁徙示意图（张敏《吴越文化比较研究》）

点将台文化大都出土较多的斧、锛、刀、镞等石质生产工具，说明这一时期的狩猎活动在聚落生业经济中仍然占有很大的比重。从各遗址出土大量造型、纹饰复杂的陶器分析，点将台文化的制陶业已经相当成熟。另外，从点将台文化受到多支东夷部族的影响，且东夷文化因素占比很高来看，点将台文化时期的宁镇地区应该被纳入东夷文化圈之中。

夏代是我国青铜时代、国家形态的最初期。在全国范围内，夏代的历史文化面貌都处于相对模糊的状态。点将台文化的发现，使得宁镇、皖南地区夏文化的探索有了主体，其基本面貌和文化来源已经得到了初步的揭示。

第三节　湖熟文化与名城肇始

湖熟文化是宁镇地区商代的主体文化，由点将台文化发展而来，又成为其后出现的吴文化的滥觞。湖熟文化1951年发现于江宁县湖熟镇，南京博物院在当地发现十多处同类性质的遗址，并试掘了其中的前岗、老鼠墩两处。其后在宁镇山脉和秦淮河流域，通过调查又发现150余处同类遗址，证明这是本地区广泛存在的一种重要的古代文化，1959年正式命名。湖熟文化是中华人民共和国成立后第一批，也是江苏首个正式命名并得到学界公认的考古学文化。

湖熟文化的时代最初被发掘者推定为“殷商末期甚至更早……下限则可至战国时期”，即横跨商、周两个阶段。经过数十年的研究，尤其是运用碳–14测年技术，学界已经明确湖熟文化的上限应为商代初期（公元前1540±90年），下限为西周初期（公元前1195±105年），与中原商代大体相当。更为重要的是，在承认湖熟文化与吴文化存在文化共性和发展连续性的同时，学界认识到西周以后吴国已经有明确的史料记载，再用史前考古学文化来命名并不合适；而且西周以后土墩墓的出现，标志着原有的文化面貌发生了重要突变，因此有必要以西周为界，将湖熟文化与吴文化明确区分开来。也有学者提出，可将湖熟文化命名为“先吴文化”。

湖熟文化遗址迄今已发现300余处，分布在东至茅山、西至九华山、南至黄山、北至长江的宁镇和皖南东部区域内，其中秦淮河流域、高资至大港长江沿岸和茅山以东河网地带是三个最主要的分布区。南京江宁、溧水、高淳诸区，以及主城范围内皆有湖熟文化台形遗址分布，调查发现的总数超过100余座。其中位于江宁的有湖熟街道老鼠墩、神墩、梁台、船墩、前岗诸遗址，秣陵街道上新丰村神墩遗址、方山磨盘山遗址，东山街道上坊艾塘遗址、岔路口橙子墩遗

址，横溪街道陶吴昝缪遗址等。目前经过发掘的湖熟文化遗址已达20余处，包括老鼠墩、前岗、昝缪、船墩、艾塘等遗址在内，出土的文化遗物主要包括石器、陶器、原始青瓷器、青铜器、骨器等。

湖熟文化最初发现地之一——湖熟老鼠墩遗址（2009年）

湖熟文化的遗址大都为高出地面5—10米的圆形或椭圆形台地，面积7000—20000平方米以上，遗址周边一般有河流经过，甚至为两条河流所环绕。遗址文化层往往厚达3—5米，说明人类活动延续的时间很长。

石器仍是湖熟文化时期最主要的生产工具，多为磨制。器形有犁、斧、锛、刀、镰、凿、矛、镞等，其中三角形大石犁、有肩穿孔石斧、半月形穿孔石刀和横三角形石镰的出现，说明当时的农耕经济已经相当发达，而狩猎经济应已退居次要地位。

湖熟文化时期发现了宁镇地区目前最早的青铜器，主要包括生产工具类的削刀、鱼钩、镞、钻、斧，兵器类的戈、钺，以及酒器类的罍、爵、斝，乐器类的铙等。南京锁金村、北阴阳营遗址湖熟文化地层中都发现有陶坩埚、陶勺、青铜炼渣等遗物，说明当时南京本地已经出现了较为成熟的青铜铸造业。而且在上述遗址中，早期阶段仅发现一些小件器物，较大型的青铜器主要发现在中晚期，说明本地青铜铸造技术在不断提高。

此外，1974年江宁横溪塘东村出土一件商代晚期青铜大铙。此器通高46.5厘米，两面均饰饕餮纹，双目突出，周围以勾连云纹环绕，以圆圈纹为地纹。同类器不见于中原地区，而与湖南、江西等地出土者相似，具有强烈的南方色彩。铙是商周时期流行的打击类青铜乐器，可用于军旅，亦可用于祭祀和宴乐。此器的出土证明商代晚期南京地区的青铜铸造业除接受中原高度发达的商文化的影响外，也曾与南方其他地区有过交流与联系，从而逐步形成自己的特色。

江宁横溪塘东村出土的商代晚期青铜大铙

陶瓷制造业在湖熟文化时期出现了重大突破，硬陶和原始青瓷器的出现成为湖熟文化区别于点将台文化的重要标志。湖熟文化的陶器主要包括夹砂陶、泥质陶和硬陶三种，以夹砂红陶为大宗，占50%以上。陶器以素面为主，占70%以上，常见纹饰主要有弦纹、梯格纹、捺窝纹、戳点纹、绳纹等。常见的器形为鬲、甗、罐、鼎、瓮、簋、盆、豆、钵等。

硬陶所用泥料含铁量高，烧成温度也高于普通陶器，其器表多拍印云雷纹、羽状纹、回纹、方格纹、饕餮纹等各种纹饰，又被称为“印纹硬陶”，它是长江中下游地区商代新出现的陶器种类。北阴阳营遗址中发现过5座湖熟文化时期的小型陶窑，窑室呈长方形，火膛在窑室底部，外通火道，从结构上看为直焰窑，可以烧造温度很高的硬陶，标志着南京当时的制陶技术提升到一个新阶段。近年来浙江东苕溪原始青瓷窑址的发现，将我国瓷器的烧造年代提前至夏代晚期。宁镇地区最早在湖熟文化中出现原始青瓷，主要器形有豆、瓮、罐等。2008年，溧阳市天目湖镇发现了烧造硬陶和原始瓷的下马滩、前家岗窑址，为宁镇地区寻找原始瓷窑址提供了重要线索。

湖熟文化常见陶器

北阴阳营和太岗寺遗址湖熟文化地层中均出土有卜甲和卜骨，它是占卜术兴起的直接证据。比如，北阴阳营遗址第三层中发现的卜甲和卜骨共12件。其中卜甲7件，全是龟的腹甲，龟甲较薄的部位采用直接烧灼法，龟甲较厚的部位则采用先钻后灼的方法；卜骨5件，用的是牛的肩胛骨和肢骨，其背面均有圆窝形钻孔，并有直透正面的灼痕。用甲骨占卜是商文化的主要特征之一，北阴阳营等遗址甲骨的发现，无疑证明这一时期的先民在精神生活方面也曾受到商文化的重要影响。

艾塘遗址发现的湖熟文化时期连排式房屋

湖熟文化时期的房屋在多个遗址中皆有发现，造型多样。如2011年在江宁上坊艾塘遗址中发现了一座南北走向、四间连排的大型房屋，每间房宽4.2—5.8米，总长达17.04米。房屋内外的地面经过火烤处理，能够起到硬化、防潮的作用。

湖熟文化是多种文化融合的产物，主要来源有点将台文化、岳石文化、马桥文化和殷商文化。在早期湖熟文化遗物中，除陶鬲外，大多数陶器、石器都可以在点将台文化中找到其渊源，说明点将台文化是湖熟文化的主要源头。岳石文化自点将台文化开始便对南京本土文化产生影响，对湖熟文化的影响更为强烈，最明显的表现是素面鬲的流行。点将台文化中最重要的炊器是陶鼎和陶甗，而在湖熟文化中鼎被鬲迅速取代，素面鬲从湖熟文化开始一直被沿用至吴文化时期，其来源即为岳石文化。另外，半月形石刀的源头也是岳石文化。马桥文化是分布于太湖东部和杭州湾地区的夏商时期青铜文化，在夏代即出现印纹硬陶器，湖熟文化中的印纹硬陶器一般认为来源于该文化。

对湖熟文化影响最为深刻的还是来自中原地区的殷商文化。湖熟文化青铜器的造型并未形成自己的特色，罍、爵、斝、戈等大都模仿中原器物，两者之间几无差别；陶器中的绳纹鬲、甗、罐、盆、簋、缸等器类也与河南郑州二里岗的商代同类器物相同或相近，卜甲、卜骨的风俗亦与商文化有着密切的联系。透过这些实物证据，当时中原商王朝流行的占卜文化、礼乐文化甚至酒文化应该都对湖熟文化产生过重要影响。

根据殷墟出土甲骨文的零星记载，商王朝势力范围以内及周边地区分布着数量众多的方国，他们与商王朝之间既有广泛的交流，也有激烈的战争。其中比较强大的方国，西北和北方有鬼方、土方、羌方等，东南和南方则有虎方、人方、徐方。商代的南京地区有没有方国存在？中心区域在哪里？这些问题在2023年底似乎有了答案——2023年12月19日，中国考古学会两周考古专业委员会和南京市考古研究院联合公布，南京长干里发现了距今约3100年、属于商代晚期的“长干古城”。

长干古城的建造者推测是以湖熟文化为基础的南京先民，且城的出现往往代表着国家的形成。商代晚期，南京地区应运而生的国家就是影响深远的吴国。

第四节　吴国及其文化

商末周初，众多方国、受分封的诸侯国在华夏大地纷纷涌现，其中吴、楚、越三国在长江中下游地区应运而生，最为突出。从西周至春秋战国时代，它们各自发展壮大，彼此又激烈竞争，在包括江宁在内的南京地区都留下了不可磨灭的印记。诸国之中，吴国对南京历史和城市的影响最为深远。吴国及其文化是在湖熟文化的基础上，以宁镇地区为核心发展起来的，是南京历史上第一个有明确史料记载并以国号命名的发展阶段。

吴国创始于商代晚期，横跨西周，延续至东周春秋末年，公元前473年为越国所灭，前后长约七百年。吴国及其文化在中国历史上留有浓墨重彩的影响，太伯奔吴、吴越争雄等故事世代流传。《史记》将吴国列为《世家》第一，《荀子·王霸》篇将吴王阖闾与齐桓公、晋文公、楚庄王、越王勾践并列为春秋五霸。江苏自古被称为吴地，后世的孙权、杨行密、朱元璋、张士诚等在江苏范围内建立政权不约而同地以吴为号，都渊源于此。

吴国的史料散见于《春秋》《左传》《论语》《史记》《吴越春秋》《越绝书》等先秦至汉代的众多文献之中，通过这些文献可以了解吴国历史发展的基本脉络。据《史记·吴太伯世家》的记载，吴国是以太伯、仲雍为首的周人集团于商朝末年南迁，与号称荆蛮的土著集团结合而创立的，国号“句吴”。周武王时期，吴国正式受封成为诸侯国。自太伯、仲雍始，历季简、叔达、周章、熊遂、柯相、强鸠夷、余桥疑吾、柯卢、周繇、屈羽、夷吾、禽处、转、颇高、句卑、去齐、寿梦、诸樊、余祭、余眛、僚、阖闾，至夫差，前后凡二十五世。

文献材料还揭示了吴国社会习俗、礼仪制度、生产力水平等方面的一些重要情况。如据《史记》《吴越春秋》记载，吴人在服饰上最明显的特征是“文身断发”“以椎髻为俗”；礼制上历代吴王皆直呼其名，无庙号、谥号，表明吴国文化有很强的地方特色，不同于周制；吴公子季札观乐的故事则表明吴国上层贵族积极学习周礼，有很高的文化修养。又如《越绝书》记载，吴国有“大翼、小翼、突冒、楼船、桥船”等多型战舰，与周边国家发生冲突时，吴国经常动用水军。《左传》记载，吴王夫差为进军中原，在扬州附近开凿了运河“邗沟”，打通了江淮两大流域；另有文献记载，吴王阖闾为伐楚而命伍子胥在南京南部开凿了胥河，该河连接固城湖，沟通了长江和太湖流域。这些材料都反映出吴人善用舟楫、重视水利的特点。再者吴国还拥有较为优越的铜锡资源，《考工记》称“吴粤（越）之金锡，此材之美者也”，在此基础上吴国发展出发达的冶铸业，尤其擅长制造兵器。《战国策·赵策》为此大赞：“夫吴干之剑，肉试则断牛马，金试则截盘匜。”

虽然有关吴国的文献材料在先秦诸国中相对丰富，但也存在较为严重的缺载，尤其是寿梦之前、西周至春秋早期的吴国史料几乎为空白。另外，历来被奉为信史的“太伯奔吴”在现代史学兴起后曾受到不少质疑，一些学者主张吴人非周人后裔；部分学者认为在当时的条件下，周人集团不可能迁徙至遥远的江南发展，于是提出了太伯所奔之地为陕西陇县、宝鸡的“西吴说”，山西大阳、平陆的“北吴说”，以及太伯到达地为湖南衡山、江西樟树等多种观点。不过随着现代考古学的发展，考古发现的实物材料有效弥补了吴国古史的空白，对于传统史料的记载给予了有力支持，从而使以“太伯奔吴”为起点的吴国古史能够经受质疑，依然被学界主流认可和接受。

最新发现的长干古城，经碳-14测年证明始建于商代晚期，与太伯奔吴的时间高度吻合；而且出土的器物明显具有湖熟文化与中原文化融合的特征，与《史记》记载的太伯集团与土著结合而创建吴国的情况相当一致。因此，长干古城的发现对于揭示太伯奔吴的真相，探索长江下游文明化进程具有重要价值。

从20世纪50年代至今，考古工作者对宁镇和皖南东部地区广泛分布的土墩墓遗存进行了深入研究，调查确认的数量近万座并发掘数百座，最终揭示出它们与吴文化之间的密切联系。在现今南京的行政区划范围内，土墩墓分布最为密集的区域就是地处江南的江宁、溧水、高淳三区，调查发现的土墩墓已达1000余座。其中江宁境内的土墩墓主要分布在汤山、湖熟、禄口、横溪等街道。七十多年来，南京范围内发掘清理的土墩墓已有10多个地点、40余座，贯穿吴文化前后各个时期。其中在江宁发掘的主要是陶吴竹联山土墩墓。发掘证明，土墩墓是一种独特的墓葬形式，时代上自西周初期，下至战国初期，主要特征有三：一是平地埋葬，不挖墓穴或者略挖浅穴；二是堆土成墩，在地表形成馒头状的封土；三是聚族而葬，一墩内往往埋葬同一个家族的多座墓葬，仅少数为一墩一墓。这与当时宗周、中原流行的竖穴深坑、地表无封土的墓葬形式截然不同。

土墩墓大小差别明显。小型墓直径10米左右，陪葬品多为带有明显湖熟文化印记的夹砂红陶、印纹硬陶和原始瓷器；而大型墓直径20—30米，有的达到60米以上，除了陪葬陶器和原始瓷器外，还有丰富的青铜器。土墩墓出土青铜器的来源与特征前后有明显变化：西

江宁陶吴竹连山春秋时期土墩墓

周早中期既有直接来自中原或宗周的器物，也有本地仿制中原的器物，还有地方特色的器物。

江宁陶吴出土的西周时期青铜鬲

江宁境内出土过多批西周青铜器。如1957年，陶吴西阳街胭脂村出土一件西周青铜鼎；1958年，陶吴红旗水库出土多件西周青铜鼎、鬲；1960年，又在陶吴附近一次出土鼎、鬲、卣、匜、斧、锄、戈、矛等西周时期青铜器13件。这批出土的青铜器中有不少造型、纹饰、铭文等都与宗周习见的西周青铜器特征相同，应该是出自宗周的青铜器。

土墩墓出现的时期与吴国兴亡的时段基本一致。大型土墩墓，无论是墓葬形制还是陪葬的青铜器，明显存在土著文化与周文化并存并逐渐融合的现象，与周人与荆蛮结合而生吴的历史记载相契合。考古界一致认为土墩墓就是吴人的墓葬，其中的小型墓为平民墓，大型墓属于高级贵族阶层。

土墩墓性质的确定为吴文化研究找到了关键的突破口。土墩墓主要分布于东至茅山、天目山，西至九华山，北临长江，南抵黄山的区域内，与湖熟文化的分布区高度一致，表明太伯、仲雍所奔的“荆蛮”就是商代以来在宁镇和皖南东部创造出湖熟文化的人群。吴文化是以湖熟文化为基础，结合周文化和周边方国文化共同形成的。更为重要的是，宁镇和皖南东部的土墩墓自西周早期一直持续至春秋晚期，而以苏州为中心的太湖以东地区虽然也分布有土墩墓，但不仅数量少，而且时代全部为春秋中期以后，证明吴国及其文化是自西向东发展的。宁镇和皖南东部地区是吴文化的发祥地，也是春秋中期之前吴国的核心疆域，春秋中期之后吴国的统治中心才东移至太湖地区。

除土墩墓之外，考古工作者还确认了吴文化时期另一种重要遗存——台形遗址。吴文化台形遗址与湖熟文化台形遗址一脉相承，很多直接由湖熟文化时期的遗址发展而来，它们是吴人居住和从事生产活动的场所，常常与土墩墓交错分布。目前通过考古调查，南京境内先后发现吴文化时期土墩墓1000余座、台形遗址100余处，主要分布于江宁、溧水、高淳三区。2019年，南京市考古研究院联合浙江大学、郑州大学等考古机构，对江宁区秣陵街道中庄村发现的西周时期吴文化台形遗址进行大规模发掘，完成发掘面积8000平方米，在南京地区首次发现了吴文化时期干栏式建筑遗迹。

通过对南京及周边地区土墩墓和台形遗址的发掘和研究，西周至春秋时期吴国的物质文化面貌有了较为明晰的呈现。

秣陵中庄吴文化台形遗址发掘现场（2019年）

吴文化时期仍然处于铜、石并用阶段。在江浦蒋塍子，以及镇江龙脉团山、马迹山、孙家村等西周至春秋时期吴文化遗址中普遍发现石质工具，主要有斧、锛、刀、铲、凿、犁、镞等，器形与湖熟文化时期变化不大。进入春秋以后，铜质工具数量虽明显增多，如南京高淳、溧水曾出土多件春秋时期的锛、铲、锸、镬、犁等青铜农具，但石质工具仍在生产、生活中承担重要作用。

江宁陶吴中学出土的“白刺戈”与铭文

吴国青铜器制造水平在宗周、中原文化的影响下不断提升。除了礼器、农具外，吴国制造的青铜兵器尤为精良，重要兵器上还出现铭文。1970年在江宁陶吴中学出土一件青铜戈，上有20字铭文。多位学者释读为：“西野王之孙、嚣中之子，白刺用其良金，自乍其元戈。”学者进一步考证“西野王”即吴王寿梦，“白刺”为寿梦之孙，很可能就是吴王僚。此戈根据铭文被命名为“白刺戈”，它是吴国步入强盛时代的重要物证。

夹砂红陶、印纹硬陶器和原始瓷器是吴文化最主要的生活器具，也是最为常见的吴文化遗物。2007年，南京市博物馆与江宁区博物馆联合发掘的陶吴竹连山春秋时期土墩墓就出土了多件制作精细的印纹硬陶器和原始瓷器。夹砂红陶多用作炊器，常为素面，印纹硬陶和原始瓷器多用作容器和盛器。印纹硬陶和原始瓷器的主产地为太湖流域和钱塘江流域，即传统上的越地，吴文化中大量使用越地产品，说明吴越之间的文化联系与交流非常密切。

吴文化时期的建筑技术相比湖熟文化时期也有很大提高。在南京秣陵中庄，镇江丹阳凤凰山、马迹山等多处西周至春秋时期台形遗址中，多次发现由四个柱础组成的建筑单元。同样的遗迹现象，2011

陶吴竹连山春秋时期土墩墓出土的印纹硬陶罐和盖罐（上左、上右）、原始瓷盖罐和双耳罐（下左、下右）

年在江宁区秣陵街道中庄遗址中再次被发现。大型柱洞每四个相对成组，构成一个单元，共发现18组。专家推测，这些粗壮的柱础起主支撑作用，其上构建干栏式房屋，说明吴人能够根据江南多雨潮湿的特点，在设计和建筑时采取有效的应对措施，提高房屋的耐久性和居住的舒适度。

第五节　吴与楚、越争霸

西周时期，以周天子为共主的分封制运行正常，作为正式受封的诸侯，吴国在宁镇、皖南地区低调而稳步的发展。东周以后，周天子失去了对诸侯国的控制权，各诸侯国之间为争夺土地、人口，冲突不断加剧。春秋早期，吴国曾与地处江淮之间的干国（位于今扬州地区）发生冲突。春秋中期寿梦为吴王之后，与晋国结盟，实力大增。吴国与地处长江中游的楚国，以及长江下游的越国之间，爆发了激烈的战争。三个国家都曾为春秋时代的霸主，都对今天包括江宁在内的南京地区的发展产生了重要而深远的影响。

楚又称荆，国君为芈姓。周成王时期，楚人首领熊绎受封为子爵，建立楚国。楚拥有江汉，不断兼并周边各小诸侯国。至楚庄王时，任用虞邱子、孙叔敖等贤臣，在邲之战中大败晋国而称霸。楚国一方面问鼎中原，另一方面又向东发展，将势力扩张至今苏北、皖南地区，从而与吴国发生直接冲突。

春秋时期，为了争夺江淮之地的控制权，楚、吴之间爆发过多次大战。据学者统计，从公元前584年至公元前516年的六十余年间，楚、吴在州来（今安徽凤台）、鸠兹（今安徽芜湖东）、庸浦（今安徽无为南）、舒鸠（今安徽舒城）、朱方（今江苏镇江东）、乾溪（今安徽亳县东南）、长岸（今安徽当涂）、鸡父（今河南固始东南）等地，先后交战十次，其中吴军全胜六次，楚军全胜一次，双方互有胜负三次。公元前506年，吴军一度攻入郢都（今湖北宜城），令楚国元气大伤。总体来看，在春秋楚、吴争霸的过程中，吴国胜多败少，屡占上风，体现出霸主之风。但楚地大国强，屡败屡战，而且与越国联盟，始终对吴构成严重威胁，迫使吴国主力改为向东拓展，与越国的冲突不断加深。

在楚、吴大战中，发生于现今江宁区域以内的主要有以下战役：周灵王二年（前570）春，楚共王派令尹子重伐吴。楚军沿江东下，首先攻克鸠兹，继而挺进衡山，并由良将邓廖率“组甲三百，被练三千”深入吴境。吴军在半途截击楚师，俘获邓廖，逃回的楚军仅剩下“组甲八十，被练三百”。随后吴军乘胜伐楚，夺得楚国重要城邑驾（今安徽无为西南）。此役之中，楚、吴发生交锋的“衡山”，有学者考证应为今南京江宁、溧水与安徽博望三区交界处的横山。

周景王七年（前538）秋，楚灵王又以讨伐齐国叛臣庆封为名，率领蔡、陈、许、顿等小国联合伐吴。楚军深入吴国腹地，包围了已赐作庆封之邑的吴国朱方，并最终攻克，俘虏了庆封。朱方之役是吴楚争霸中少有的楚军大获全胜的战役。是役主战场虽在朱方，但研究者普遍认为楚国是从丹阳古道深入吴境，进围朱方。丹阳古道位于今江宁区丹阳集镇旁的云台山与横山之间，从商周开始直到六朝时期，一直都是沟通长江中下游地区的交通要道。

越国的本土以太湖和钱塘江流域为中心，崛起于江苏东部和浙江一带。据《史记》《越绝书》等文献记载，越国的始祖名无余，姒姓，号称大禹的后代，“封于会稽，以奉守禹之祀”。西周初年，越国曾向周成王献玉、雉等特产，与宗周、中原地区建立了联系。

春秋中期吴国实力大涨，又受到楚国东扩的压力，于是也将势力东移，大举向太湖地区扩张。越国则与楚国结盟，与吴国之间爆发了连绵不断的战争。周景王元年（前544），吴伐越虽获胜，但吴王余祭却被越国战俘乘隙刺杀。周敬王十四年（前506），吴王阖闾以孙武、伍子胥为大将，攻破楚国都城郢，而越军却乘机攻入吴境，牵制吴军。阖闾时期，吴国“大霸，筑吴越城……徙治胥山”，将都城迁至越国故地的太湖地区。周敬王二十四年（前496），阖闾率军攻越，在檇李（今浙江嘉兴南）被越军击败，阖闾负伤身死。两年后，继位的夫差于夫椒（今太湖中洞庭山）大败越军，报了檇李之仇。但夫差未能采纳伍子胥建议，接受越王勾践请降为质，其后又将他放归，越国得以幸存。

苏州博物馆藏吴王夫差剑

周敬王三十八年（前482），夫差率吴军主力北上，与晋国及中原诸侯会盟，将吴国的霸业推至顶点。经过十年生聚、十年教训的越国却乘吴国内空虚之机全力进攻，占领吴都姑苏。夫差仓促南归，与越军决战不利，被迫议和。周敬王四十二年（前478）、周元王元年（前475），越军连续攻吴，吴军无力迎战，仅据都城防守。周元王三年（前473），城破，夫差自杀，吴国灭亡。越灭吴之后，包括江宁在内的吴地尽归于越。

越灭吴之后，楚越两国共同的强敌不复存在，两国又都竭力争当霸主，楚越关系迅速走向对立。公元前473年，勾践在灭吴之后率军北渡淮河，与齐、晋等国会盟于徐州，并向周天子致贡。周元王使人赐勾践胙，册封他为伯。《史记》记载："当是时，越兵横行于江、淮东，诸侯毕贺，号称霸王。"不久，勾践将都城北迁至琅琊（今山东胶南或诸城东南），越国领土扩张至鲁境之南，国力达到鼎盛。

周贞定王二十四年（前445），为了争夺淮北泗上之地，楚、越、齐之间终于爆发大战，最终楚国获胜。其后楚国进一步东征，逼近琅琊。公元前397年，越国被迫将都城从琅琊迁回吴地。周显王三十六年（前333），楚国再次伐越，大破越军，越王无彊被杀，包括江宁在内的"故吴之地"全部归属楚国，越国退回灭吴之前的本土。其后，楚越两国仍然长期敌对，直至公元前223年和公元前222年，秦国先后击败楚国和越国，平定江南，楚越之争方才画上句号。

包括江宁在内的南京地区自古有“吴头楚尾”之称，这不仅有地理上的含义，标志着南京处于吴、楚交界地带；而且也特别符合商周时期历史的进程，南京地区的发展史从吴国兴起开始，以楚国获胜收尾，越国则在其中发挥了承上启下的作用。

第三章　名邑千秋

南京市行政区划示意图（2025 年）

江宁位于长江下游南京市中南部，江苏省西南部，地处宁镇扬丘陵区，介于北纬31° 37′ —32° 07′ 、东经118° 28′ —119° 06′ 之间，总面积1563平方千米。南北长，东西狭。东与句容市接壤，东南与溧水区毗邻，南、西南分别与安徽省马鞍山市相接，西与安徽省和县和南京市浦口区隔江相望，北、东北分别与雨花台区、秦淮区、玄武区、栖霞区相邻。《万历江宁县志》卷1《地里志·疆域》称："其富庶甲于东南，巍然为天下首善邑，真昔人所称佳丽之地也。"

江宁，又称金陵、秣陵、建业、归化、白下、昇州、上元等。历史上，江宁与南京在地理空间上时而犬牙交错，交互纠缠；时而水乳交融，难解难分。

在文献记载的南京近2500年建城史上，江宁经历了吴头楚尾、秦汉中心、六朝京畿、隋唐多变、南唐至民国初年同城而治、民国市县分治的曲折发展历程；江宁县在晋朝诞生后，治所也经历了由江宁镇到南京城再到东山镇的八次变迁。

江宁兴，南京兴；江宁衰，南京衰。江宁的兴衰起伏在某种程度上是南京历史发展的缩影。江宁的繁荣发展离不开南京的无私滋养，南京的辉煌灿烂也离不开江宁的默默奉献。

第一节　秦汉置县

春秋战国时期（前770—前221），包括江宁在内的南京地处“吴头楚尾”之地，时而是吴国的疆域，时而是越国的领土，时而是楚国的地盘。吴、越、楚在南京轮番登场。周显王三十六年（前333），即楚威王熊商击败越国的第二年，在南京石头山（今清凉山和国防园一带）建立金陵邑。这是一座具有行政管理功能的城堡，标志着南京主城区设置行政管理机构的开始，也是江宁纳入行政建置管理之中的开端，可以看作是江宁与南京共享的最早名称。

公元前230年，秦国发动征服六国的战争，到公元前221年，先后灭掉韩国、赵国、魏国、楚国、燕国和齐国。其中统治南京地区的楚国在公元前223年亡于秦，南京地区被纳入中国历史上第一个大一统王朝秦国的版图中。

秦灭六国统一中国后，吸取周代分封诸侯、导致诸侯割据的经验教训，废除分封制，在全国推行中央集权的郡县制，将地方行政机构划

《吴越楚地图》中的金陵邑（明陈沂《金陵古今图考》）

分为郡、县两级，以郡统县，天下共设36郡。据《史记》等记载，始皇帝三十七年（前210），秦始皇东巡会稽（今浙江绍兴），归途中途经南京，听信方士之言，凿钟阜，断金陵长垄以泄王气，秦淮河由此得名。同时，废金陵邑，设置秣陵县，并将秣陵县治设在今天秦淮河中游的秣陵街道。除秣陵县外，秦王朝在南京地区还设置了棠邑（治今六合区境内）、江乘（治今栖霞区摄山镇境内）、丹阳（又作丹杨，治今江宁区横溪街道境内）、溧阳（治今溧水区境内）四县，其中棠邑位于江北，隶属于九江郡，郡治设于寿春（今安徽寿县）；江乘、秣陵、丹阳、溧阳四县位于江南，同属鄣郡（治今浙江长兴西南）。江南四县除了溧阳与江宁无关外，江乘拥有今江宁部分区域，秣陵、丹阳二县县治同在今天江宁区境内，可以视作江宁建县之始，秣陵、丹阳也是南京两个重要的别称。此后，江宁以秣陵和丹阳两县为代表，联袂登上中国历史的舞台，成为秦汉440余年南京的中心。

秦汉之际，项羽自立为西楚霸王，拥有梁地和楚地九郡，都彭城（今江苏徐州），今南京地区尽属西楚。

秦秣陵县图（明陈沂《金陵古今图考》）

西汉时期，在全国设立十三州刺史，江宁地区属于《禹贡》九州中的扬州，归扬州刺史管辖。西汉政权在地方上采取郡县制与分封制（又叫封邑制）并行的制度，犬牙交错，互相制约。江宁地区起初属鄣郡。汉高祖分封功臣和诸王，鄣郡先是楚王韩信的封地，继为刘邦兄荆王刘贾和兄子吴王刘濞的封地。汉景帝时，吴王刘濞发动的“七国之乱”被平定后，又成为淮南王刘非的江都国封地。据《汉书·地理志》记载，汉武帝元封二年（前109），废鄣郡设置丹阳郡（又作丹杨郡），治所在宣城的宛陵县（今安徽宣城），领有宛陵、於潜、江乘、春穀、秣陵、故鄣、句容、泾、丹阳、石城、胡孰、陵阳、芜湖、黟、歙、宣城、溧阳十七个县。其中胡孰（又作湖熟、胡熟）由江乘县析置，治所设在今湖熟街道。在汉武帝为巩固中央集权而颁布实施的“推恩令”政策下，位于今天江宁境内的秣陵、丹阳、湖熟三县均成为江都国之子的封地，其中江都王之子刘缠被封为秣陵侯、刘敢被封为丹阳侯、刘胥行被封为胡孰侯。不久，汉武帝废江都国，又相继废除这三个侯国。

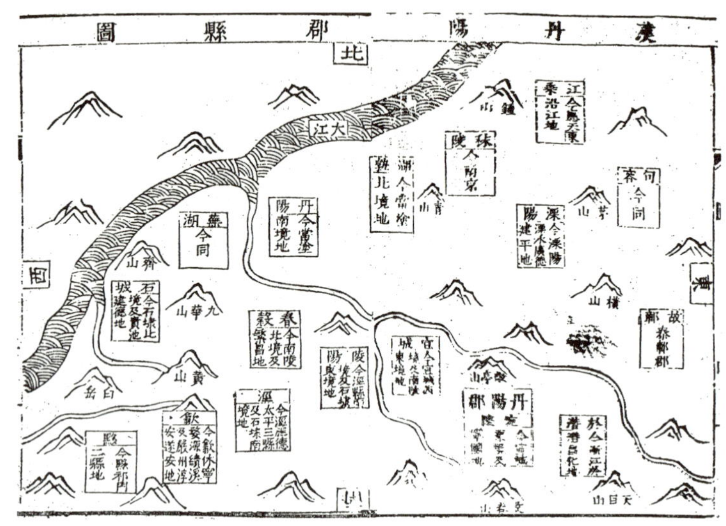

汉丹阳郡县图（《万历宁国府志》）

两汉之际，王莽篡位建立“新”朝，在全国范围内实施更名政策。天凤元年（14），改丹阳郡为宣亭郡，秣陵县为宣亭县、江乘县为相武县。刘玄更始元年（23），恢复丹阳郡原称，设治所于宛陵（今安徽宣城），一度移治曲阿（今江苏丹阳）。

东汉时期，将宣城并入宛陵。据《续汉书·郡国志》记载，丹阳郡领有十六城，治所仍在宛陵。其中在今江宁境内设有丹阳、秣陵二县，以及湖熟侯国。

东汉末年，群雄纷争。秣陵成为当时南京地区的中心城市，被推上历史的风口浪尖。《三国演义》第15回“太史慈酣斗小霸王，孙伯符大战严白虎”描写了孙策攻克秣陵的场景。孙策占领的秣陵城就在今天江宁区秣陵街道。

孙策死后，孙权继承父兄之业，占有江东六郡之地。汉献帝建安十六年（211），吴主孙权将政治中心从京口（今江苏镇江）迁到秣陵。为解决军粮和民食问题，首先在建业东部相对落后的湖熟、江乘两县设典农都尉，专事屯田。次年，改秣陵县为建业县，寓意“建功立业”（一说“建立帝王之大业”），昭示了他的抱负和理想。同时，在楚国金陵邑故址石头山筑城，取名石头城，作为驻军和屯粮之所。为了保卫建业，孙权又在大江以西修建水上要塞濡须坞（今安徽巢县境内）作为攻防的据点。这些举措不仅有效地遏制了曹军南侵的势头，而且促使庐江、九江、蕲春、广陵境内10万户居民渡江，充实了孙吴的兵员和劳动力。

孙权在定都建业之前，将扬州刺史治所、丹阳郡治所分别由曲阿（今江苏丹阳）和宛陵（今安徽宣城）迁到建业，一直延续到唐朝初年，江宁地区则一直属于扬州刺史麾下的丹阳郡辖区。

第二节　六朝京畿

公元220年，曹丕在洛阳称帝，建立魏国；221年，刘备在成都称帝，建立汉国；229年初夏，孙权在武昌（今湖北鄂州）称帝，建立吴国，标志着三国鼎立局面正式形成。同年秋，吴大帝孙权迁都建业（今江苏南京），在今天的南京主城区建城，南京从此由默默无闻的江南小邑发展成为一座举足轻重的江南都城。

孙吴迁都建业，主要是出于政治需要和军事目的，定都建业以后，经济方面的困难便接踵而至，建业周边的既有农业生产根本无法满足都城的巨大消费需求。孙吴军国所需，主要仰仗三吴地区（吴郡、吴兴郡、会稽郡，今江苏苏州，浙江湖州、绍兴）供应。然而建业与三吴地区之间陆上隔着汤山和茅山，交通不便。以前三吴地区特别是会稽郡的物资，都是用船经过江南运河运抵京口（今江苏镇江），然后进入长江，逆流数百里运到建业。六朝时期长江的入海口在京口一带，长江风大浪急，船只进入长江常常要冒船毁人亡的风

吴主孙权（唐阎立本《历代帝王图》）

险，同时水运绕道京口，路途遥远。为了便利物资运输，吴大帝孙权于赤乌八年（245）命令屯田校尉陈勋率领士兵3万人，开凿破岗渎。

据唐朝许嵩《建康实录》卷2《太祖下》记载，赤乌八年八月，“使校尉陈勋作屯田，发屯兵三万，凿句容中道至云阳西城，以通吴、会船舰，号破岗渎，上下一十四埭，通会市，作邸阁。仍于方山南截淮立埭，号曰方山埭，今在县东南七十里。案：其渎在句容东南二十五里，上七埭入延陵界，下七埭入江宁界”。

破岗渎的起点方山埭就在江宁方山附近，位于句容河与溧水河合流的秦淮河干流起点一带。方山埭是破岗渎沿线最重要的一座水坝和码头，同时也是六朝时期南京东南郊的海关和军事要冲。

由于破岗渎穿越“句容中道”的茅山丘陵，中间为高岗地带，东西两头地势低下，因此，在运河上下修建了十四座埭——即14个拦河水坝，在埭与埭之间的河道储存足够的水量确保船只得以顺利航行。上七埭在延陵界，下七埭在江宁界，形成梯级航道，以克服不同高低河段和不同季节河流水位带来的问题。为了船只能顺利地过埭，埭的两侧筑成较缓的坡状，顶部呈圆弧状，船只过埭时需要人力或畜力牵引，以使船舶能够翻山越岭。不难想见，破岗渎工程之浩大，水利设施之先进，堪称南京古代运河工程之最，也为隋唐大运河类似工程的修建提供了样板。

这条水道从孙吴都城建业，经江宁方山、句容，穿越太湖直达浙东的绍兴，直接沟通了建业与三吴之间的水路交通，使太湖流域和浙东地区的物资不需经过京口而直接运到建业，避免了因长江风浪造成的漕运损失，确保了都城建业的物资供给。从此，六朝都城建康“盖舟车便利则无艰阻之虞，田野沃饶则有转输之藉……进可以战，退足以守”（《读史方舆纪要》卷20《南直二》）。

南朝梁武帝时期（502—549年在位），为避太子萧纲讳，将破岗渎改名破墩渎，废弃不用，另凿上容渎取而代之。陈武帝即位后，堙塞上容渎，重新疏通破岗渎。

隋灭陈后，为了消除金陵王气，除了将延续三百多年的六朝建康城“平荡耕垦”外，还下诏废止破岗渎和上容渎。随着破岗渎和上容渎的停用，建康的经济命脉和交通要脉被掐断，其衰落也就势在必然了。

六朝破岗渎路线示意图
（张学锋《六朝建康都城圈的东方——以破冈渎的探讨为中心》）

第三节　西晋江宁得名

西晋太康元年（280），晋武帝司马炎命大将王濬率领水军顺江而下，讨伐孙吴。面对兵临城下的晋军，吴后主孙皓不得不在石头城请降，三国分裂的局面宣告结束，中国重新完成统一。

好景不长，西晋皇族内部为争夺中央政权而引发一场动乱，历时十六年（291—306），史称“八王之乱”。当时社会经济遭到严重破坏，直接导致西晋亡国、十六国纷争和北朝建立。

西晋永嘉年间（307—313），北方流民为躲避战乱，纷纷渡江南下。据《晋书·王导传》记载：“洛京倾覆，中州士女避乱江左者十六七。”历史上把这一时期北方流民大批南渡的现象称为“永嘉南渡”。

早在晋怀帝永嘉元年（307），琅邪王司马睿受封为安东将军、都督扬州江南诸军事，镇广陵（今江苏扬州）。他听从王导的建议，渡江镇建邺（今江苏南京）。永嘉五年（311），匈奴人刘曜、氐族人石勒攻陷西晋都城洛阳之后，掳走晋怀帝司马炽。两年后，晋怀帝的死讯传到长安（今陕西西安），司马邺在长安被拥立为帝，史称晋愍帝。为避晋愍帝司马邺名讳，司马睿改建邺为建康。建兴四年（316），刘曜包围长安。晋愍帝出降，西晋灭亡。次年消息传到建康，司马睿在王导、王敦的扶持下，在建康称晋王，改元建武，史称东晋。建武二年（318），司马睿在建康正式称帝。此后，宋、齐、梁、陈四个政权相继以建康为都城，史称南朝。

在西晋王朝短暂的51年统治中，江宁一名应时而生。迄今为止，关于江宁一名由来的时间有四种说法：一是西晋太康二年（281），二是西晋永嘉年间（307—313），三是西晋建兴四年（316），四是东晋咸和年间（326—334）。

一、西晋太康二年说

梁朝沈约撰写的《宋书》卷35《州郡志一》记载："江宁令，晋武帝太康元年，分秣陵立临江县，二年，更名。"这是关于江宁名称诞生时间的最早记载。

唐朝房玄龄等人撰写的《晋书》卷15《地理志下》也有类似记载："建邺，本秣陵，孙氏改为建业。武帝平吴，以为秣陵。太康三年，分秣陵北为建邺，改业为邺。江宁，太康二年分建邺置。"

上述两则史料略有不同，前者是分秣陵立临江县，改名江宁；后者是分建邺置江宁。清代袁枚担任江宁县令时，主持修纂《乾隆江宁县新志》，该书卷2《沿革表》结尾的评价中写道："论曰：自楼船初下，铁锁横江，而有江宁之号，置县分壤，名字最古。盖周秦六朝以来，更迁匪一矣。"明确指出晋灭吴之后，江宁名号诞生。

结合《建康实录》等史料，可以梳理出这样一个脉络：太康元年（280）晋灭吴后，对吴国都城建业采取了一系列抑制措施。首先是废建业之名，更名为秣陵，降格为一座县级城市。其次，采取分而治之的策略，分秣陵县设置临江县，太康二年（281）改称江宁县。太康三年（282），西晋政权又以秦淮河为界，将秣陵县分为建邺（秦淮河北）和秣陵（秦淮河南）两个县。东晋南朝时，统称建康、秣陵二县为"京邑""京邑二县""京邑两岸""京师二县""京师两岸"。这一时期，在今天的江宁区境内，除秣陵、丹阳、湖熟三县之外，又新设江宁县，可见其地位的重要性。

二、西晋永嘉年间说

宋朝乐史《太平寰宇记》卷90《江南东道二·昇州江宁县》引南朝顾野王《舆地志》记载："晋永嘉中，帝初通江南，以江外无事，宁静于此，因置江宁县。南门临浦水，至今呼江宁。"这段史料

"永嘉世"铭文砖
（广州博物馆藏，平涛摄）

表明，西晋永嘉年间（307—313），琅邪王司马睿过江后，设置江宁县。

西晋末年，北方战事频繁，流民大批南迁，渡江避难。现藏于广州博物馆的广州河南敦和乡客村出土的晋代多块砖铭指出了北方流民南迁的原因："永嘉世，天下灾。但江南，皆康平。""永嘉世，九州空。余吴土，盛且丰。"这些铭文就是江南太平安宁的最好证明。

三、西晋建兴四年说

《晋书》卷6《元帝纪》关于江宁的由来，给出了带有神秘色彩的记载："于时有玉册见于临安，白玉麒麟神玺出于江宁，其文曰'长寿万年'，日有重晕，皆以为中兴之象焉。"这是发生在东晋建武元年（317）之前的符瑞异象。临安于西晋太康年间改临水县设置，今为杭州市临安区；江宁指今南京（包括江宁区）。

明代南京状元焦竑《焦氏笔乘续集》卷8《金陵旧事下》沿袭《晋书》的说法，又增加了个人的理解："愍帝建兴四年，玉册见于临安，白玉麒麟神玺出于江宁，其文曰'长寿万年'，江宁县名始见是年。或曰永嘉中置。"焦竑将江宁县名产生的时间定格在西晋愍帝建兴四年（316）。同时，又指出还有永嘉中设置一说。

四、东晋咸和年间说

司马光《资治通鉴》卷127《宋纪九·文帝元嘉三十年》胡三省注云："江宁县临江渚，晋咸和之后，以江外无事，于南浦置江宁县。宋白曰：‘江宁县本秣陵之地，晋置江宁县，在今县南七十里，故城存焉。’”这则史料认为江宁县设置的时间是东晋成帝咸和年间（326—334）。宋白（936—1012）是唐宋时人，他所说的晋代江宁县治所在唐宋“江宁县南七十里”。民国《新京备乘》认为，这时的江宁县治所在江宁镇，也就是今天的江宁街道。

江宁一名究竟起源于何时？近年来的地下考古出土文物表明，上述第一种说法是可信的。2020年4月，南京宁马高速公路江宁街道（靠近板桥）出口处建筑工地出土十几块残破铭文砖，砖之丁面及顺面皆有铭文。文字内容有“太康七年”“九江历阳蔡”“康七年十二月大子起□□□□兄弟三子□”“葬丹杨江宁南乡梅泊里大道东”等，其中一块西晋太康七年（286）纪年砖，是目前出土的带有“江宁”地名最早的一块铭文砖，佐证了西晋太康二年（281）江宁得名的史实，且距“江宁”得名只有5年。

太康七年“江宁”铭文砖

（2020 年 4 月宁马高速江宁街道出口处建筑工地出土，王志高提供）

在上述史料中，《太平寰宇记》引南朝顾野王《舆地志》和《资治通鉴》胡三省注，尽管对于江宁得名的时间观点不一，但均提到“以江外无事，宁静于此，因置江宁县”。那么，这句话中的“江外无事，宁静于此”应该如何理解呢？

古代中国人认为天圆地方，天像斗笠，地像棋盘。北极是天的中心，洛阳是大地的中心。越在大地中心地区的人，文明程度就越高，越在边上的人，文明程度就越低，由此形成一套以中国为中心的“天下观念”。西晋王朝立国中原，定都洛阳，与中国历史上立国中原的其他统治者一样，视长江以北为“江内”，江南地区为“江外”。鉴于江南地区这片“蛮荒之地”曾经产生过与中原王朝抗衡的孙吴政权，西晋王朝统治者心有余悸，所以在统一江南后，以含有贬义的“秣陵”取代原来的“建业”之名，并且分出秣陵县一部分设置江宁县。这一方面表露出西晋王朝统治者武力统一江南后的踌躇满志之情，另一方面也寄托了对“金陵王气”归于安宁的希望。

第四节　隋唐名称和范围多变

隋开皇九年（589），隋文帝杨坚灭陈，统一中国。他重复之前摧毁北六朝都城邺城的做法，将建康城垣宫殿夷为平地。南京进入历史上的低谷期，江宁的名称和管辖范围也经历了过山车式的变化。

隋朝政权在平定陈朝后，废丹阳郡，于石头城设蒋州。江宁县治也于开皇十年（590）由今江宁街道移至冶城东（今江苏省社科联、江苏省地方志工作办公室等所在地）。大业三年（607），撤蒋州置丹阳郡，蒋州或丹阳郡辖江宁、当涂、溧水三县。原来的秣陵、建康和同夏三县被并入江宁县。这时江宁县范围几乎涵盖今天南京整个江南区域。

唐高祖武德二年（619），占据江宁的农民起义军领袖杜伏威宣布归顺唐朝。唐朝政府废除蒋州，在江宁设扬州东南道行台尚书省，辖江宁、溧水、丹阳、溧阳和安业县。武德三年（620），改江宁县为归化县，隶属于扬州。武德七年（624），废除扬州行台，设蒋州。武德八年（625）设扬州大都督府，改归化县为金陵县，隶属于蒋州，将治所迁到白下村（位于今南京城西北象山一带）。武德九年（626），废丹阳郡，以其所领属县隶润州（今江苏镇江），金陵县改名为白下县。唐太宗贞观九年（635），改白下县为江宁县，升为望县，治所迁到冶城（今南京朝天宫）东。

唐玄宗天宝元年（742），改润州为丹阳郡，曲阿县（今江苏丹阳）为丹阳县。丹阳郡领有丹徒、丹阳、延陵、句容、江宁、金坛六县。至德二载（757），以丹阳郡中的江宁县之地置江宁郡，领有江宁、句容、溧水、溧阳四县。这是江宁历史上第一次成为一个郡级行政建置。江宁郡治在冶城东。

唐肃宗乾元元年（758），备受安史之乱困扰的唐朝中央政府认为江宁地位重要，因此在国内发生内乱时，刻意提升其地位，改江宁郡为昇州，同时兼置浙西节度使。乾元三年（760），唐肃宗改年号为上元。这一年，宋州刺史刘展密谋叛乱，攻陷昇州。上元二年（761），唐军平叛，唐肃宗废昇州，降格为上元县。宝应元年（762），以上元县和句容县改属润州，溧水、溧阳改隶宣州。唐僖宗光启三年（887）复置昇州，领上元、句容、溧水、溧阳四县。唐昭宗大顺元年（890），复改上元为昇州，仍领上元、句容、溧水、溧阳四县。昇州先是隶属于江南东道（治苏州），安史之乱后隶属于浙江西道（治润州，今镇江）。这一时期，昇州和上元成为江宁的代名词。

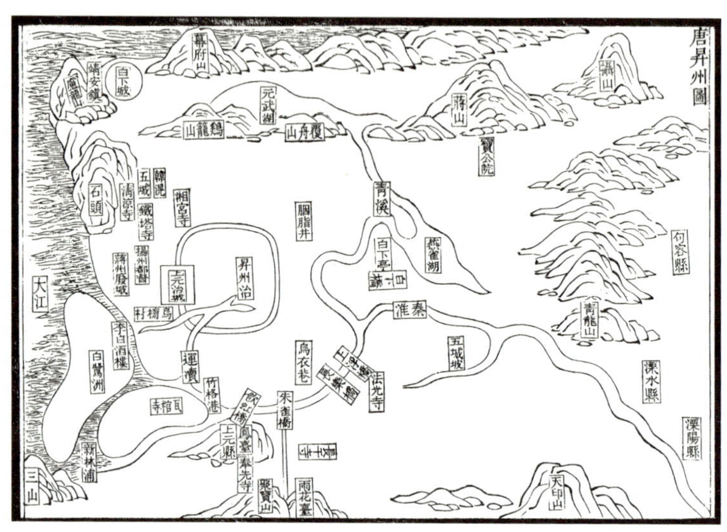

唐昇州图（明陈沂《金陵古今图考》）

第五节　南唐至民国初年与上元县同城而治

五代十国时期，昇州为江南重镇，深受立国于扬州的吴国（俗称杨吴）重视。917年，杨吴权臣徐温坐镇昇州，将昇州升格为大都督府，遥控杨吴政权。杨吴武义二年（920），改昇州大都督府为金陵府，后来又立为西都。天祚三年（937），权臣徐知诰（后改名李昪，南唐先主）取代杨吴，自立为帝，以金陵府为都城，改金陵府为江宁府，下辖上元、当涂、句容、溧水、溧阳、广德、芜湖、铜陵、繁昌、青阳等县；江北的六合县一度划归江宁府，形成跨江而治的局面。南唐中主李璟时期，因战争失利，江北十四州之地被迫割让给后周，江宁府的统辖范围退缩到长江以南。

南唐保大二年（944），分润州上元县南19乡和当涂县北2乡新置江宁县，并将江宁县治迁到南京城中的北门清化坊，从此江宁与上元同城而治近千年。北宋欧阳忞《舆地广记》云：“唐既改江宁为上

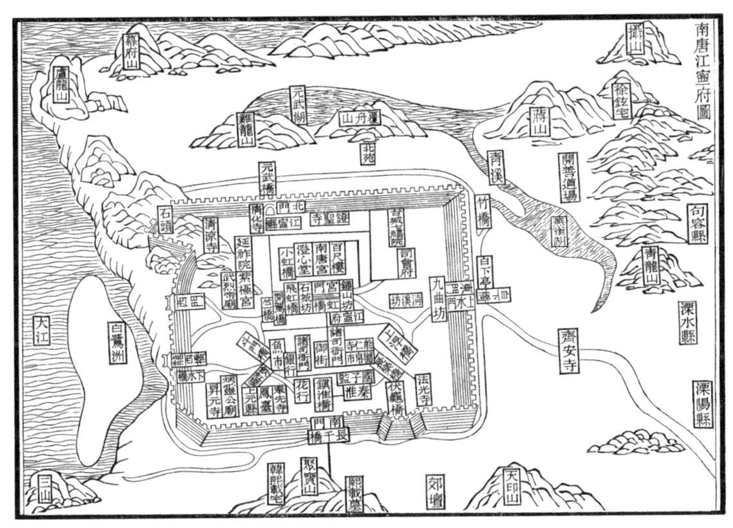

《南唐江宁府图》中的江宁县衙位于城北，靠近北门（明陈沂《金陵古今图考》）

元，南唐复析上元置江宁，分治郭下。”

北宋开宝八年十一月（976年元旦），宋军占领南唐都城江宁府，旋即更名为昇州，隶属于江南路，下辖上元、江宁、句容、溧水、溧阳五县，其中江宁县为次赤县。宋真宗天禧二年（1018），以昇州为江宁府，以寿春郡王赵祯（后继位为宋仁宗）为江宁府尹，晋封为昇王，所以江宁府又有昇国之名。靖康二年（1127），北宋都城汴京（今河南开封）被金人攻陷后，宋室南渡，立都临安（今浙江杭州），仍以开封为京师，史称南宋。南宋建炎三年（1129），改江宁府为建康府，以其为行都，又称留都、陪都。江宁县隶属于建康府，县治迁到城北寿宁寺北，与北门桥相近，距离南宋行宫三百步。

江宁县行政区划范围，最早见于《景定建康志》卷15《疆域志一·地所接四境》，原文如下：

江宁县，附郭，东西八十五里，南北九十八里。东至上元县界一里，以御街中分为界。西至和州乌江县界四十里，以鳗鲡洲大江中流为界，自界首至乌江县一十五里。南至溧水县界九十三里，以乌刹桥为界，自界首至溧水县四十五里。北至上元县界五里，以金陵乡为界。东南到句容县界七十里，以湖山乡为界，自界首到句容县九十里。西南到太平州当涂县界一百六里，以章公塘为界，自界首到当涂县一十七里。东北到上元县界二十五里，以崇礼乡为界。西北到上元县界五里，以金陵乡为界。

南宋时期，建康府所辖上元（18乡）、江宁（22乡）、句容（17乡）、溧水（17乡）、溧阳（13乡）五县中，以江宁所辖乡最多，即凤台东乡、凤台西乡、安德乡、新亭乡、随车乡、光宅乡、开元乡、万善乡、长泰南乡、长泰北乡、驯翚乡、惠化乡、葛仙乡、建业乡、永丰乡、归善乡、处真乡、铜山乡、朱门南乡、朱门北乡、横山南乡、横山北乡。

至元十二年（1275），元军占领建康府城，次年设建康路总管府，统辖在城录事司（管理建康城内事务），以及上元、江宁、句容三县和溧水、溧阳二州，江宁县属于中县。同年，江宁县达鲁花赤吴德改城南越城之侧的原县尉司为治所。天历二年（1329），元文宗因建康路曾经是他做怀王时的流寓地，于是改建康路为集庆路以示纪念，辖境未变。建康路隶属于江东道，集庆路隶属于江浙行省。

洪武元年（1368），朱元璋在应天府称帝，国号大明，升应天府为南京。明朝南京（又称南直隶、南畿）统辖应天、凤阳、淮安、扬州、苏州、松江、常州、镇江、庐州、安庆、太平、宁国、池州、徽州14府，以及徐州、滁州、和州、广德4直隶州，属下有17州、97县。其中应天府辖江南的上元、江宁、句容、溧水、溧阳、高淳六县和江北的江浦、六合二县。这一变化标志着南京的辖区范围永久性地跨过长江。江宁、上元二县因附郭而升为赤县（又称首县）。《正德江宁县志》收录的应天府丞寇天叙所作之序称：“应天、江宁，首天下郡县。”江宁县治由越城侧迁到银作坊（今南京长乐路西端北侧），此地原来是宋代的东南佳丽楼，元代的集庆路总管府所在地。据《万历江宁县志》卷1《地里志·疆域》记载，明代江宁县，“其形胜，北踞秦淮，西枕大江，聚宝、天阙朝拱其南，三山据上流扼大江之险，山川盘错如绣。其域南界太平、溧水，西界江浦，东北界上元，广八十五里，袤九十里，皆因宋元故境”。

明清易代后，顺治二年（1645）改南京（南直隶）为江南省，改应天府为江宁府；旋即又对江南省进行分治。康熙乾隆年间，逐渐将江南省分为江苏、安徽两省。江宁府隶属于江苏省，康熙年间管辖范围仍然为八县。乾隆年间，将溧阳划归镇江府，江宁府统辖上元、江

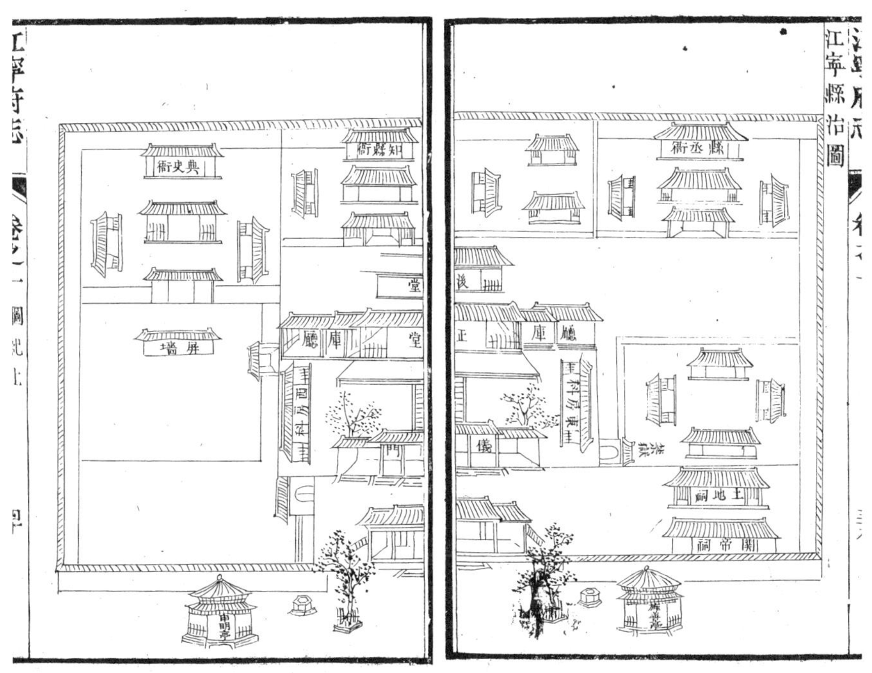

江宁县治图（清陈开虞《康熙江宁府志》）

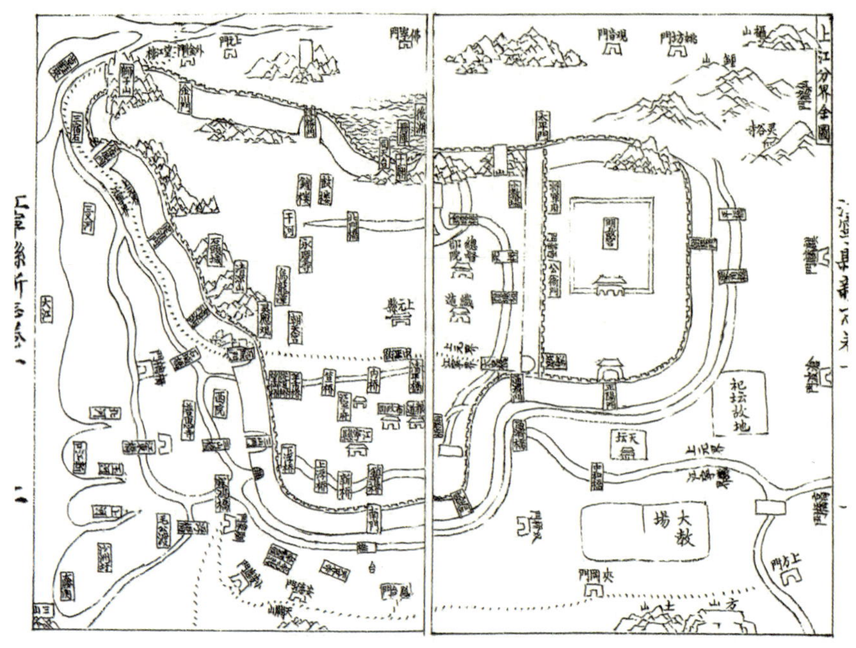

上江分界全图（清袁枚《乾隆江宁县新志》）

宁、句容、溧水、江浦、六合、高淳七县。江宁县县域范围沿袭明代，治所仍在银作坊。

清咸丰三年（1853），太平天国定都江宁，改名“天京”，江宁、尚元（上元）两县隶属于天京省江宁郡。同治三年（1864）太平天国运动被镇压后，复称江宁府，辖江宁、上元等七县。

江宁与上元虽然同居一城，但经过千年的发展，民风殊异。据《乾隆江宁县新志》收录的江宁知府蔡长澐《江宁县志》序称：“江宁与上元，居一城耳。上元之民戆，江宁之民华，上元土旷而瘠，江宁土肥而滨。”

江宁、上元在南京城内分界的文字记载，最早见于1910年江楚编译书局出版的陈作霖《上元江宁乡土合志》：

> 城中街道，上元、江宁两县分辖，以中正街为界，东历万寿宫，转大中桥抵通济门；西历上元县署前珠宝廊、羊市桥、红纸廊、朝天宫街、堂子大街，抵汉西门。上元治其北，江宁治其南。而清凉山北、威凤门南，东包陶谷，西界石头山，又为江宁所辖，与其南城界不相属，盖悬居上元界中，所谓插花地也（案，宋元旧城止于北门桥，城中两县实以南北分界。迨明初建城，西北拓十余里，江宁村郭包入城中，故与其南界不相属也）。若今所开铁轨道，则自金川门入，历三牌楼、狮子桥、钟鼓楼，转十庙前，绕督署东偏以达于中正街，是皆属于上元界，而与马车路分轨并行。盖近年来新筑马车路，在上元界者十之七，在江宁界者十之三，尚日日有所增，故不能限其地而详记之云。

至于清末江宁县的管辖范围，据1910年左右江楚编译书局出版的陈作霖《江宁府七县地形考略·江宁县境界址考》记载：

> 江宁县，亦府城附郭，与上元同城，境辖城西南一面。自聚宝门直南至碾砣桥当涂、上元两界口，径直六十三里。东南至上方镇上元界口，径直二十二里。南少东至三县塘上元、句容两界口，径直四十九里。南少西至陶山当涂界口，径直五十八里。西南至和尚港当涂界口，径直六十三里。自和尚港口北，东历烈山、大胜关至下关口，计迂曲江边七十余里，与江浦分界。江心自下关，沿秦淮河东南至上方门，自上方门不沿秦淮，由上方镇至土山镇，自土山镇迤南仍沿秦淮至乌刹桥，自乌刹桥不沿秦淮，西出碾砣桥，共计迂曲界边一百四十余里，为上元界。自碾砣桥西南至小丹阳，自

小丹阳西北至和尚港口，计迂曲界边六十余里，为当涂界。其东猴山、严郎渡一带，复有辖地一百六十余方里，在上元、溧水、句容境内，隔秦淮一河界，不联属。全境地形势斜方而缺东面一角（南北最长处九十四里，东西最广处七十里），统计积地三千四百十四方里，合一万六千四百余顷。

这一时期，江宁县下属的乡镇有6镇23乡，即秣陵镇、禄口镇、元山镇、陶吴镇、朱门镇、江宁镇；太北、新亭、随车、万善、驯翚、太南、葛仙、永丰、凤东、朱门、处真、山北、山南、铜山、惠化、安德、凤台、凤西、光泽、建业、归善、开元、沙洲乡。

历史上，江宁县治所屡屡变迁。据《同治上江两县志》卷11《建置》记载，从秦汉至清朝，前后有七次迁移：秦汉时期，设在秣陵桥北，今秣陵街道；西晋时，设于今江宁街道；隋唐时期设于冶城东；南唐时期，治所位置不详；宋设在城北的北门桥附近；元

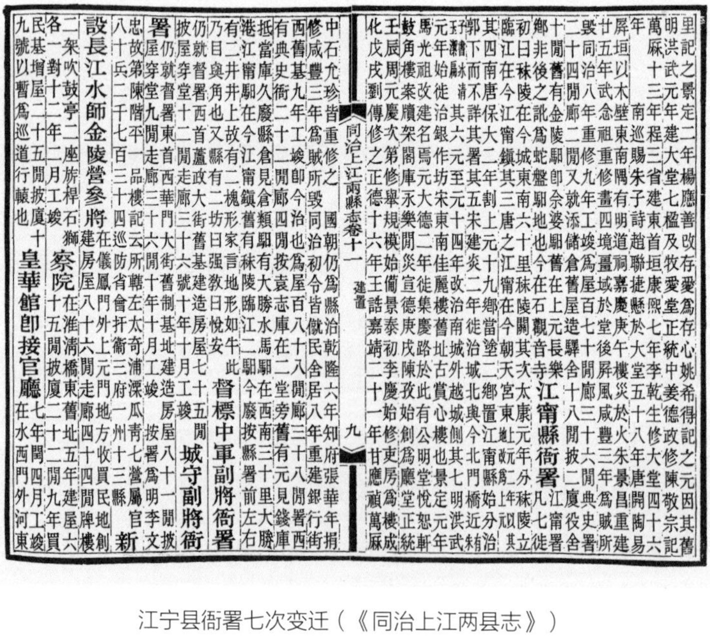
里記之景定二年楊應善改存愛爲存心姚希得記之元因其舊
明洪武元年建二大堂七楹及牧愛堂正統中姜德政修陳敬宗記
萬厤十三年程三省建東首垣康熙七年李乾生修大堂四十六
年南巡賜朱子詩趙聯捷懸於大堂五十八年唐開陶易
屏垣以木壁東南隅有明道祠嘉慶庚午樓災於火朱景昌重建
廿五年武念祖重修畫四境圖域於堂後屏風咸豐三年爲賊所
毀同治八年重修九年工竣爲屋百七十間廊三十六間典史署
二十四間廊二間又就添儲倉舊屋造驛舍十八間披二廈役舍
十間舊有金陵驛卽佘婆驛舊在上元長樂
鄉非後之訛爲蛇盤驛地也今在石觀音寺
江甯縣衙署
江甯署
凡七徙
初曰秣陵在今城東南六十里秣陵關其次太康元年分秣陵立
臨江在今江甯鎮其三唐之江甯在今朝天宮東址[illegible]其
其四南唐保大二年割上元十九鄉當塗二鄉置江甯縣始分治
郭下而不詳其署其五宋建炎二年徙治城北與今北門橋近[illegible]
[illegible]其六元至元十四年改治南城外越城側其七明洪武
元年始徙治銀作坊宋東南佳麗樓舊址古賞心樓也景定元年
馬光祖改建名焉元大德二年徙集慶路於此有公明堂悅恕軒
鼓角樓案牘架閣庫永樂閒災宣德庚戌陳孜始創爲廳堂正統
壬辰周元慶次第修舉規模始備景泰初李慶始修吏房爲樓成
化戊戌劉傳修之正德十六年王誥嘉靖二十一年甘應禎萬厤

同治上江兩縣志卷十一 建置 九

中石允珍皆重修之國朝仍爲縣治乾隆六年知府張華年捐
修咸豐三年爲賊所毀同治初令皆儆民舍居八年重建銀行街
西舊基九年工竣卽今治也爲屋百八十八間廊三十八間署西
有典史衙二十二間廊四間按袁志庫在二堂旁舊有元見錢庫
抵當庫久廢縣倉見類驛有大勝水馬驛在西南三十里大勝
港江甯驛在今江甯鎮舊有秣陵臨江二驛今廢按縣署前左右
有二井井上故有二槐形家言地形如牛此
乃目與角也又縣有二坊曰強教曰悅安
督標中軍副將衙署
仍就督署西首蘆政大街舊基建造房屋七十五間
披屋穿堂十二間走廊三十六號十年十月工竣
城守副將衙
署
仍就督署東首西華門大街舊制基址建造房屋八十一間披
屋穿堂九間走廊三十六間十年十月工竣按署爲明李文
新
忠故第陳階平一品樓記云所轄左太奇浦溧瓜青七營屬官
八十兵二千七百三十四巡防省會扞衛三府一州十三縣
設長江水師金陵營參將
在儀鳳門外上元門地方收買民地創
建房屋八十六間走廊四十四間牌樓
二架吹鼓亭二座旂桿石獅
各一對十二年二月工竣
察院
在淮清橋東舊址五年建屋六
十五間披廈二十二間九年買
民基增屋二十五間披廈十
九號以暫爲巡道行轅也
皇華館卽接官廳
七年閏四月工竣
在水西門外河東

江宁县衙署七次变迁（《同治上江两县志》）

迁至南门外越城侧（今南京中华门外长干古城附近）；明清时期迁到银作坊。

第六节　民国市、县分治

1912年1月1日，孙中山在江宁府城（今江苏南京）就任中华民国临时大总统；1月3日，废除上元县和江宁县，改江宁府为南京府，直接隶属于内务部。同年3月10日袁世凯在北京继任临时大总统后，临时政府迁往北京。

1913年1月8日，北京临时政府颁布《划一现行各道地方行政官厅组织令》，沿用清代旧制，在省与县之间设“道”。同年12月，撤南京府，置江宁县，将上元县并入，隶属于江苏省行政公署。江宁

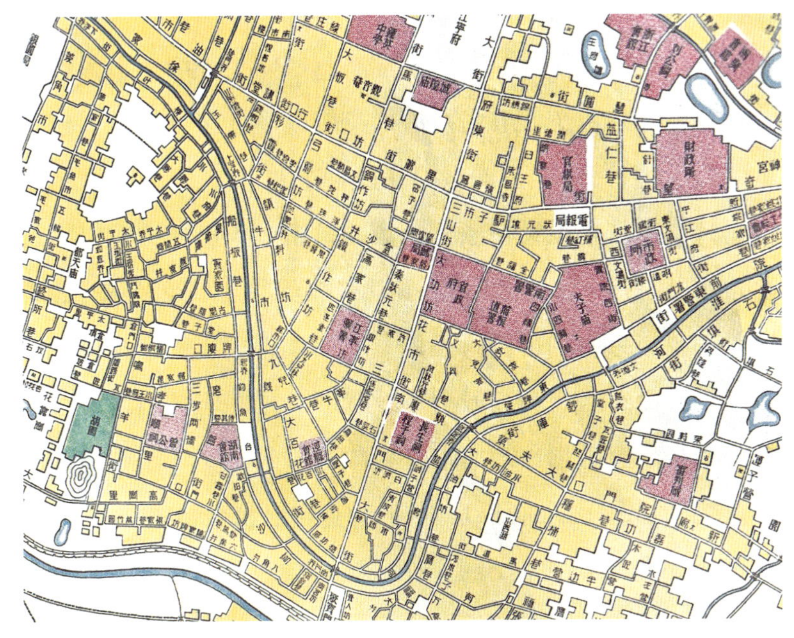

民国初年江宁县衙署位于银作坊
（《最新南京市全图》，上海中华书局印行，1927 年 4 月再版）

县衙署仍在银作坊。1914年6月2日，袁世凯公布《各省所属道区域表》，全国共划分89道。江苏省下设置金陵道、沪海道、苏常道、淮扬道、徐海道5道，其中金陵道下辖江宁、句容、溧水、高淳、江浦、六合、丹徒、丹阳、溧阳、金坛和扬中11县。据民国五年（1916）出版的《江宁县乡土志》记载，江宁县分为七市（相当于今天街道一级行政单位）九乡：城厢为江宁市，其南为凤台乡、秣陵市，最南为道静乡；秣陵市东为淳化市、丹泉市，西为云台市，最西为江宁镇市；县城东为钟灵乡，最东为汤泉乡，东北为江乘乡、便民乡，北为北固乡，西为滨江乡、江东乡，西南为新林市。

1927年4月18日国民政府定都南京，废金陵道。4月24日成立“南京市政厅”，由国民革命军总部审计处处长刘纪文担任首任市长，以江南贡院为市政厅所在地。这是南京成为现代意义上“市”级行政建置的开端，在我国城市发展史上具有重要的意义。6月1日，“南京市政厅”改名为“南京市政府”；6月6日，国民政府颁布《南京特别市暂行条例》，正式规定南京为特别市，直属中央政府，不入省县行政范围，而江宁县隶属于江苏省。因南京市是在江宁县基础上建立起来的，所以由此埋下了市、县分界之争的种子。

依据《南京特别市暂行条例》第四条，“本市区域暂以南京城厢内外及浦口之原有地区为南京特别市行政范围”。1927年8月22日，国民政府修正《南京特别市暂行条例》第四条，规定南京特别市“市区域暂以江宁县原有区域为行政范围，以原有之江宁县属之”，浦口仍归江苏省。当南京特别市政府准备接收江宁县时，江宁县党部及各民众团体联名呈请国民政府，反对将江宁县划入市区之内。国民政府迫于压力，不得不再次作出更改决定。此时的江宁县并未划入南京市。同年10月17日，国民政府再次修订《南京特别市暂行条例》第四条，明确南京特别市“区域暂以南京城厢内外及八卦洲为范围”。

1928年3月，国民政府委员蔡元培等召集南京特别市市长、秘书长、各局长，以及江苏省政府主席、秘书长和民政、财政两厅长，会商南京市区域及江苏省与南京市划界问题。根据《南京特别市政府对于省市划界意见书》，会议决定“南京特别市暂以城厢内外原有区域及八卦洲为其区域，但西南可划入大胜关、江心洲一带，东北可划入乌龙山一带，省市疆界应由划界委员会依据前项标准勘定”。随后国民政府以第127号令核准，分别命令江苏省与南京特别市遵照办理。当省、市划界尚未开始之时，市长刘纪文以及国民党高层都倾向于扩大南京特别市的范围。1928年11月21日，由立法院院长胡汉民主持的国民党中央执行委员会政治会议第164次会议决议的第四条规定：“废江宁县，江宁县境及浦口商埠全区划入南京特别市区域。”随后国民政府第8次国务会议正式通过。“废江宁县，划入南京市”的消息一传出，江宁县江东、秣陵等15区人民一千余人，于28日赴中央党部、国民政府等机关请愿，要求“收回废县成命，并请将江宁改为模范县”（《江宁人民请复县治》，《申报》1928年11月28日）。江宁废县之议，因江宁全县民众和江宁县政府的多次强烈反对，同年12月12日、12月19日举行的第167次、第168次国民党中央政治会议被迫做出了“暂缓撤废”的决议。

1929年11月20至26日，国民政府内政部奉令召集江苏省、南京市代表及江宁县长等多次开会商议，省市双方最后提出划界草图。1930年，为使划界工作能够顺利推进，内政部综合省市双方意见，对划界方案进行了折中，并报请行政院议决；与此同时，内政部多次召集省市双方代表开会讨论交割事宜。1931年5月，省市双方各派勘界专员，会同首都警察厅和江宁、江浦两县所派人员，将省市界线按图分别勘定，沿途钉立界标，所有省市划界线至此完全确定。但是，南京市与江宁县划界交割之事，因江宁县的反对而久拖未决。内政部在多次接到蒋介石“饬限期妥商交割具报”电令后，于1934年8月15日邀集江苏、南京及江宁县当局代表开会，商定交割办法七条。9月8日，南京市政府印制出该市与江苏省划界布告，内容如下：

南京市政府布告　　　　第　号

查江苏省与本市划界一案，本市区域，原经划定，东北自乌龙山起，南行经杨梅塘、薛家冲，至尧化门，依土城根，经仙鹤门、麒麟门，折向西南，循河为界，行经苍波门东高桥门，达上坊门，循秦淮河，向西经蔴田桥、铁心桥、西善桥、格子桥，循运粮河，至大胜关入江，包括江心洲，依江心划分，折往西北过江至浦口，沿旧浦口商埠界线入江，包括七里洲、八卦洲，以江心为界，稍折与乌龙山合。现除上坊门至蔴田桥一段尚待勘定外，余均于本年九月一日，实行交割，当与江宁自治实验县政府会衔布告在案。所有上开地点以内，各业户应缴二十三年度地税，本府定于本年九月十五日起开征。合行布告，仰各该业户遵照前往本府财政局缴纳，毋得违延，切切。此布。

中华民国二十三年九月八日

市长石瑛（南京市政府印）

1934年9月20日，行政院指令内政部对省市商定的七条交割办法“应准照办”。内政部于9月29日、10月27日、12月27日，先后召集江苏省与南京市政府代表开会，将南京市与江宁县、江浦县两方界域暨省市交割公款公产问题，详加讨论。嗣后并经省市县三方各派人员实地勘划，钉立界标。直到1936年8月，省市县之间的界线才完全划定。概言之，南京市与江宁县的分界线：“东边从乌龙山起，南沿尧化门、仙鹤门、麒麟门，直达上坊门；南边从上坊门西经西善桥，到大胜关；西边从大胜关西北渡江。”（李邵青《南京》，中华平民教育促进会1935年版）

在南京市与江宁县划界交割拖延不决期间，1933年2月10日，国民政府推行地方自治，江宁自治实验县政府成立，成为全国第一个自治实验县，直隶江苏省政府，由中央政治学校教授梅思平担任县长，江宁成为全国首善之区。同年，筹划营建迁治土山镇（今东山镇）。1935年5月12日，江宁自治实验县政府从南京长乐路西端北侧的银作坊迁到土山镇，旋即更名为东山镇，从此结束了南京、江宁两地在建置上长期纠葛的历史，这是江宁县衙署第八次也是最后一次迁移。

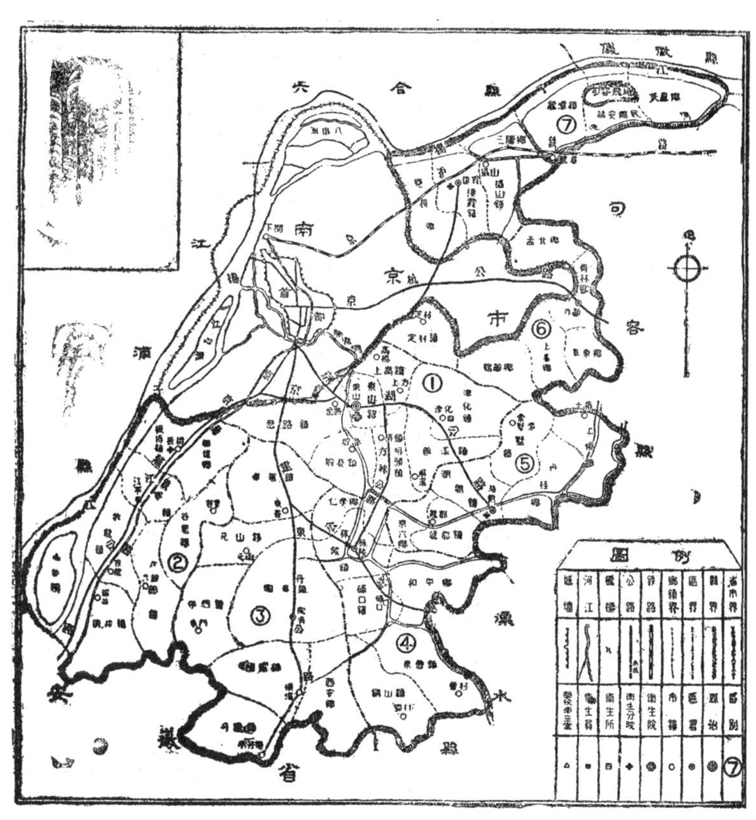

江宁县略图（民国卢前《东山琐缀》之《东山备乘》）

全面抗战期间，江宁地区先后建立了由中国共产党领导的江宁县、横山县和上元县抗日民主政府。其间，1938年成立的伪维新政府在东山镇建立“督办江宁县政公署”，1940年成立的汪伪政府在东山镇建立“江宁县政府”。1945年，由国民党控制的江宁县政府从溧阳迁回江宁东山。

1949年4月23日南京解放，次日江宁县解放。4月28日，江宁县人民政府在东山镇成立，隶属苏南行政区镇江专区。1949年12月改属南京市。1950年1月仍划归镇江专区。1958年7月，江宁与江浦、六合三县同时改属南京市。1962年5月，复归镇江专区。1971年3月，重新划归南京市。2000年12月21日，江宁撤县，改设南京市江宁区。到2023年底，全区共有10个街道、145个社区、71个村。

江宁一名自西晋太康二年（281）诞生后，在南京历史上长期使用。时而为县名，如西晋、隋唐至民国设置江宁县；时而为郡名，如唐朝一度设置江宁郡；时而为府名，如南唐、北宋和清朝设置江宁府。其中，江宁府、郡治所都在城内；而江宁县治所，有时在城内，有时在城外。

江宁作为南京历史上一个重要的名称，影响深远。

南京简称“宁”，就是因江宁而得名。如清朝末年，南京城称作“宁垣”；南京城内的小铁路，称作“宁省铁路”。民国时期，以蒋介石为首的南京国民政府与以汪精卫为代表的武汉国民政府合并，史称“宁汉合流”。

江苏省的名称也与江宁有关。清初江宁府属江南省。康熙六年（1667），拆江南省为江苏、安徽两省，江宁府隶属于江苏省。而江苏省名称就是取“江宁府”和“苏州府”的首字合并而来。

历代诗词中，称南京为江宁的不胜枚举，仅唐代就有王勃《江宁吴少府宅饯宴序》，杜甫《送许八拾遗归江宁觐省》《因许八奉寄江宁旻上人》，韩翃《送客之江宁》等。历史上以江宁作为书名的，官方的有宋代《江宁图经》，明朝《正德江宁县志》《万历重修江宁县志》，清朝《康熙江宁府志》《重刊嘉庆江宁府志》《康熙江宁县志》《乾隆江宁县新志》《同治上（元）江（宁）两县志》，民国《江宁乡土志略》《江宁县政概况》；民间的有清朝严观《江宁金石记》《江宁金石待访目》，孙彤《江宁金石待访录》，陈作霖《上元江宁乡土合志》，以及民国孙浚源、江庆源《江宁县乡土志》等。

第四章 文化之邦

文化艺术是人类精神活动与物质创造的重要体现。古往今来，山川的滋养，历史的沉淀，使得南京的各类艺术名作纷呈，名家辈出，在中国文化史上拥有崇高的地位。作为南京文化的重要组成部分，江宁的文学、书法、绘画艺术等同样绚丽多彩、蔚为大观，其发展轨迹与南京的兴衰变迁形成深度耦合，具有较为明显的阶段性特征。六朝书法的飘逸之风，唐代文学的怀古情愫，明清绘画的遗民色彩，都是江宁“文化之邦”的突出代表。

第一节 文学艺术

一、六朝江宁文学

六朝时期，南京汇聚了众多文人墨客，江宁地区留下了千古传诵的文学名篇。

江宁东山位于南京城东南二十里处，周回四里，高二十丈；由于山无岩石，故原名“土山”。东晋名臣谢安早年寓居会稽东山，放情山水，远离政事。晋穆帝升平三年（359），谢安弟谢万北伐败绩，被废。谢安为保全家族利益，始出仕。次年，担任征西大将军桓温参军，深为桓温所礼重。后来逐渐升迁，进入东晋朝廷的权力核心层，并且凭借其韬光养晦的政治品格，阻止了桓温的篡权图谋，得以总揽朝政。谢安“每镇以和靖，御以长算。德政既行，文武用命，不存小察，弘以大纲，威怀外著，人皆比之王导，谓文雅过之”（《晋书·谢安传》）。谢安风流倜傥，曾经携妓游历江宁东山，并于此建别墅亭台宴请宾客，时人称之“东山再起”。正如《晋书·谢安传》所载：“又于土山营墅，楼馆林竹甚盛，每携中外子侄往来游集。”

谢安东山郊游图

东晋孝武帝太元八年（383），前秦苻坚率大军南下，谢安为征讨大都督，其侄谢玄为前锋都督。谢安授以方略，谢玄遂于淝水大破苻坚。捷报传来，谢安正与宾客下围棋，“看书竟，默然无言，徐向局。客问淮上利害，答曰：‘小儿辈大破贼。’意色举止，不异于常”（《世说新语校笺·雅量第六》）。这则故事彰显出谢安指挥若定、沉稳风雅的精神气质。后世李白、苏轼、焦竑等人都前来凭吊，留下了脍炙人口的篇章。

谢灵运（明版画）

关于方山的传说，宋人周应合《景定建康志》卷18记载：“旧传秦始皇时，望气者言：‘五百年后金陵有天子气。’于是，东游以厌当之。乃凿方山，断长垄为渎，入于江，故曰‘秦淮’。”方山是东南方向出入南京的必经之地，也是亲友临行送别之所。东晋时王彪之即有《与诸兄弟方山别诗》云："脂车总驰轮，泛舟理飞棹。丝染墨悲叹，路歧杨感悼。"南朝刘宋永初三年（422），由于朝廷权力之争，著名诗人谢灵运（385—433）被贬放为永嘉太守。此年初秋，谢灵运怀着满腔的怨愤离开建康，临行前写下了《邻里相送至方山》：

祇役出皇邑，相期憩瓯越。
解缆及流潮，怀旧不能发。
析析就衰林，皎皎明秋月。
含情易为盈，遇物难可歇。
积疴谢生虑，寡欲罕所阙。
资此永幽栖，岂伊年岁别。
各勉日新志，音尘慰寂蔑。

此诗融情入景，渲染深浓的离愁别绪；借离京与亲友惜别的机会表达隐逸避世的意愿，同时暗含着对于朝政的不满，字里行间充斥着诗人的强烈孤愤和无限哀愁。

南朝萧梁著名诗人何逊《下方山》诗同样描写方山之景，流露出返乡途中的复杂心绪：

寒鸟树间响，落星川际浮。
繁霜白晓岸，苦雾黑晨流。
鳞鳞逆去水，弥弥急还舟。
望乡行复立，瞻途近更修。
谁能百里地，萦绕千端愁？

诗歌前六句以细腻的笔触绘声绘色地描绘破晓前的山川景物，隐现作者内心的情感波澜。后四句伴随着故乡渐近的景况，越发显现出作者的微妙复杂心迹。

丹阳秣陵人陶弘景在道教史、医药学史、文学史、书法史上都取得了重要成就。陶弘景字通明，自号华阳隐居，十岁时得葛洪《神仙传》，读后便有隐居之志，对人曰："仰青云，睹白日，不觉为远矣。"（《南史·陶弘景传》）刘宋末，萧道成为相，引为诸子侍读。齐武帝永明九年（491），授奉朝请，不事郊游。后辞官，朝中公卿在征虏亭为其饯行，供帐甚盛，车马填咽，场面宏大。陶弘景归隐于句曲山（即茅山），立道馆，游遍名山大川，访仙采药。梁武帝早年与之游，齐末，陶弘景援引图谶，证以天命在梁，令弟子进呈。梁武帝即位后，恩礼愈优，书问不绝，冠盖相望；国有大事，无不加以咨询，王公权贵时相参候，人称"山中宰相"。

陶弘景圆通谦谨，聪明颖悟，好读书著述，老而弥笃。他经史文学、阴阳五行、历数星算、山川地理、物产医药无不通晓，《南史》言其"一事不知，以为深耻"。他深得道家精髓，撰成《真诰》20卷，为道家经典；又工书，庾肩吾《书品》评为"仙才翰采，拔于山谷"。其诗文清新闲远、恬淡自然，如其《与谢中书书》写山中景色：

> 山川之美，古来共谈。高峰入云，清流见底。两岸石壁，五色交辉。青林翠竹，四时俱备。晓雾将歇，猿鸟乱鸣。夕日欲颓，沉鳞竞跃。实是欲界之仙都。自康乐以来，未复有能与其奇者。

《南史》记载陶弘景"身既轻捷，性爱山水，每经涧谷，必坐卧其间，吟咏盘桓，不能已已”。这篇短文描绘出一幅令人怡情悦性的山水画轴，表达了作者对自然的钟情和体悟。作品概括古今，包罗四时，动静结合，意境清幽，富有山水相映之美、色彩搭配之美、晨昏变化之美。

他的《诏问山中何所有赋诗以答》同样表达自己的隐逸情怀：“山中何所有，岭上多白云。只可自怡悦，不堪持寄君。”这是一首回答齐高帝诏书的诗作，“白云”意象的变化无穷、悠闲自得、不受拘束，正是诗人自己归隐山林、淡泊自持情怀的绝好象喻，文辞清淡素雅，风格清逸隽永。

此外，江宁湖熟街道有梁台遗址，相传为梁朝昭明太子萧统读书之所。

二、唐宋江宁文学

唐宋时期，江宁留下了大文豪李白的足迹，法融禅师于此开宗立派，岳飞又在这里抗击金兵，故而此期的江宁文学染上了格外浓重的浪漫气息、宗教色彩和豪壮格调。

李白

李白（701—762）有着深厚的“金陵情结”。他一生多次优游南京，登览怀古，呼朋畅饮，留下了许多佳篇丽作。清人陈文述《秣陵集》指出：“金陵江山之胜，甲于东南，古来诗人游者，太白为著。”李白《东山吟》首先发思古之幽情：“携妓东土山，怅然悲谢安。我妓今朝如花月，他妓古坟荒草寒。”寄托了今昔对照、无限伤怀之意。最后“彼亦一时，此亦一时，浩浩洪流之咏何必奇”一句，追怀当年谢安临危不惧、赋咏“浩浩洪流”的旷情雅量，流露出由衷的欣羡和向往。安史之乱爆发后，李白在《永王东巡歌》中建议以金陵为根据地，出师北伐。其中所云“但用东山谢安石，为君谈笑静胡沙”，诗人以谢安自比，表达出衰乱时代英雄救世的渴望。他经常效仿当年谢安，携妓纵情游赏。其《示金陵子》描摹金陵美妓琴声悠扬、吴语娇软，夸赞其不同凡响的才艺、气韵、情致，结尾写道：“谢公正要东山妓，携手林泉处处行。”又以谢安自比，流露出放旷洒脱、志在林泉的超逸情韵。

江宁牛首山因佛而扬名。唐贞观十七年（643），法融禅师在牛头山（牛首山）幽栖寺北岩下营建禅室，潜心修行。当时牛头山佛窟寺藏有佛经、道经、佛经史、俗经史和医方图符等七经，法融获法师允许，日夜披阅，学问与功德大进，终于会通悟道，开创“江表牛头”一派。法融弟子在祖堂山上修建“牛头第一祖融大师塔”以志纪念，刘禹锡为撰《牛头山第一祖融大师新塔记》。该文叙述法融入牛头山修道后，“以慧力感通”，在佛学达到很高造诣后，乃著《心铭》一书。文章概括牛头宗的精义为“言自我启，因自我成”，劝诫世人修身行善，结善因，得善果。最后阐释“空”（无形之物）与“相”（有形之体）、“无”与“有”的辩证关系，佛家讲究清净寂灭，崇尚虚无，而虚无之理归根结底还是要通过“有相”才得以体现，这就解释了为法融禅师修建新塔的原因。

晚唐诗人温庭筠（约812—866）的《谢公墅歌》描摹江宁谢安东山别墅的清雅环境，怀想当年谢安与人对弈围棋时的情景：“文楸方罫花参差，心阵未成星满池。四座无喧梧竹静，金蝉玉柄俱支颐。”屋内雅人对弈，凝神不语，支颐沉思；屋外梧竹静谧，幽花参差，星垂满池，由此构成了一幅绝妙的春夜对弈图。诗人又从对弈生发开去，着重表现谢安透过棋局看清了千里之外的战局形势，运筹帷幄之中，决胜千里之外：“江南王气系疏襟，未许苻坚过淮水。”颂

温庭筠

扬了谢安临危不惧、指挥若定的雅量高致。韦庄（约836—约910）的七律《上元县》感慨“南朝三十六英雄，角逐兴亡尽此中”，作为南朝都城，历代英雄在此纷扰争逐，宋、齐、梁、陈像走马灯一样改朝换代，如今所剩下的只是颓垣残壁的历史陈迹，引发人们徒增往事如烟、沧海桑田的嗟叹唏嘘。颈联“残花旧宅悲江令，落日青山吊谢公”，选取南朝时期两个典型人物分别加以咏叹。像江淹、谢安这样的风流人物早已作古，只有残花旧宅、落日青山依然在目，怎能不让凭吊者睹物伤怀、潸然悲怆！

南唐昇元元年（937）十月，徐知诰取代杨吴，建立南唐政权。此后徐知诰恢复李姓，更名为李昪。昇元七年（943），先主李昪驾崩，中主李璟即位。李璟擅长填词，其词《摊破浣溪沙》“细雨梦回鸡塞远，小楼吹彻玉笙寒”“青鸟不传云外信，丁香空结雨中愁”等句，感情真挚，风格清新，不事雕琢，融入了时代的悲感、清雅的格调，给人以优雅而伤感的艺术魅力。

南宋初期，南京成为南宋行都，是抗击金人南侵的前沿重镇，江宁文学也充满着豪壮的爱国激情。号称“中兴四大诗人”之一的杨万里（1127—1206），于光宗绍熙元年（1190）赴建康任江东转运副使。他定期巡行所部，经过牛首山，写下《寒食前一日行部过牛首山》七首，其四写道：

出了长干过了桥，纸钱风里树萧骚。
若无六代英雄骨，牛首诸山肯尔高？

古人于寒食、清明时节都要出城祭扫坟墓、焚烧纸钱。诗歌开头两句描写眼前所见纸钱随风飞舞，树木被风吹拂发出萧骚之声，由此渲染出萧条凄迷的氛围。接着抒发历史感慨：若不是六代英雄埋葬在这里，牛首诸山怎肯高耸脊梁、高昂头颅？牛首山北连翠屏山，南接祖堂山，周围丘陵起伏，历代墓葬多集中于此。这里还是著名的战场。建炎四年（1130）四月二十五日，岳飞所部在建康城南约15千米的清水亭（在今江宁区殷巷）与金兵接战，大获全胜，迫使兀术率溃散金兵退至长江以北，沦陷达半年之久的建康城得以光复，然而岳飞却被奸佞迫害而死。诗人凭吊抗金故垒，感怀六朝英雄数度北伐的果敢作为，借以呼唤保家卫国的英雄意志；同时也与南宋朝廷屈辱求和、卑躬屈膝加以比较，更加凸显了深切的时代悲慨和无奈。

著名诗人范成大（1126—1193）舟行江宁秦淮河上，其七绝《秦淮》同样抒发出深沉的历史慨叹："不将行李试间关，谁信江湖道路难。肠断秦淮三百曲，船头终日见方山。"诗歌从表面来看，似乎在阐述旅行路途曲折，只有历尽艰辛方才"柳暗花明又一村"。而作者点出秦淮河令人肠断之因，在于它见证了这座城市的兴衰，抚今追昔，令人感慨万千。

南宋最伟大的爱国词人辛弃疾（1140—1207）的金陵咏叹则更显豪迈的英雄气概，其《念奴娇·我来吊古》词发思古之幽情："却忆安石风流，东山岁晚，泪落哀筝曲。儿辈功名都付与，长日惟消棋局。"词作通过自然景物的荒寂，暗喻朝廷无心北伐，有负金陵形胜，愧对古人。词人由此引发"报国欲死无战场"的千斛闲愁，揭示出忠而见疑的遭遇和请缨无处的创痛，淋漓尽致地抒发了英雄失路的沉痛悲慨。

南宋末年的爱国名臣文天祥（1236—1283），坚持抗击元军。祥兴元年（1278）十二月，他于海丰五坡岭兵败被俘。次年三月，被押解前

往燕京；七月路过金陵，创作了七律《金陵驿二首》，其一写道：

草合离宫转夕晖，孤云飘泊复何依？
山河风景元无异，城郭人民半已非。
满地芦花和我老，旧家燕子傍谁飞？
从今别却江南路，化作啼鹃带血归。

文天祥

金陵驿又名蛇盘驿，在今南京东郊宁杭公路附近。文天祥此诗将自己的切身体验与这座历史名城的兴亡盛衰交织在一起，深刻地表现了永别江南的悲痛心情。作品首联描写萧瑟荒凉的景象，流露出英雄末路、回天无力的悲怆心境。“山河”二句采取对比手法，用依然如故的青山绿水反衬遭受战争摧残后城垣颓坏、人民离散死亡，感慨极为深挚。颈联又以“满地芦花”和“旧家燕子”表达了家国沧桑之感。最后两句化用《楚辞》中“魂兮归来哀江南”的语意和望帝啼鹃的传说，同他流传千古的名句“人生自古谁无死，留取丹心照汗青”一样，表现了视死如归的英雄气概和坚贞不渝的高尚气节。全诗写得慷慨悲壮，感人肺腑，这是文天祥用血泪书写的不朽诗篇，奏响了宋代诗歌发展史上的绝唱。

三、明清江宁文学

明清时期的江宁文学形式多样，在诗词、散文、戏剧等方面都取得了丰硕成就。

明太祖朱元璋曾作有七绝《春望牛首》，描摹牛首山的雄姿：

遥岑峙立势苍然，春日莺啼景物鲜。
叠嶂倚天江月外，三山映带石城边。

牛首山远在南郊，双峰角立，形如牛首，所以首句说“遥岑峙立”，山势苍劲；这里层峦叠嶂，尽显山川形胜之美。朱元璋定都南京后，对四郊的名山很感兴趣。他发现南京周边所有的山都面向都城，呈朝拱状，唯独牛首山倔强执拗，背主南望。这让迷信风水的朱元璋很不满意。据明人杨仪《明良记》载，朱元璋“乃特定其罪，杖之百下”，以此来显示人间帝王的皇威。

明朝中期，谢承举（1461—1524）与储巏（约1464—约1497）结为亲密的诗友，于正德二年（1507）结秣陵吟社。谢承举经常与诸文人联句，往往能够出奇制胜，显示出过人的诗作才华。钱琦（1467—1542）游览江宁，其《游牛首山》诗“石路草香人独往，枫林叶暗鸟频来”句，描绘登临牛首山所见的清新野逸景象；“临眺莫言归去晚，放歌还上夕阳台”句，更加展现出诗人临高眺远、流连忘返的清旷豁达的情致。陈沂（1469—1538）的五律《经牛头山寺》“鸟声林叶暗，山影石溪寒。清梵空中听，丹楼画里看”句，调动多种艺术感知，描摹山间景色，富有画境之美，也传递出空灵悠远的禅意。朱应登（1477—1526）的七律《宿献花岩作》其二写道：

长廊卷幔得闲凭，南国秋容望不胜。
香阁梵音传远磬，石幢寒影护悬灯。
山深疑有长生药，寺古应多入定僧。
人语忽然飘下界，始知身在白云层。

祖堂山位于牛首山南，古名幽栖山，因山上建有幽栖寺而得名。唐贞观初，法融禅师在此得道，成为佛教南宗的第一祖师，此山亦更名为祖堂山。山南有石窟，相传为当年法融禅师入定之处，有百鸟群集献花之奇，故名献花岩。此处石峰奇秀，悬崖千尺。朱应登诗作描写祖堂山寺庙繁盛之景，联系法融禅师入定的典故，表露出作者寄兴深远的禅悦之心。

盛时泰（1529—1578），嘉靖年间进士，终生不得志，卜居大城山中，又于方山祈泽寺构一小舍，时独住之。生平博学多才，文气横溢，洒脱不羁，以书、画、文章擅名一时。著述颇多，如《盛时泰借书录》《秣陵盛氏族谱》《金陵人物志》《金陵纪胜》《牛首山志》《大城山志》《金陵品泉》等。其七律《祖堂山》描写祖堂山构筑于深山之中的清幽之境："层栏远接诸天外，丈室平临万壑中。"登山远眺，则钟山、秣陵尽收眼底："钟阜断云连古戍，秣陵残叶下西风。"萧瑟旷远，格调清寂，富有苍劲雄浑的气势。

江宁人顾起元（1565—1628），万历二十六年（1598）会试第一、殿试一甲第三，授编修。历官南京国子监司业、左谕德兼翰林院侍讲、右庶子兼翰林院侍读、南京国子监祭酒、少詹事兼翰林院侍读学士，迁南京吏部侍郎。天启二年（1622）改吏部右侍郎，充纂修《实录》副总裁。南明弘光间赠礼部尚书，谥"文庄"。

顾起元学识渊博，生当明朝政局日益腐朽、荒淫昏聩之际，积极上疏，提出改革时弊的主张，却遭到君王的无情冷遇，于是心灰意冷，立朝仅五六载即辞官。顾起元宅居南京城西南角的古凤凰台侧花盝冈，命名所居之园为"遯园"。此后连续七次拒绝出仕，避居遯园，以山水为邻、书文为伴、林泉为乐，逍遥余生。他避免了明朝后期官场频繁而又残酷的党争特别是魏忠贤阉党迫害东林党人的惨烈政治纷争，专注于学术文化的研究，留下了数量可观的著作，尤其在金陵乡邦文献考索方面作出了杰出贡献。顾起元著作繁多，所著《说略》60卷，颇与曾慥《类说》、陶宗仪《说郛》相近，是明朝重要的类书。《金陵古金石考目》1卷，考辨列朝金陵金石资料，为后人研究提供了重要参验史料。《客座赘语》10卷，“所记皆南京故实及诸杂事，其不涉南京者不载，盖亦《金陵琐事》之流。特不分门目，仍为说部体例耳”，“颇足补志乘之阙”（《四库全书总目》卷143）。该著详述金陵掌故和风俗民情，搜集、研究乡邦文献，为地方方言、服饰、户口、徭役、人物、士习、经济、政治等方面的研究提供了十分宝贵的资料。

《客座赘语》书影

顾起元雅好文学，万历二十二年（1594）在家乡结文社，与诸多诗友迭相唱和。著有《懒真草堂集》50卷、《遯园漫稿》4卷、《蛰庵日录》4卷、《雪堂随笔》4卷等。张岱《石匮书后集》称其“诗文高者，直达秦汉；而清芬丽藻，兼六代之长”。顾起元七绝《汤园》云：

杏花村外酒旗斜，墙里春深树树花。
莫向碧云天末望，楼东一抹缀红霞。

汤园是杏村诸园之一。诗前小序云：“杏花村方幅一里内，山园据其什九。虽奥旷异观，大小殊趣，皆可游也。”据记载，杏花村在新桥与上浮桥之间。此诗描写村外酒旗招展、墙内繁花似锦的汤园春景，注目于楼东花树犹如一抹红霞，直接天外，给人以格外妖娆明媚之感。

汤显祖

南京是明代著名戏剧家汤显祖（1550—1616）的第二故乡，他先后在这里居住了大约十年时间。早在万历四年（1576）、八年（1580），他曾两度游学南京国子监。十一年（1583）考中进士，自请为南京太常寺博士，升南京礼部主事。在为宦南京期间，汤显祖常于公余暇日骑驴游历南京城内外的山水胜迹，所到之处，无不题咏。其《上巳后二日游幽栖寺》诗写道："百日斋初过，三春绿已齐。披云眠佛窟，残屐到幽栖。"诗人春日徜徉在人迹罕至的幽栖寺，独得幽深清寂的空冷情韵。

明朝后期竟陵派的代表人物钟惺（1574—1625），好游历名山大川，足迹遍及全国，于南京情有独钟，在此寓居长达六年之久。钟惺遍游南京各处风景名胜、历史遗迹，曾经与好友林古度、谭元春、周楷等人一起倡导募修了牛首山罗汉殿、大报恩寺佛殿，重装了牛首山历代祖师画像，写下了《重装牛首祖像疏解》《募修牛首山罗汉殿疏》。其《隐秀轩集》中直接以南京名胜为题的诗作多达四五十首。此外，明代描写江宁名山的游记，有王世贞《游牛首诸山记》、冯梦祯《游牛首记》、吕维祺《游牛首山记》、姜宝《牛首山游记》、戴澳《雨游方山》等。

明末文人阮大铖（1587—1646），科场一帆风顺，性情豪迈潇洒，很早便赢得了"江南第一才子"的美称。由于他投靠魏忠贤阉党，遭到复社文人的不齿和攻击。崇祯八年（1635），为逃避农民起义军打击，他移居南京，先居住在南京城西南隅的石巢园，组织"群社"，谈兵说剑，招纳游侠，结果引起复社成员的强烈不满。阮大铖被迫移居城南牛首山之祖堂寺，闭门谢客，以吟诗、作剧、观剧自娱。侨居南京期间，他创作了将近1900首诗，结集为《咏怀堂诗集》。阮大铖的山水田园诗成就最高，具有感情饱满、意境空灵、富有禅理的特点。

阮大铖又是明末成就最高的戏曲名家。他流寓南京，治亭台园圃，蓄声伎以自娱；在侨居牛首山期间，“每夕与狎客饮，以三鼓为节。客倦罢去，阮挑灯作传奇，达旦不寝，以为常”（王士禛《池北偶谈》卷11）。阮大铖建有自己的戏剧家班，可以自编自导。张岱《陶庵梦忆》卷4“牛首山打猎”条云：“戊寅冬，余在留都……出南门校猎于牛首山前后……看剧于献花岩。”多次看过阮大铖家班演出的张岱认为，“阮圆海家优讲关目，讲情理，讲筋节，与他班孟浪不同。然其所打院本，又皆主人自制，笔笔勾勒，苦心尽出，与他班卤莽者又不同”。阮大铖一生创作了11种传奇体制的戏剧，存世的4种是《春灯谜》《牟尼合》《双金榜》《燕子笺》，合称《石巢传奇四种》。尤其是《燕子笺》传奇，在当时的南京戏剧舞台上长演不衰。他的戏剧作品具有强烈的现实针对性，体现出崇尚功名、自我辩白的创作目的。在艺术上，阮大铖的戏剧“本本出色，脚脚出色，出出出色，句句出色，字字出色”，“镞镞能新，不落窠臼”。其传奇作品剧情曲折，结构严谨，曲词典雅，意境优美，具有很强的艺术魅力。

清初遗民诗人屈大均（1630—1696）徜徉故都南京，抚今追昔，留下了许多深沉的悲叹。其五律《秣陵》写道：

牛首开天阙，龙岗抱帝宫。
六朝春草里，万井落花中。
访旧乌衣少，听歌玉树空。
如何亡国恨，尽在大江东！

诗人首先极写南京地势形胜，是得天独厚的帝王兴业之都。紧接着，以一派凋残破败气象顿显黍离之悲，流露出强烈的遗民故国之思。最后以理性的历史教训思索，蕴含着对晚明政治哀其不幸、恨其不争的复杂情感。李国宋（1636—1687后）的五律《牛首山》写道：

独上藏龙窟，遥瞻踞虎邦。
四天围碧嶂，一气滚寒江。
净贝安禅悦，香灯冷法幢。
顿令尘思尽，高倚白云窗。

此诗开头四句描写作者驻足牛首山上居高临下所见的壮阔山水景象，饶富阳刚雄壮之美。后面四句刻画弘觉寺神秘、清幽的氛围，蕴含禅悦之意，令人排除世俗杂念，灵魂得到净化与解脱，创造出超脱尘俗的缥缈境界。其《登牛首山》写道："万壑争江势，千峰绕白门。青林云气合，赤日石崖昏。鸟下半空小，人当绝顶尊。沧波流浩浩，日夜动乾坤。"诗人登上牛首山，远眺千峰环绕、万壑争流、云气会合、落霞满天的广远景象，雄奇壮伟之感油然而生。他的情感伴随着浩浩长江而奔腾汹涌、心潮澎湃，气象雄浑，苍遒有力。

著名戏剧家孔尚任（1648—1718）多次游历南京，经过十多年苦心经营，终于完成了记载南京历史兴亡的传奇戏剧名著《桃花扇》。其诗集《湖海集》中不乏歌咏南京风物的写景抒情佳作。例如《登牛首山弘觉寺》"直向松林密处登，烟云忽透殿层层。收来远岫无边翠，接入长江一道冰"句，着力刻画松林、远岫、烟云、长江等缥缈意象，营构出苍远、空阔的意境氛围。

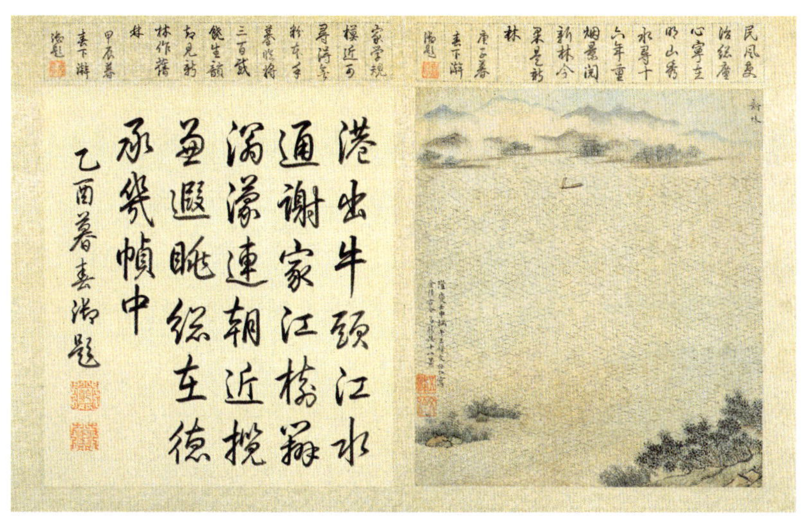

文伯仁所绘《金陵十八景图·新林浦》

清朝中期，乾隆皇帝南巡，喜阅明人文伯仁所绘《金陵十八景图》，图册中描绘的景象激发起他的无限遐思。如第十八开《新林浦》所画的是南京西南郊牛首山西麓、长江之畔的悠旷景致。乾隆观赏之后由衷感慨：“港出牛头江水通，谢家江树辨滃濛。连朝近揽兼遐眺，总在德承几帧中。”这些题画诗既形象描绘出景物特征，也流露出诗人的怀古之情。

著名诗人袁枚曾经担任江宁知县。辞官之后，购置随园，过着优哉游哉的风雅生活。他是一个极其富于生活情趣的人，一生遍游金陵胜迹，创作了大量优秀诗篇。他曾经不畏春寒，跋涉30多千米，前往汤山沐浴温泉：“五日熏蒸三日浴，鬓霜一点不曾消。”（《浴汤山》）尽显自己倜傥风流的真性情。

嘉庆至同治年间的江宁人汤濂，自号金陵诗疯子，喜吟诗作文，诗尤潇洒出尘。著有《汤氏丛书》，其中《金陵百咏·四十八景》以五绝体的形式歌咏南京，与南宋曾极《金陵百咏》可谓一脉相承。

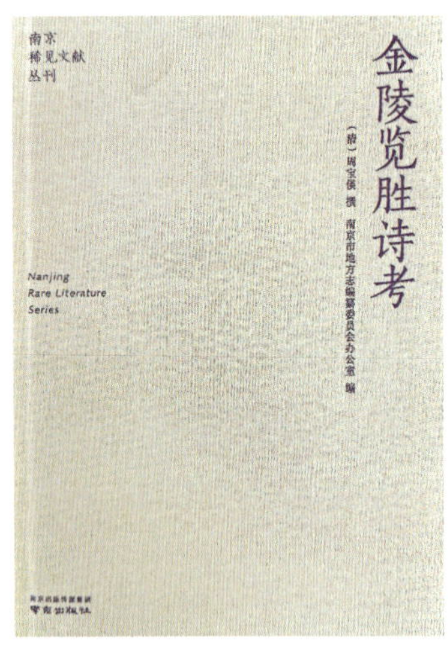

《金陵览胜诗考》书影

道光年间江宁人周宝偀工诗词，著有《金陵览胜诗考》。他创作了大量歌咏南京名胜的诗歌，其中《牛首山》“涧寒流水细，洞古野藤香”、《祖堂山》“担挑黄叶樵归岭，楼背斜阳僧打钟”，都通过细致的景物描摹，形象展现出江宁山川之美。

江宁人邓廷桢（1775—1846），16岁考中秀才，入江宁县学。嘉庆四年（1799）在钟山书院肄业，就学于桐城派大师姚鼐门下。嘉庆六年（1801）进士，授翰林院编修，历官宁波、延安、榆林、西安知府，湖北、江西、陕西按察使、布政使，安徽巡抚。道光十五年（1835）升任两广总督，协助林则徐禁缴鸦片，巡逻缉私，整顿海防，抗击英军。二十年（1840）调任闽浙总督，在福建加强巡防。鸦片战争爆发后，他于厦门率军抵抗、击退英舰，却与林则徐同被诬在粤办理不善，转滋事端，遭受革职，遣戍伊犁。二十三年（1843）复起用为甘肃布政使、陕西巡抚，以积劳成疾卒于任。

邓廷桢在粤禁烟及遣戍伊犁时，与林则徐风雨与共、心气相通，时以诗词相酬答，或慷慨述志，或郁愤寄怀。例如《酷相思·寄怀少穆》词写道：

百五佳期过也未？但笳吹，催千骑。看珠澥盈盈分两地。君住也，缘何意？侬去也，缘何意？

召缓征和医并至。眼下病，肩头事。怕愁重如春担不起。侬去也，心应碎。君住也，心应碎。

此词创作于邓廷桢被调任闽浙总督之时。上阕开头三句追述此番调离出粤的事实，邓、林两人在广东的禁烟事业尚未完成，自己就被迫离开。“看珠澥”数句以看似男女离别之语，隐喻挚友相别的惆怅与留恋之情。当时林则徐所写《又和嶰筠前辈》诗中有“感公海水誓”句，自注：“余未至粤，公贻手书云：‘所不同心者有如海。’”正是表明他们勠力同心、誓死报国的志愿。然而朝廷却将两人调离，致使禁烟运动功败垂成，因此邓廷桢接连发问“缘何意”，实则抒发出无限悲愤的控诉和呐喊。下阕化用《左传》“晋侯有疾”的典故，表明清政府现已病入膏肓，再高明的良医也无能为力。各种社会矛盾、内忧外患堆积如山，使作者感慨万千，发出了“愁重如春担不起”的无力回天的深重感慨。最后两个“心应碎”的重复，表达出愈加强烈的激愤之情。

此外，中国古典文学的巅峰之作《红楼梦》，相传曹雪芹是以江宁为背景写就。

第二节　书法艺术

江宁在南京的文化艺术发展进程中扮演着重要的角色，可以说与南京共繁荣同发展。南京书画艺术发展的高潮与江宁息息相关，而江宁历代书画家及其艺术作品每每是南京书画艺术的代表。

六朝之前江宁留下的书法艺术作品，虽然发现的不是很多，但现有的发现也足以令人自豪。刻于西汉永光五年（前39）的《磨石碑》，原碑立于江宁朱门牛迹山的茅君别院，故又名《茅君别院碑》，是旧志记载中南京地区最早的汉碑。明代陈沂有“绝巘金牛迹，元宫玉版书”的评语，可见此碑的影响。从东汉永元五年（93）

正月所葬湖熟地方官员、书佐朱建墓中出土的朱建告策看，此告策中的墨迹隶书，计五行八十八字，真实地再现了当时湖熟人高超的隶书艺术。另外，在湖熟出土的诸多汉印中，其印章艺术无论从字体到构图都已十分成熟，尤其值得注意的是“黄帝神印”的字体已由篆体向楷隶转变，这也充分说明了江宁汉印艺术丰富的变化与发展。

一、六朝江宁书法

六朝的盛衰兴亡，深深地影响着江宁。战争、人口迁移、人生观的不断改变，亦影响着江宁地域审美观的变化。江宁的文化已由典型的吴文化为主导的地区，一变为以南北交融为特色的文化之邦。在这块大地上，江宁六朝先辈的艺术才华充分展现了中国书画艺术觉醒时期的典型特征。

从现存的传世碑帖来看，江宁作为京畿之地，其书法艺术的成就显得尤为突出。三国孙吴时期，以《葛府君碑》《谷朗碑》《禅国山碑》《天发神谶碑》等为数不多的碑刻为代表。而以创新和雄奇制胜的当属《天发神谶碑》。

天玺元年（276），孙皓为稳定人心，颂吴功德，制造天降神谶的舆论，命人于今江宁境内的岩山之东刻立《天发神谶碑》（又名《天玺记功碑》）。至晋宋之际碑已折为三段，故又称《三段碑》。碑至北宋起历经迁移，清嘉庆十年（1805）夏，此碑毁于大火。相传此碑为书家皇象所书。其字体非篆非隶，笔意在篆隶之间，淳古浑厚，气势雄健，其书起笔方重，有隶书笔意，转折处则外方内圆，下垂呈悬针状，森然如武库戈戟，凛然不可侵犯。康有为曾惊叹为“奇伟惊世”。张叔未则云：“吴《天玺纪功碑》雄奇变化，沉着痛快，如折古刀，如断古钗，为两汉来不可无一、不能有二之第一佳迹。”《天发神谶碑》奇异瑰伟的形象，方起尖收的笔

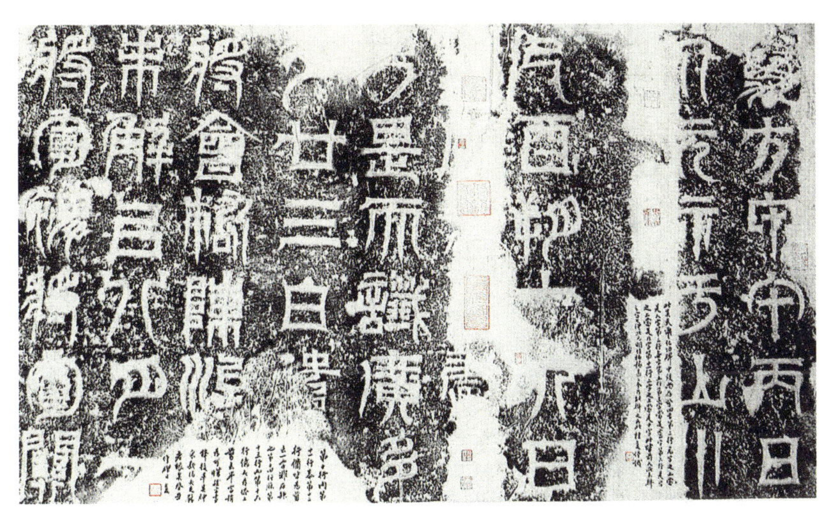

《天发神谶碑》拓本

法，棱形方正的体势，在书法史上可以说是前无先例、后无继者。这种独创的书体所带来的震撼，与孙皓为制造天命所归的舆论而诡称天降神谶的目的相吻合，产生了意想不到的神奇效果，而其雄伟奇特的风格，对后世产生了不可估量的影响，因而在中国书法史上有着独特的价值和地位。

进入晋代，书法艺术已成为帝王将相和士大夫们精神上的一个重要组成部分，成了他们抒发个人情感、表现个人精神境界的一个重要手段。晋人书法在中国书法史上形成的第一座高峰，江宁书家功不可没，其中以王徽之最具代表性。王徽之为书圣王羲之三子，书法之名虽没有其弟王献之大，但其崇尚自然、超然物外、率真任诞而风流自赏的品质成为东晋名士的风范。他的玩世潇洒，傲睨滑稽，挟智任术，把六朝风流演绎得令人仰望而折服，也使他在王氏兄弟中傲然突出。从他参加兰亭宴集、雪夜访戴、弃官东归、避地铜阜，可以看出他的洒脱不羁。据近年发现的《江宁王氏宗谱》记载，王徽之不住城内，最终找到了“远隔驿道市尘，近涧小桥流水，可以君子居之”的上元铜阜，即今南京江宁禄口街道的铜山，并最终葬在那里，他的六朝风范于此可见一斑。

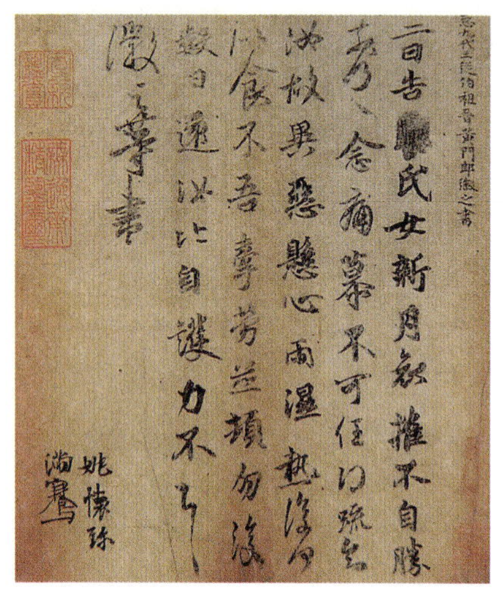
王徽之《新月帖》

王徽之的书法至唐代已极罕见。北宋《宣和书谱》仅记有《僧伦帖》《至节帖》《仲崇帖》《蔡家帖》四帖，其书今所能见到的只有《新月帖》《得信帖》。前者是唐代摹本，后者则是刻帖。《宣和书谱》卷7对王徽之书法有一段经典的评价，并一直作为有宋以来讨论王徽之书法的依据："徽之作字，亦自韵胜，羊欣谓尤长于行草，信不诬矣。律以家法，在羲、献间特未可以甲乙论云。"不论行草书还是行楷，王徽之都写得很有特点。《新月帖》为唐《万岁通天帖》的第五帖，现藏辽宁省博物馆。此帖作为王徽之行楷的代表作，不失豪迈俊雅、润畅流美之特点，深得其父及王氏家法，充分反映了魏晋行楷书之美。如果说从《新月帖》看到的是王徽之对家法良好传承的话，那么从《得信帖》看到的更多是王徽之对家法的创新和发展。《得信帖》为拓本，收刻于《淳化阁帖》。在短短的七行字中，绵长细草一笔写来，舒缓流利而错落有致。这七行字中，字连字，有三行已经达到了五字连，牵丝连带使得此帖更加协调，富于变化而不牵强，转折连带自然而不生硬。王徽之书法传世虽少，但对后世的影响颇为深远悠长。

谢安也是江宁代表性的书家之一，曾随书圣王羲之学习书法。他常居江宁，在东山（今江宁土山）建有别墅，并在那里指挥了著名的淝水之战，对中国历史进程有着重大影响。他主持朝政期间大力提携王献之，亦常与王徽之泛舟秦淮河上。《江宁王氏宗谱》记载，在谢安建墅东山的影响下，王徽之最终在铜山建墅并定居那里。

历史上南北朝书论家在提到东晋谢氏书家时，首推谢安，称其善隶、行，或誉其草、正书法与郗愔齐名。唐人评其书法道：“谢公纵任自在，有螭盘虎踞之势。”这里显然是形容他的书法风格。所传书法今能见到的只有《淳化阁帖》卷2中的《每念帖》《六月帖》和《宝晋斋法帖》中的《八月五日帖》。

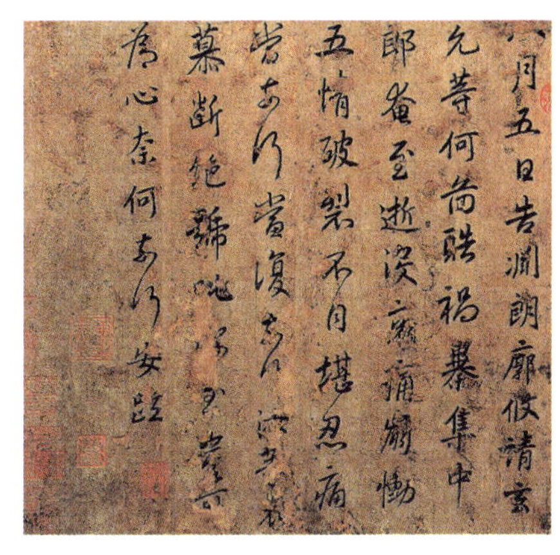

谢安《八月五日帖》

南朝是门阀世族统治由盛转衰的时期。寒族出身的皇族与世族大家，由于地位的变化，在行为与审美的追求上发生了巨大的变化。世家贵族在被排除出政治权力核心的同时，逐渐成为舞文弄墨的文人雅士，而寒族出身的皇族也需要书画的滋润。整个南朝时期，皇族成为书画发展重要的推动力量，其中最有代表性的当属梁武帝萧衍。萧衍，字叔达，出生于秣陵同夏里三桥（今江宁区上坊境内）。他博学多通，重儒立学，于书法、音乐、文学均有较高的造诣，更重要的是，他给当时的文人创造了一个相当宽松的政治环境。萧衍还是个有思想的书法理论家。作为帝王，他能以平等的身份与部下讨论书法，甚至与部下争得面红耳赤也不动怒。他传世的书法理论有《观钟繇书法十二意》《答陶隐居书》《草书状》及《古今书人优劣评》。在这些理论中，他称赞钟繇古朴细硬、中庸适度的书法风格，并力求矫正宋齐以来一味效摹王献之流丽便美的书风。

作为一代帝王，萧衍对书画艺术的力行和倡导，对中国书画史的发展产生了一定的影响。梁朝在书画的收藏、书家的培养、书画风气的倡导上都出现了前所未有的景象。据唐代张怀瓘在《二王等书录》中记载，梁皇宫内府收藏访收天下，其藏品数量远远超过了前代；还出现了张僧繇、萧子云、沈约、庾肩吾、陶弘景等一大批有影响力的书画家，并对唐代的书画艺术产生了不可估量的影响。

陶弘景也是梁朝杰出的书画家之一。陶家的旧宅与萧衍家相距很近，都在今天江宁区上坊社区北面一带。两个人的关系一直都很好，即使陶弘景隐居茅山，梁武帝还是会在国家有吉凶征讨大事时前往咨询，月中常有数信，时人谓陶弘景为“山中宰相”。陶弘景刻苦好学，博闻强记，智力超群，思维敏捷。他在书法、绘画、文学、医学、天文、地理等诸多方面均有建树，并成为一代文化巨匠。

陶弘景的祖父、父亲皆有书名。其祖父陶隆善写行书，其父陶贞宝善隶书。陶弘景幼承家学，且相当勤奋。《南史》本传载其“年四五岁，恒以荻为笔，画灰中学书”。他的书法以二王为宗，博采众家之长，自成一家。他擅长草书，尤以行书为妙。宋《宣和书谱》卷8著录了当时御府收藏其行书六种——《杨琼瑶密辞》《华阳洞天帖》《屈画帖》《茅山帖》《带名帖》《茅山仙迹》。今天所能看到的是《停云馆帖》中传为其书的《茅山帖》以及所存的石刻《天监井栏》《瘗鹤铭》等，此外他还撰有《与梁武帝论书启》。

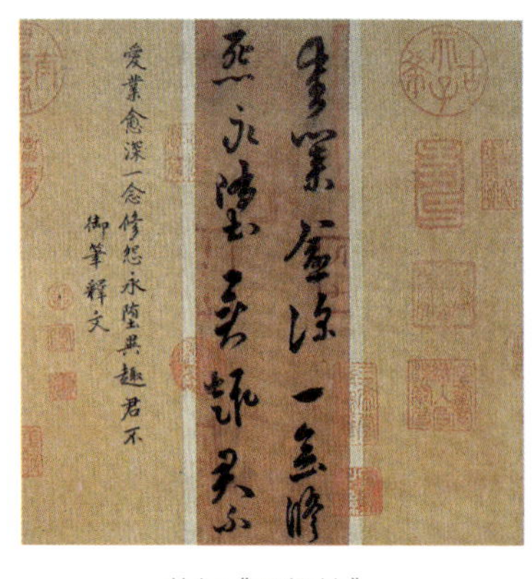

萧衍《异趣帖》

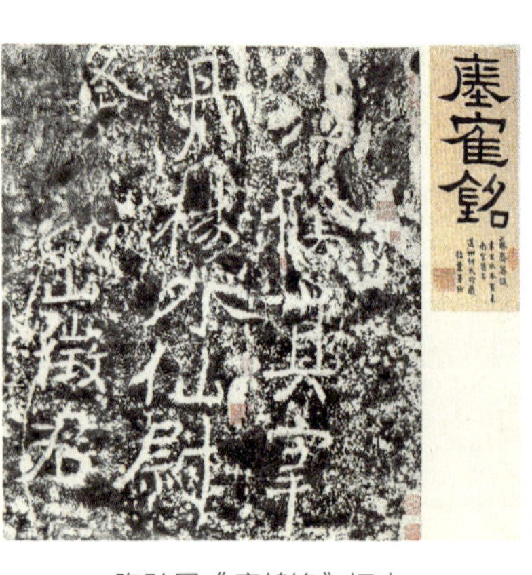

陶弘景《瘗鹤铭》拓本

再从地下出土文物来看，江宁土桥出土的孙吴铅质买地券、铜山出土的孙吴砖质买地券等都充分体现了隶书向楷书转变过程中书体的形制变化。近年，江宁滨江开发区出土的三国孙吴建衡元年（269）《缪承买地券》，江宁淳化出土的西晋太康元年（280）《朱氏墓砖铭文》，滨江开发区出土的西晋元康五年（295）《砖刻铭文》、西晋永宁二年（302）江宁县令《周关内侯砖刻》，吕家山出土的东晋《李綦及其妻武氏墓志》以及刘宋《谢珫墓志》《谢球墓志》《宋乞墓志》等，也从一个方面反映了六朝时期江宁书法艺术的特点和风格，真实地再现了那个时代的书法特色。

20世纪80年代末期在牛首山出土的南朝刘宋永初二年（421）《谢珫墓志》，砖质共六方，均为长方形，每方长33.3厘米，宽17厘米，厚45厘米。竖式，字间划有界格，竖每列15格，横每行8格。碑文共计681字。楷书，用笔以方圆为主，多有隶意，反映了南朝初期铭刻书法的用笔现状。其结体亦充满着个性色彩。虽然是隶意的楷书，但字形上却多以方形或长方形居多，绝少隶书的扁平结构。书风率真质朴，朴拙奇肆，虽有界格却不囿于格界，笔画时常跃出界外。在界格中恣意抒情的书写而不失规矩，讲究书法法则但又不为法则所囿，率意灵动的笔势，刚柔瘦硬的行笔，充满着柔中见刚、媚中带骨，隽秀中蕴藏着一种端庄淳朴的神韵。宽博的结体，借助界格的章法，并不

《谢珫墓志》拓本

觉呆板。正是由字形的欹正参差，时纵时敛，自由随和排列，彰显出行气自如、变化多端而不失和谐统一之美的神韵，这也正符合南北朝时的书法美学特征。晋人尚韵，南北朝尚神，“书之妙道，神采为上，形质次之”（王僧虔《笔意赞》）。《谢琉墓志》的审美追求，在率意、质朴中体现其书法美的神采，具有较高的艺术价值。

二、隋唐宋元江宁书法

隋唐五代宋元时期，江宁伴随着南京的兴衰而起伏，书法亦如此。隋灭陈，隋文帝为消灭陈人的复国幻想，下诏“平荡耕垦”，江宁人口锐减，至唐初，仍未达到南朝水平。此时的江宁有众多的名人大家不断地光顾，并留下了许多光辉的诗篇。这些名人大家的手迹同时也是十分难得的书法佳作。江宁最著名的代表人物当属“诗家夫子”王昌龄。王昌龄，字少伯，新旧《唐书》均有传，《唐书才子传》作太原人，《新唐书》作京兆人。据《全唐诗》载，“（开元）二十二年……迁江宁丞”。《江宁王氏宗谱》载王昌龄为王羲之十五世孙，为王徽之一脉后代，实为江宁人。其诗与高适、王之涣齐名，他不仅诗写得好，书法也十分有特色，惜传世很少。其代表作为《陈颐墓志》。《陈颐墓志》书于开元十五年（727），正值王昌龄进第之时。此墓志字形略长近方，端正舒长，圆融遒美，外柔内刚，灵动自然，颇具虞世南之风。虽为楷书，其间又杂有行书，行书颇具祖上书圣王羲之

大唐故荆州大都督府司[illegible]陳府君墓
銘并序　江寧王少伯書
公諱頤字志一陳文帝子江夏王之曾
祖[illegible]察皇朝文州刺史父昭烈并州文
令公承卒葉之餘慶滑氤氲之至和孝友
志貞温良清慎故出入中外歷官一千
政咸著能名春秋七十有七終於鄭州
[illegible]業嗚呼哀哉公性自天資行由衷至
履之所莫不遺憂在人是故聞之者皆
然思其至德焉夫人西河蘭氏四德成
光族欽風而葬華早凋遷先霜[illegible]以開
廿五年歲次丁卯八月辛丑朔八日己
[illegible]葬於此營地久天長[illegible]移事往盛德
其是記銘云
至矣陳公卅載蘭氏生爲[illegible]範殘同於此
[illegible]禮蕭森原陵[illegible]邃塋斷幽[illegible]心芳如毀
道何在今[illegible][illegible][illegible]德[illegible]美無[illegible]

《陈颐墓志》拓本

的笔法，可见王昌龄未忘祖法，很好地继承了祖法并与其神韵相通。

五代时期是我国书法史上较为暗淡的时期，后人称“书学之废莫甚于五代”。尽管如此，南唐时的江宁等地由于相对安定，加之统治者对文化艺术的高度重视，书法艺术仍得到了很大发展。南唐众多的书法家，如徐铉、徐锴、吕廷真、王文秉等都对江宁的书法产生了重要的影响。南唐的三位国主都是书法家，尤其是先主李昪、中主李璟更是对江宁的书法产生了直接影响。李昪、李璟去世后安葬于江宁祖堂山南唐二陵。1950年南唐二陵发掘出土的《南唐烈祖玉哀册》，楷书，共计42字，其内容是对李昪生平功德的颂扬。玉哀册呈峻厚圆浑之貌，看似简洁或有点稚拙，实则颇有趣味。其用笔圆润遒劲，平和流畅，力藏划中，亦看不出什么“衰陋”之态，虽结构不甚严密、均称，似乎还缺乏力度和含蓄，这可能是与玉质不易刀刻有关，但其书

南唐烈祖玉哀册

南唐卢文进墓志

法仍不失六朝书风意趣，是不可多得的书法艺术珍品。

2002年，江宁区谷里镇周村出土的《南唐范阳王卢文进家族墓志》，是南唐书法的代表性作品。其中《卢文进改葬记》为石制，首题为《唐故范阳王卢君改葬记》，正文共17行，满行18字，楷书。虽未记书者，但其书法用笔柔中见刚，结体疏朗有度，于法度中见意趣，整体风格上融入了唐楷中虞、柳等诸大家的特点，体现了宁静疏展、清远潇散、外柔内刚、灵变生动的风格特色。卢文进夫人《清河郡宋国君墓志铭》亦为楷书。墓志已残，仅存局部，从所遗存部分来看，其字体偏扁，用笔精到讲究，起始收笔交代清楚，为颜真卿早期风格和魏碑一路风格相糅而成，刚健中不乏端庄秀美之姿，沉静里彰显灵动含蓄之韵。字的结构虽较为严谨，但这种严谨也较唐楷多了些趣味，多了些变化。

而1949年以前出土的《唐法灯禅师墓志铭》则为研究南唐江宁佛教与书法提供了一个很好的样本。此墓志铭书法虽较为端庄，但在端庄平实的表象下，却是率意的晋人笔意和娟秀一路的魏碑笔法的巧妙融合，铸就了该志在特有的端庄秀雅中所散发出的一种平淡天真自然之美。

此外，出家于江宁保宁寺的应之和尚，能文善书，冠名江左，善楷隶。史载南唐中主、后主书体与之相近。其代表作《保宁寺四体金刚经》兼备诸体，尤为精妙，亦有着很大的影响。

北宋时期随着政治、经济中心的转移，绝大多数书画家先后到了北方，而作为东南重镇的江宁，其影响力远远超过了同级行政区，到了南宋更是如此。

说到南宋时期的江宁书法，绕不开出生于江宁的秦桧。撇开以人论书的观点，秦桧对中国文字与书法的发展是有着重大贡献的。

据《宋史》记载，宋高宗赵构写六经与《论语》《孟子》之书毕，“桧因请刊石于国子监，仍颁墨本赐诸路州学，诏可”。此举虽有奉上之嫌，但客观上推动了当时书法事业发展。此外，秦桧的贡献还在于他对宋体字的创立和推广。据说，他在处理公文时发现所用的字体率意而缺乏规范，遂潜心研究，在仿照“瘦金体”的基础上，创造了著名的宋体字。时至今日，宋体字仍是运用最广泛的字体。

秦桧是佞臣，虽颇擅笔翰，但留存于世的书法却少得出奇。这显然是受“字如其人”评价标准的影响。明朝陶宗仪《书史会要》曾记：“桧能篆，尝见金陵文庙中栏上刻其所书‘玉兔泉’三字，亦颇有可观。”

今天所能见到的秦桧书迹，有《凤墅帖》中所录的《别纸勤恳帖》《都骑已临帖》以及所传的《深心帖》。《别纸勤恳帖》为行楷书，共计十行，其用笔舒展，结构峻拔，字形笔意多受黄庭坚的影响，暗合了黄字的以欹侧取势。但秦桧此帖似乎又少了黄字的中宫敛结、四周发散的“辐射式”的结构，比起黄字来又多了一些宽疏，因而显得雍容大度、儒雅温文。《都骑已临帖》为行书，六行，此帖字形笔法都有

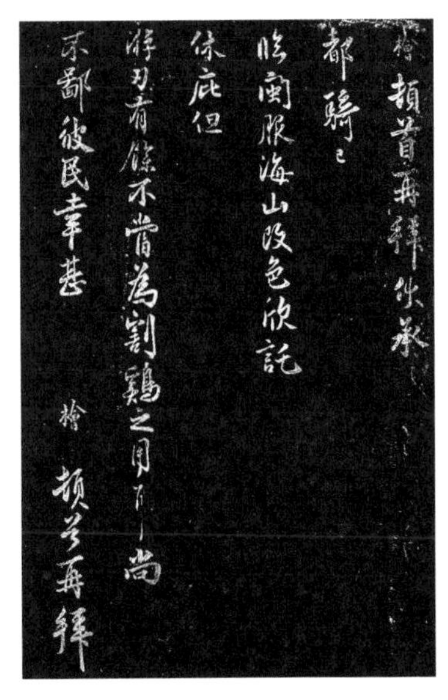

秦桧《都骑已临帖》

米书之意，尤其是欹侧之势，尤为相似，虽整体缺乏米字的“神采飞扬，筋骨雄毅”之境，但多了些苏轼行楷的洒脱与沉着，其书有着自己独有的个性色彩。

宋代江宁书家还有李桓，字晋仲，居官廉简，以文鸣江东，尤善小篆，《雨花山清源观碑》即其撰文并以八分书之；邵彪，字希文，宣和辛丑进士，其书法亦见重当时；秦铸，宁宗时人，工书，《江宁方山定林寺碑》即为其所书。

此外，江宁出土的众多宋代墓志、碑刻，如《宋王益墓志》、《宋徐的墓志》（杨纮书丹，王绰篆盖）、《宋崇教寺辟支佛塔记》（顾清书）、《宋徐伯通墓志》（杜侄撰文并书丹，郑惇方篆盖）、《宋高奭墓志》（周沔书丹，李路篆盖）、《宋祈泽寺高逸上人草书诗碣》（赵孟远行书）、《宋祈泽寺诗刻》（季季、梵仙行草书）、《宋秦熺夫人曹氏墓志》（秦埭书丹）、《宋王福夫人杨氏墓志》（包云龙书丹，赵崇原篆盖）等，反映了当时江宁书法的实际状况及丰富多样的艺术特色。

元代江宁书坛略显寂寞，未有书法名家，也罕见作品传世。

三、明清江宁书法

明初，朱元璋统一中国，建都南京，南京成了全国政治、经济、文化的中心。江宁以其山川形胜成为众多书家生前隐居地或去世后的归宿地。明初的书风基本沿袭元末书风而少有创新。随着商品经济的发展以及都城的北迁，士大夫的文人审美观开始形成并逐渐成为主流。明初江宁书坛最有影响的书家，有顾璘、陈沂、王韦等。

顾璘（1476—1545），字华玉，是才子型的书家，其书随性而发。王世贞《艺苑卮言》评其书有云“华玉书翩翩有晋人意”，可见其书有高古之气。陈沂，书学宋人，尤喜苏轼，其书晚年一改苏字用笔肥而滑歙之病，风骨凛然，气奋神聚，变得更洒脱和飘逸。而王韦亦具才情，用笔遒练，结构疏朗。其子王逢元，深得二王笔法，擅名海内外。时人把王韦比作王羲之，把王逢元比作王献之。顾璘、陈沂、王韦三人，都与江宁有深厚的渊源。顾璘死后葬于今日江宁青龙山南的彭城山，陈沂葬于今江宁东山的石马村，王韦葬于今江宁东善桥吉山。

明中后期活跃于江宁的书家亦很多。葬于江宁谷里的朱之蕃，江宁横溪顾家山的顾起元，卜居今江宁淳化大城山的盛时泰等书家，对明中后期的江宁乃至南京书坛产生了重要影响。朱之蕃，其行书入赵孟頫，楷书入颜真卿、文徵明，书风遒健，真行俱妙；顾起元则精于金石之学，其书沉雄飞动，变化多姿，自具风格；盛时泰善诗文书画，行书学苏、米，尤善东坡名帖，著有《苍润轩碑跋》等；崇祯年间担任江宁知县的杨文骢亦工书，其行书潇洒出尘，被评“有宋人之骨力、元人之风雅”。他们的书法对明初台阁体书风的转变起到了积极的推动作用，缘情写意成了这一时期书法艺术最为显著的特点，因而在明代书法史上也留下了浓墨重彩的一章。

明代的墓志铭碑刻风行，其书法也反映了那个时代的书风特点。《江宁历代碑刻精选》共收录碑刻83件，其中明代44件，足见其数量之多。诸如《明沐英墓志》《明洪保寿藏铭》《明周慎墓志》《明倪阜墓志》等，堪称明代墓志书法的杰出代表。《明洪保寿藏铭》为明宣德九年（1434）刻，江宁祖堂山南麓出土，石质，一合两件，正方形，边长56.6厘米。周风撰文，殷尋书丹，孟圭篆盖，胡彦闾镌刻。其书法与明代碑刻书风有着较大的区别，笔法充满着晋人意韵，体势微扁，点画厚重，古雅浑朴，行间茂密，富有自然天成之意味，为江宁明代碑刻书法之杰出代表。

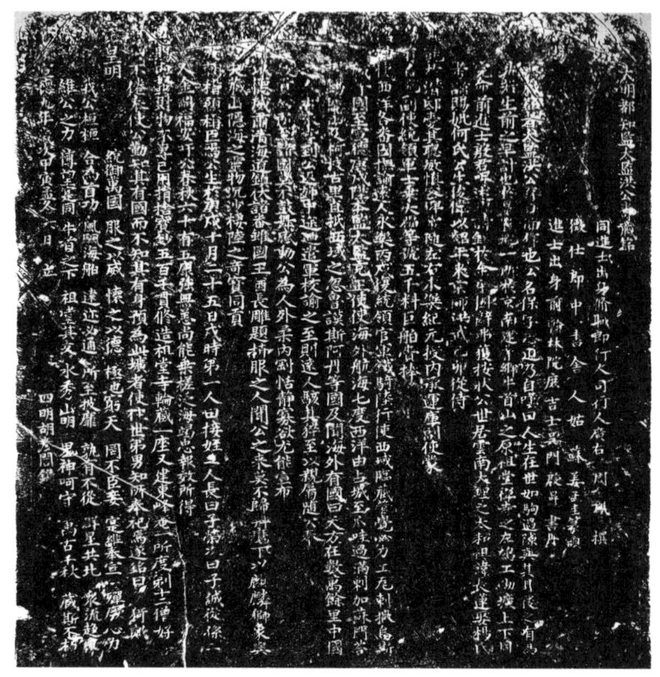

《明洪保寿藏铭》拓本

明末清初客居江宁的髡残、程正揆，“金陵八家”中的江宁人樊圻、胡慥以及移居江宁的吴宏、叶欣等，都创作出了极具个性的书法艺术作品。

在阮元、包世臣、康有为等书家大力倡导碑学的背景下，清代江宁出现了许多在全国都有影响的书家。康熙四年（1665）书写《牛首山含虚阁记》的大书家郑簠，曾任江宁知县的袁枚，担任两广总督等职务的江宁人邓廷桢，寄籍江宁的清代状元黄思永，葬于江宁铜井洪幕山的南宋秦桧后人秦大士，墓葬江宁牛首山的清道人李瑞清、书家王世镗等都是清代江宁书法的代表人物，他们都为清代书法的发展作出了积极贡献。

第三节　绘画艺术

一、六朝江宁绘画

六朝时期，都城建康（今江苏南京）相对稳定的社会环境，以及历朝统治者的重视，使这一时期的绘画艺术得到了长足的发展，涌现出一批有文化修养的知名画家，如曹不兴、顾恺之、陆探微、张僧繇等；书画理论也有了较大的发展，出现了如宗炳、谢赫、萧衍、陶弘景等众多的实践者和理论家。“六法论”已高度成熟，山水、人物画论、技法与鉴赏都达到了相当高的水平。而此时处在艺术中心的江宁，也充分展现了这一时期中国绘画艺术以形写神、注重人文精神等典型特征。

天嘉元年（560）六月，陈文帝陈蒨下诏归葬梁元帝萧绎于江宁通望山祖茔。这位阴居江宁的帝王，实是六朝时期人物画家杰出的代表。萧绎，字世诚，为梁武帝萧衍第七子。少聪颖，好读书，善五言诗，亦长于绘画，善画人物，其绘画作品史载有《文殊像》《游春苑图》《鹿图》《鹈鹤弄陂泽图》《芙蓉湖醮鼎图》《职贡图》等，并著有画论《山水画松石格》一篇。《颜氏家训・杂艺》记载：“尝有梁元帝手画蝉雀白团扇及马图，亦难及也。”《历代名画记》说他画人物“特尽神妙，心敏手运，不加点理”。

萧绎的代表作《职贡图》在《梁书》《南史》中都有记载。唐代张彦远《历代名画记》卷7载：“（萧绎）任荆州刺史日，画《蕃客入朝图》，帝极称善。又画《职贡图》并序，善画外国来献之事。”今天所能见到的《职贡图》中国国家博物馆藏本为宋代摹本，绢本设色，纵25厘米，横198厘米。清代吴升《大观录》著录该画：“绢本，高八寸，长一丈二尺二寸，大设色，人物高可六寸。绘入朝番客凡二十六国，冠裳结束殊俗异制，虬髯碧眼，奇形诡态，国国不

萧绎《职贡图》（局部）

同。每一番客后疏其国名，采录其道里、山川、风土，皆小楷书，端严谨重，具唐人法度。”现存此图为残本，描绘的是十二位使者朝贡时的形象。画家能细致入微地描绘出不同地域、不同民族使者的不同面貌和气质，图中的人物各着不同民族服饰，拱手肃立，人物风尘仆仆的脸上和肃穆的神情中，充满了南朝时期“九天阊阖开宫殿，万国衣冠拜冕旒”的友好往来的繁盛场景。画家用简练遒劲的线条，多层次的晕染，发展继承了魏晋以来谨严而富于装饰性的绘画风格。此画不仅是研究南朝时期绘画风貌的珍贵依据，也是研究对外交流以及各民族历史、服饰等重要的形象资料。

这一时期的另一重要画家当属江宁著名的道教人物陶弘景。梁武帝一直想让陶弘景入朝为官，但被其多次拒绝。陶弘景画了一幅《双牛图》，并将其送给了梁武帝，以表明自己的心迹。《历代名画记》卷7记载：“武帝尝欲征用，隐居画二牛，一以金笼头牵之，一则逶迤就水草。梁武知其意，不以官爵逼之，朝廷有事多询之，号山中宰相。”唐代大画家韩滉《五牛图》中再现了陶弘景隐居时所画《二牛图》的情景。我们从《五牛图》后元代大画家赵孟頫的题跋中，亦可以明确看出韩滉“此图殆写其意”的用意。

六朝时期，江宁的画像砖（也称砖画）亦多流行，且构图生动，技法娴熟。阳刻线条优美流畅，多为线描或浮雕，题材丰富，多佛教神话等内容。如江宁上坊吴天册元年（275）墓砖出现的莲瓣纹和十字斜线纹，“莲花纹”是佛教传入对砖画产生的影响；将军山西晋墓出土的朱雀纹画像砖，朱雀的造型夸张又生动；滨江开发区出土的元康五年（295）龙纹画像砖，其形象流畅飘逸；正德学院徐家山出土的南朝神鸟与花纹相间的砖画，体现了一种布局与设计上的优美；而江宁街道湖村出土的人物画砖，更是把砖画的线条运用到了极致。这一时期砖画高超的技法，也为人们研究六朝绘画提供了不可多得的实

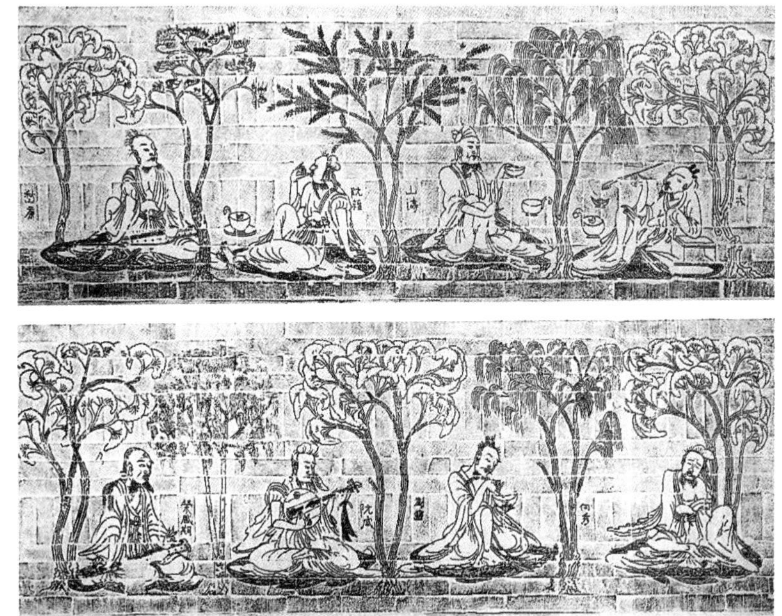

《竹林七贤与荣启期》砖画拓本

物。西善桥宫山南朝大墓出土的《竹林七贤与荣启期》砖壁画，由两百多块古墓砖组成，分为两幅，各长2.4米，高0.8米。八位先贤席地而坐，人物间以银杏、槐树、青松、垂柳、阔叶竹相隔，砖画把人物的个性、姿态、心理等刻画得淋漓尽致。这种树下人物图式布局，传承了汉代以来圣贤图惯用的传统，也反映了六朝砖画中以形写神的最高水平，此砖壁画成为影响江宁这一时期砖画艺术最重要的作品。

二、南唐江宁绘画

五代十国时期，尽管政权林立，烽火连年，但南唐时的江宁等地却相对安定。随着南唐画院的设立，书画艺术在江宁大地盛开了绚丽的花朵。

南唐画院是中主李璟仿效西蜀设立画院的办法，于保大元年（943）设立的。其目的一方面是为了国家政治生活中的政教宣化，另一方面也是统治阶层宫廷奢侈生活的需要。画院的设置招来了各地丹青高手，客观上也培养了书画人才，对书画艺术的发展尤其是唐宋书画的发展，起到了承前启后的作用。

这一时期，江宁出现了在中国书画史上极具代表性和里程碑式的人物。一位是南唐画院的学生赵幹，另一位是大画家巨然。北宋刘道醇《圣朝名画评》卷2在“画家赵幹”条目中写道：“赵幹，亦江宁人，善画山水林木，长于布景，李煜时为画院学士。”他的山水画学习荆浩和关仝，屋宇学习赵忠恕。他的画十分工细，注重结构和经营位置，所画景物、楼观、舟船、树落给人以身临其境的感受，并真实地展现了当时的社会景象和自然景观。宋《宣和画谱》记载御府所收藏的赵幹山水画作品有多幅，如《江行初雪图》《夏日观泉图》《冬景渔浦图》《春林归牧图》等。今天我们能看到的其代表作《江行初雪图》《烟霭秋涉图》均藏在台北故宫博物院。其中，前者为绢本设

赵斡《江行初雪图》（局部）

色长卷，细腻地再现了冬季长江沿岸渔民劳作的场景。卷首题有“江行初雪，画院学生赵斡状”，后人定为南唐后主李煜所题。画面开始是江的对岸渔民背纤的场景。岸的这边有前后两队行者，主人皆戴帽厚衣，随仆则衣单肩担，缩瑟而行，其余画面描绘出天色清寒、树木笼雾、寒风萧瑟，一派天寒寂静之景。江上的渔夫不顾天寒地冻，或在张网，或在起网，或牵舟而行，或驾舟穿梭，男女老少都在忙碌之中。这与前面的行者形成了鲜明的对比。画中笔法流利生动传神，树木坡石线条劲健，且皴法初显，水纹用笔尖劲流畅，地上和树上的积雪，似用“洒粉之法”充分地表现了雪花轻舞飞扬的景致，意境古朴悠远，人物刻画简练生动。明代张丑在《清河书画舫》卷3中曾评云：“通卷洒粉作雪，轻盈飞舞，足称前无古人。”

巨然，南唐江宁人，主要活跃在五代末至北宋初，早年在江宁开元寺出家。擅山水，师法董源，是董源山水画派的重要传承者。其画多以江南山水为表现对象，所画峰峦山顶多作矾头，林径多卵石，山间奔流急湍，并掩于疏筠莺草之间，其中多以细径、危桥、茅屋设之，深得野逸清静之趣。其手法上都以长披麻皴画山石，以破笔焦墨

巨然《万壑松风图》

点苔，用淡墨点染树木，笔墨秀韵温和，创造出一种平淡天真、淡墨轻岚的艺术境界。正如北宋沈括在《图画歌》中所说："江南董源僧巨然，淡墨轻岚为一体。"巨然的画风对后世影响颇大，被视为南方山水画派之祖，画史又将其与荆浩、董源、关仝并称为五代四大山水画家。

据《宣和画谱》卷20记载，御府藏有130多件巨然的画，流传到现在的尚有《秋山问道图》《万壑松风图》《江山归棹图》《层岩丛树图》《山居图》等。上海博物馆所藏的《万壑松风图》是其所画江南山水中最杰出的代表作之一。此画重点描绘崇山峻岭，矾头重叠，烟岚松涛，清泉奔流。美丽的山林之景，加之人物、楼阁、山桥等景致，构成了一幅完美的人与自然的和谐之图。此画构图上显示出画家的匠心，虽然取全景，但在远中近三个空间层次表现得自然得体而生动。坡石用淡墨作长披麻皴，通以焦墨破笔点苔，画中的屋宇又以界画而成，显示出画家丰富的绘画技艺。

巨然的艺术成就影响是巨大的，特别是经元代赵孟頫盛赞后至明代，巨然山水画的地位日渐提高，备受推崇。清代的"四王"不仅把董源、巨然和诗家杜甫，书家钟繇、王羲之并称，而且把他们看成了画坛的孔（丘）颜（回）。宋代米芾，元代赵孟頫、“元四家”，明代沈周、文徵明，清代髡残、龚贤、石涛等众多大画家，都从董源、巨然的作品中吸取营养，成就了自我的个性绘画世界。

三、宋元明清江宁绘画

宋元时期虽然政治、经济、文化中心北移，画家大批北上，但南宋至元代，中国画尤其文人画在以苏州、杭州为中心的江南得以迅猛发展，江宁许多画家亦沉浸在这一艺术潮流中进行学习创作，使文脉得以赓续。

明代，南京先为都城，后为留都。江宁作为郭城亦聚集了众多本土和客居的画家，绘画艺术得到了较为迅速的发展。明末清初，政局大动荡虽给社会带来了巨大的破坏，但同时也激发了人们思想的活跃和艺术创造的激情，尤其是遗民画家的出现，成为这个时期闪耀的艺术之光。这一时期，江宁迎来了书画史上的又一次高峰，享誉画史的“金陵画派”也正是产生于这个时期。虽然他们的画风不尽相同，但其题材内容及形式上都有许多共同点。在这一著名的画派中，有多位江宁人或定居江宁的外籍人，他们成为明末清初江宁最具影响力的画家。

遗民画家中最具代表性的、影响力巨大的是隐居牛首山的髡残。髡残（1612—1692），字石谿，一字介丘，号白秃、电住道人等。明末清初最著名的四僧之一，湖南武陵（今湖南常德）人。年轻时曾抗清，四十岁出家，四十三岁来到南京，晚年隐居在幽栖寺十几年，并终老于此。其一生最具代表性的绘画作品即出自这一时期。可以说他是江宁历史上最伟大的画家之一，也是对中国画史产生重要影响的画家。

髡残《报恩寺图》

他的艺术成就集中地表现在山水画上，学古人能有所超越，敢于创造。他的山水画构图繁复，缅邈幽深，峰峦浑厚，草木华滋。代表作《报恩寺图》采用中国画的高远与深远之法，将报恩寺、长江、牛首山等大景囊括画中，其实景与心中之景融为一体，蕴藏玄机。全图构图考究，笔法严谨，多于细点秃笔干擦，以披麻皴、解索皴勾画山石，体现了一种繁茂静谧的气氛。正如同时代画家程正揆所说："石公作画如龙行空，虎踞岩，草木风雷，自生变动，光怪百出，奇哉！"

髡残个性刚直，虽遁入空门，但不像其他遗民画家画作多作剩山残水。他画作中的山水多幽深壮阔，草木繁茂，充满着生机，引人入胜。他虽蛰居山野，但道行高洁，就人品而言更为高尚。三百年来，他一直以其高深的画艺影响着画坛，成为人们心中的丰碑。其代表作还有《苍山结茅图》《雨洗山根图》《层岩叠壑图》《山寺秋峦图》《江干垂钓图》等，今江宁博物馆藏有其小斗方《幽栖云居图》。

以龚贤为代表的"金陵八家"中，有五人与江宁有着密切的关系。樊圻、胡慥为江宁人，吴宏、叶欣为外地移居江宁之人，而谢荪是溧水人，却常住江宁。他们在金陵画坛上成就突出，虽然各自的风貌不尽相同，但却都有目的地吸收了五代宋元等前人画法，形成了各自的特色。尤其是他们在创作题材上有许多以金陵实景为对象，其中不乏江宁风光题材的画作，这些画作为画坛、为江宁留下了丰富的遗产。

樊圻，字会公。其画法刘松年、王蒙、赵孟頫。南宋院体、元人画法皆成为他学习的对象，故而他的画作呈现出风格的多样性，既有苍健浑厚一类的，也有和平雅秀一类的。江南的秀美对他的影响很大，其代表作有《秋山听瀑图》《柳林渔乐图》《山阁归舟图》《山水图》等。同是江宁人的胡慥，字石公，则是一位甘守时穷的隐士人物。他的花鸟画多而山水画少，用笔劲硬瘦峭，大有宋人的意趣，其代表作有《山居观梅图》《葛洪移居图》《秋菊图》等。《秋菊图》十分精彩工细，画家采用了宋代以来工笔重彩的花鸟画传统技法，工中带写，双钩填色，细致地描绘了一株盛开的菊花。勾画线条遒劲灵动，染色细腻而真实，一些花叶还细致真实地刻画出了枯黄的叶梢和虫渍的痕迹。画的顶端菊花之上飞舞的蜜蜂和右下角的飞虫，皆生动传神，反映了画家的性情和深厚的传统功力。清代冯仙等《图绘宝鉴续纂》对其有很高的评价：“胡石公善山水、人物，至于菊花能画百种，且极神妙。”吴宏，字远度，号西江外史。他的画多学宋代李公麟、郭熙一派，并参以元人的笔法，自辟蹊径，幽远阔大，苍莽深奥，与时风相距甚远。代表作有《拓溪草堂》《江山行旅图》《江楼访友图》等。叶欣，字荣木，其画师法宋代赵令穰，近学明代姚允在，笔墨方硬疏简，气韵

樊圻《山水图》

程正揆《江山卧游图》（局部）

清逸，自成一格。代表作有《梅花流泉图》《山水图》等。清代绘画大师王鉴对叶欣的画赞誉有加：“荣木先生此册，笔力似王右丞，风韵似赵大年，其舟车人物则出入龙眠、舜举之间，深得古人三昧，绝无纵横习气，见之令人有天际真人之想。”谢荪，字缃酉。他的画以花鸟居多，山水较少。其画作细谨工致，设色秀丽，也有己意。《荷花图》《青山绿水图》《策马探胜图》等是其代表作。

此外，这一时期有影响的画家还有程正揆，字端伯，号清谿道人，湖北孝感人，后客居江宁。他与髡残交深，画史称“二谿”。程正揆曾得到董其昌的指导，并继承了“元四家”的传统，对明代沈周的山水，程氏亦很喜爱。他遵循董其昌的文人画理论，进行自己的绘画创作，用笔简练，多书卷气，结构上随意顺势，自然天成。至于设色，则浓施淡染，不拘一格。他曾画过自画像，写《步雪图小像》，可见其有一定的人物造型的功底。他的作品中数量最多、成就最大的还是山水画。程正揆一生创作了大量的山水画作品，他的500卷《江山卧游图》堪称画史巨作，创作如此多相同标题的作品，在绘画史上可谓绝无仅有，至今还有数十卷流传。《江山卧游图》是程正揆投入毕生精力与心血完成的主题性创作，浩浩五百长卷，每卷的长度均在300厘米以上，最长达500厘米。他的画在当时就已有很高的声誉，龚贤称其画作为“冰肌玉骨”，对后世有着很大的影响。

胡玉昆，字元润，号褐公，也是一位极具创造性的山水画家。他出身绘画世家，虽承家学，但能突破家学的传统，直溯宋元。他用笔虚无缥缈，咫尺千里，并兼长花卉、兰竹，为胡氏一门之杰。他的画大胆运用颜色，绘制出有动感的没骨山水，具有很强的实验性，运用这些手法所创作的江宁及金陵胜景图堪称一绝。《金陵胜景图》是胡玉昆为好友周亮工所作，共计十二开，所描绘的是十二处金陵胜景。第一开《天阙》描绘牛首山庙宇林立，树木荫翳，高耸入云的山峰，进山拜谒的文士，写出了文人修炼者的向往之境。第四开《天印》、第七开《祖堂》均为江宁之胜景，所绘之景均用自家独特的手法进行提炼，把实景表现得如若人间仙境，其中所蕴含的深刻历史文化内涵，使画作不同于一般的实景写生，具有了超高的人文意义。

胡玉昆《金陵胜景图 · 天阙》

清代是中国画的守成期，尤其是“四王”绘画统帅全国后，中国画出现了以古为荣的末习，萎靡沉闷之风成为画坛主流，而江宁却存在着多位与主流不合的画家，他们为南京乃至全国画坛带来了些许清流。

晚清至民国初年，江宁的书画艺术虽受到时局与战争的影响较大，但仍聚集了一些在全国有影响力的书画大家，如黄思永、汤贻汾、李瑞清、邓邦述、王世镗等。其中李瑞清、王世镗最终都葬在了江宁牛首山，汤贻汾则阴居在江宁淳化的青龙山。由于他们的存在，这一时期的江宁书画史变得愈加厚重。

第五章　古镇名村

古镇名村是珍贵的历史文化遗产，也是我国传统文化的重要载体。保护好古镇名村，意味着保护和传承中华优秀传统文化，是国家文化软实力提升的重要举措。古镇名村的保护、开发和利用，不仅是今人和古人对话的桥梁、文化的根基，也是旅游业发展的一条重要政策。

江宁历史文化厚重，古镇古街、古村落虽然很多，但城镇化改造后越来越趋同，保护历史的延续性，保留古老的村镇记忆是一项具有历史意义和战略眼光的工作，任务极其繁重。

第一节　江宁古镇

江宁古镇众多，历史文化底蕴深厚，现择其要者作一介绍。

一、江宁镇

江宁镇，今属江宁街道。地处宁芜丘陵地区，地势东南高，西北低，中南部低山起伏。位于江河岸边冲积平原，长江从其旁流过，江中有诸多沙洲。有江宁河、陆郎河、铜井河、牧龙河、天然河等从其境内流入长江，是一个适合居住的地方。

秦始皇统一六国后，第五次巡视东方各地，当他认为金陵有王气时，便下令凿断长垄，以泄王气，并将楚金陵邑改为秣陵县。此时的秣陵县域包含江宁镇，而江宁镇已是一方重镇。公元211年，孙权占据秣陵，要建立自己的一番大业，于是将秣陵县改为建业县，江宁镇属建业县管辖。三国归晋后，建业县于太康元年（280）改回秣陵县，这是西晋王朝对孙吴旧都实行贬抑政策，加强控制而采取的措施；又以秣陵县西南境析置临江县，一年后，由“临江”改为“江宁”。历史上虽然江宁县所辖范围时有变化，治所也多次变更，但江宁之名一直沿用至今，已达1700余年之久。

六朝时期，江宁县治设在江宁镇，古镇旧址建有古城，直至宋元时期仍然存在。元《至正金陵新志》卷1云：“（江宁）古城在今城西南七十里，南临江宁浦，周六里四十步。”可见城址规模不小。江宁镇因在南京西驿道上，为西南要隘，历来是兵家必争之地，并不安宁。东汉末年，孙权麾下大将周瑜曾在这里激战军阀笮融；南朝萧衍先占据江宁，之后以此为依托方才攻取建康，灭齐建梁；明朝朱元璋举兵渡江，首攻的就是江宁镇；洪秀全拿下江宁镇后，与水军南北合击，最后才占领南京。

江宁镇老街

隋灭陈后，江宁县治被迁至原建康都城宣阳门外陈朝的安德宫（今南京城南）一带，江宁古镇作为县治的历史使命从此结束。1935年5月，江宁自治实验县搬迁到东山镇，因“江宁镇”与“江宁县”同时

江宁镇

存在，许多外地人将江宁镇误作江宁县。为了防止产生不必要的混淆和误会，1946年9月县政府召开会议，将江宁镇改名“济宁镇”。但因江宁镇名称历史悠久，改名后会造成更多的误会和不便，百姓非常不认同。次年2月，县参议会召开第一次大会，决定济宁镇仍恢复江宁镇本名。经过省政府批准，5月，江宁县政府正式宣布江宁镇恢复名称。

江宁镇这一古老名称，是历史沉淀的产物，其历史地位得到了确立并已深入人心，其历史沿革和文化遗产值得深入探讨和保护。

二、秣陵镇

秣陵镇，今属秣陵街道。历史悠久，在南京市首批50个老地名遗产保护名单中，“秣陵”列于“金陵”之后，排名第二。

有关部门文物普查时，在秣陵的地面上发现了多处湖熟文化遗址和遗迹，证明早在三千多年前，先民们就在这里居住和生活。在秣陵设置县治，则与秦始皇东巡有关。秦始皇统一六国之后，不仅统一度量衡和文字，还在全国的重要地区开辟了“驰道”“直道”，便于其快速用兵和巡查。据史料记载，秦始皇东巡浙江会稽，回程时有望

秣陵老街

气者说，五百年后金陵将会出现天子，于是秦始皇下令掘长垄以泄王气，并将原来的楚金陵邑废除，设置秣陵县，县治就设置在了现在的秣陵街道。

汉承秦制，秣陵县不改。西汉武帝元朔元年（前128），江都王刘非之子刘缠被封为秣陵侯。刘缠在元鼎四年（前113）去世，谥“秣陵终侯”。因刘缠无后，秣陵侯国废除，复为秣陵县。王莽时，秣陵县一度改为宣亭县。东汉时仍称秣陵县。公元211年，孙权自京口（今江苏镇江）移至秣陵，并改“秣陵”为“建业”，意思是建立霸业。

三国归晋后，西晋王朝将孙吴都城建业，改回秣陵县。为了进一步削弱旧有势力的力量，强化管理，太康元年（280）将秣陵县西南部分地区设置为临江县，一年后又改名江宁县。这就是江宁的最初设置由来。太康三年（282）又分秣陵县，以秦淮河为界，河北为建邺县，河南为秣陵县。到了东晋时期，南京再次成为都城，此时都城改叫“建康”，建康与秣陵并称“京邑二县”，秣陵是首县，设令，官秩高于其他县。

隋文帝灭陈后，对建康旧都的王气非常在意，采取了极其野蛮的措施，下诏“平荡耕垦”，将都城人口迁移，城阙荡平，并将秣陵并入江宁县，其作为县治从此成为历史。宋景德二年（1005）秣陵建镇，元设秣陵巡检司，明设置秣陵关，清代秣陵被列为江宁三大重镇之一。民国初称秣陵市，1928年称秣陵镇，1949年4月沿用未变。1958年，秣陵镇改秣陵人民公社；1982年改设秣陵乡；2004年8月撤镇，改设为秣陵街道至今。

三、湖熟镇

湖熟镇，今属湖熟街道，江苏百家名镇之一。

西汉县名“胡孰”，由江乘县析置。东汉、孙吴、两晋时县名“胡熟”“湖熟”。直到南朝以后，县名才固定为“湖熟”，此后一直不变。梁代的湖熟县，由丹阳郡析置的南丹阳郡统辖。陈太建十年（578），又属新立的建兴郡统辖。开皇九年（589）隋平陈后，废湖熟县，并入江宁县，从此结束了湖熟单独置县七百余年的历史。

湖熟的地理位置非常重要，素有“金陵东南门户”之称，且有秦淮河横贯、驿道畅通的交通之便。古代交通主要靠航运，湖熟在秦淮河上游，对古金陵的供应起重要作用，因此在西汉初便成为侯国和县治。三国时，孙权在此设置了典农都尉。东晋时，皇家看重湖熟这一片丰腴之地，专设大片圩田为“脂泽田”，产出的粮食专门供给皇室御用。南朝时期，湖熟一直为军事重镇和粮仓。三国时的孙权派校尉陈勋率兵3万人，开凿了破岗渎，使秦淮河东通吴会（今江苏苏州，浙江湖州、绍兴），西达南京，绕开了长江风浪之险，在促进南京发展的同时，也带动了湖熟的繁荣。破岗渎的开通，更加凸显了湖熟在经济、军事等方面的重要性。

20世纪50年代初，湖熟居民钱立三在秦淮河边捡到一批新石器时代的文物并送去南京博物院，引起考古专家的注意。1951年春，南京博物院副院长曾昭燏率考古小分队到湖熟地区实地考察，经试掘和勘察，仅在湖熟一地就发现15处遗址。后经发掘与扩大调查，发现这样的台形遗址达300余处。1959年正式命名为“湖熟文化”。这一文化是一个区域性文化，涵盖江苏、安徽两省的部分地区，是宁镇地区商周时期的地方性铜石并用文化。它早期继承了夏文化（点将台文化），至春秋时期中原文化浸润到本地区，使本地区的生产力有了快速发展。

湖熟文化的主人属荆蛮族，早在六千年之前就在本地生活。南京博物院的考古人员在1963年冬季秦淮河浚深时发现了龙王庙和前冈两处新石器时代的聚落遗址。在文化属性上，它们早于湖熟文化，证明了本地区早就有先民生活和居住，也证明了湖熟地区很早就是一处“宜耕宜牧宜渔宜猎”的地方。

湖熟号称“小南京”。1947年，湖熟镇有商家211户，从业人员达1500余人。其中，最多的是粮行，达83家，每日大米吞吐量有数千至上万担。其次是饮食、旅店、茶馆、戏院、浴室等服务性商业40余家。再次是五洋店20家，主要销售洋火（火柴）、洋烟（卷烟）、洋油（煤油）、洋烛（蜡烛）、洋胰子（肥皂）。还有南北货店11家，布店10家，药店8家。资本和名气较大的有南北杂货行的立泰恒、张信泰、恒裕昌、广泰，绸布行的恒丰泰、恒春正、信大祥，瓷器行的戴厚康，粮行的恒昌祥、天祥、晋昌，酱园行的泳源、泰隆、德大生，板鸭行的春华楼、何家源、马宏兴等。实力较强的商家还在外地设立办事处，如张信泰杂货店就远赴辽宁设办事处，直接从产地采购豆油。戴厚康瓷器店在江西景德镇设有办事处，包购包销整窑的瓷器。江宁县邻近的集镇甚至句容、溧水、高淳等县城及南京的部分零售店，也来湖熟批发豆油、瓷器等货物，可见湖熟镇的商业之发达。

湖熟板鸭是该镇的一项大宗商品，每年销量可达20多万只。清宣统二年（1910）的南洋劝业会上，湖熟的清真板鸭大受青睐，在百万产品中脱颖而出，荣获金奖。湖熟有宰牛场7家，清真牛肉是当地人和南京人的最爱。湖熟和南京的回民很多，每天宰杀七至十头牛都不够卖。湖熟有寺庙道观数处，镇东街有已废的崇仁观、万寿观、珠峰寺（古社坛），还有明代始建、清代重建的清真寺。

湖熟尽占天时、地利、人和，民国时期江宁自治实验县从南京城内迁出时，专家们第一考虑的就是将县政府设在湖熟镇。

湖熟人杰地灵，水秀山明，自然而然地形成众多自然和人文景观。民国时期，当地人归纳为“湖熟八景”，分别是：

“梁台映月”。在镇东北的台形土丘之上。传说梁昭明太子曾至湖熟法清寺读书，植莲赏湖。后人在寺庙旁建两层昭明太子读书楼，台东有小塘，可映双月奇观。

“太湖秋雁”。湖在梁台东北，湖长七八里，宽三四里，相传为昭明太子遗迹。原名植莲湖，又称小太湖，时有秋雁栖息于此而得名。

“香林晚钟”。香林寺在镇东4千米的杜桂村旁。梁天监中有杜、桂二人舍宅为寺。香林寺钟声是当地人民生活、劳动难以忘怀的乐章和依赖。

“赤峰晴雪”。在镇东7千米的赤山，又名绛岩山，山北部有大片赤砂暴露，属火山岩地貌。冬雪初霁时，红日映山，赤白交辉，孤峰突兀，形成奇观。

“秦淮渔笛”。百里秦淮，流经湖熟，每日渔舟晚归，泊于灵顺桥下，人们把酒闲聊，渔火点点，笛声相伴，景致怡人，一天的辛劳全消。

“秦淮古渡”。秦淮河横穿古镇而过，古时的往来行人全靠渡船接送，非常不便和危险。热心人士捐银千两，建成一座五孔石拱桥，取名“灵顺桥”。桥南有石门一座，其额题有“秦淮古渡”四个大字。此处杨柳夹岸，人声鼎沸，形成繁华市口。

“古城春色”。西汉时期水北街头有一座古城门，出门可登上城岗头，憩于六角亭，可远眺青龙峰峦屏列，近看田畴花黄麦绿，古镇风光尽收眼底。

“孤灯夜照”。秦淮南岸的西竹排巷尽头有龙王庙，传说建于六朝。庙门正对湖熟石桥的中拱，庙内每晚都点一盏长明灯，彻夜不熄，引导行船过桥，同时也供人们预警水情，受到万民虔拜。

1997年冬，湖熟镇句容河（秦淮河上游支流之一）整治过程中，在靠近梁台南侧不远的河岸旁，距地表约八米深的地方，发现一处疑似古码头的遗址，旁边散乱着大量的方木和陶片、瓷片。工程人员上报到江宁县博物馆，博物馆工作人员邀请相关专家前来考察后，认为这是一处古码头遗址，其时代应该是汉至六朝时期，是南京地区最早的古码头遗址。此外，梁台一带曾有小宝塔山、大宝塔山、鞍头岗、前岗，都与城岗头邻近，考古工作者曾在城头岗发现大量汉代建筑构件。一般认为，这一带应是两汉至六朝时期的湖熟县城所在地。据说20世纪50年代，梁台遗址还曾出土过一块石碑，碑文中提及此地就是古县城所在地。古码头遗址的发现，更加证实了湖熟古县城的地理位置，以及古人们充分利用秦淮河的航运功能造福于本地居民的事实。

四、小丹阳镇

小丹阳镇，今属横溪街道。小丹阳亦作小丹杨，旧丹阳县县治所在地。两汉时期，丹阳郡辖有宛陵、丹阳等县。因丹阳县与郡同名，故加一个“小”字，以示区别。

小丹阳是通往南京和浙江绍兴的必经之路，因此，历史上丹阳镇是经济发达、文化繁荣、商贾云集之地，素有“江东重镇”“金陵门户”之称。

古镇小丹阳

小丹阳镇有2200年的历史，这一地区土墩墓的考古已经证明，本地区的古文化早于无锡、苏州一带的吴文化，有力地证实了这里是吴文化的源头之一。传说吴文化的先祖太伯、仲雍从渭河流域来到江南，先在此地的横山落脚，再进入宁镇地区，进而到达无锡的梅里。有专家研究后认为，古代的横山也叫“梅里”“番丽”“皋乡”等，无锡的“梅里”是江宁梅里侨置过去的。

古代的黄河流域农业较为先进，太伯兄弟的到来，使得本地区农耕技术普遍提高，人们的生活水平大有改善，小丹阳占有地利之便，富甲一方。

有史可查，商代末年，江宁境内便有可贯通长江中上游的丹阳古道，古道位于云台山和横山之间，从此处西经采石矶可达楚国腹地，东经句曲山（今茅山）直通吴会地区，南有河道与丹阳湖相连，北与长江古渡江乘相对应。四通八达的陆路与水运交通，使丹阳古道在军事上的战略位置极为重要。战国时期，楚威王设置金陵邑，正是以丹阳古道为依托，连接和拱卫江东郡。秦统一六国后，始皇东巡，也正是通过丹阳古道进入吴会旧地。

汉武帝元朔元年（前128），江都王刘非之子刘敢以“推恩”政策被封为丹阳侯，领一县之地，丹阳成为侯国。元狩元年（前122），刘敢死，因无后，丹阳侯国被废，恢复丹阳县。元封二年（前109），改鄣郡为丹阳郡，丹阳县属丹阳郡。此时，为了与丹阳郡相区别，许多来往信件的称呼会加上一个“小”字。西晋时曾封孙绍为丹阳侯，丹阳再度为侯国。南朝复为县。考古学者调查后认为，今苏皖交界处的小丹阳是秦汉时的“丹阳故城”，城外的护城河是其部分遗存。20世纪70年代，小丹阳窑厂出土了不少精美汉代文物，这些文物都证明了小丹阳的历史。

隋代，丹阳县改为丹阳镇。唐代，丹阳一度复为县，后又改设为镇，隶属于当涂县。清康熙六年（1667），分江南省为江苏、安徽二省，小丹阳镇也随之一分为二，分别归江苏省江宁县、安徽省当涂县管辖，因此也就有了“一步跨两省”之说。古街道上用青条石铺筑的路面，一边是横砌，另一边是竖砌，清楚分明地显示着两省的跨界。

五、淳化镇

淳化镇，今淳化街道办事处所在地。北宋淳化五年（994）设镇，镇以“淳化”年号命名。

宋《景定建康志》载，淳化镇“遮蔽句容，应接京口，形势冲要”。它是古代南京通往句容、苏州、浙江等地的必经之地。地处丘岗平原接合部，北部青龙山、大连山连绵起伏，南临秦淮河平原，土地肥沃，水运和陆运交通便利。早在宋代以前，这里已是商品交易的重点集市。元代更是商贾众多，成为货物中转和商旅歇息之地。明代发展为上元县最大的街镇之一，一度成为上元县治所在地，清代为上元县“四大镇”之一。明清两代均在此设巡检司。民国时期仍为镇，先后隶属于江宁县一区、九区、淳化区、湖熟区等。

淳化镇有厚重的历史文化底蕴，境内发现了多处湖熟文化时期

千年古镇——淳化镇

的台形遗址，证明此地在商周时期便是人们生活居住的地方。古代选择风水宝地做自己死后葬地是一种风尚，孙权在建业（今江苏南京）建都后，将皇家陵寝选择在淳化、上坊一带。六朝时期诸多王侯将相也喜欢将自己葬于此地，形成了南朝石刻群。旧镇有广惠庙，亦称“高庙”，建在青龙山脉的最前面，形成黄龙、青龙二条山脉齐拜的形势。境内的土桥是历史悠久的古镇。三国孙吴时始建。据史料记载，唐朝末年，土桥因“湖广填四川”的移民潮，客家人逐渐聚集于此，形成独特的客家文化。禹王宫是土桥最具代表性的古建筑之一。此外，土桥尚存南华宫、善因寺等建筑，仍保留有客家传统习俗和手工艺品。土桥亦称土桥市，宋代改为镇，是中华门外四大古镇之一。特别值得一提的是，周瑜曾在此练兵，操练场所叫马场山，现仍有周郎村、周子村、周郎桥、吴帅墩等名称和遗址。镇郊有“九墅十八边”的村落，它们是六朝时期北方大族南迁来此地居住而形成的文化遗址和遗迹。明代南京刑部尚书、词坛主将顾璘曾隐居在彭城山（今大连山），其墓葬亦在此处。“金陵四十八景”之一的“虎洞明曦”就在青龙山边，其“宫氏泉”，汉代便已有名。民国时期，江宁县成为自治县，县治要迁出南京城，土山、湖熟、淳化等古镇都是备选地。虽然专家论证的结果最终选择了土山（今东山镇），但也充分证明了淳化镇在当时的历史地位、经济基础和地理优势。

按照《南京市2022年村镇建设计划》，打造“形态好、环境美、功能强、产业特、文化显、管理优”美丽宜居小城镇模板，淳化街道成为五个省级试点建设单位之一且率先完成了这项建设工程，成为美丽宜居的小城镇。

六、陶吴镇

陶吴镇，今属横溪街道。位于江宁区西南，北连东善桥，南接横溪镇，东邻秣陵、禄口，西靠陆郎，旧时属横山乡。该镇地处古金陵至小丹阳的半道，秦始皇所开辟的“直道”从这里经过，是楚地进入古金陵的必经之地。这一通道从秦代一直至清代都在使用，带动了沿线和陶吴的发展。宋景德二年（1005），陶吴铺曾改称金陵镇，可见其曾经的辉煌。在江宁县的历史上，陶吴镇与秣陵镇、江宁镇被列为江宁县三大集镇。

陶吴古镇

陶吴的历史可追溯到四千年之前。1975年、1979年，南京市文物考古人员曾两次对昝缪村的两个土墩进行发掘，认为早期遗存的时代当为新石器时代晚期，距今四千多年。出土的文物表明它与苏南和浙江地区的良渚文化属于同一时期，说明良渚文化曾经影响到本地区。大约一千年之后，这里又来了另外一批相当于中原商周时期的湖熟文化的先民。他们在这里生活居住了相当长的一段时间。南京与江

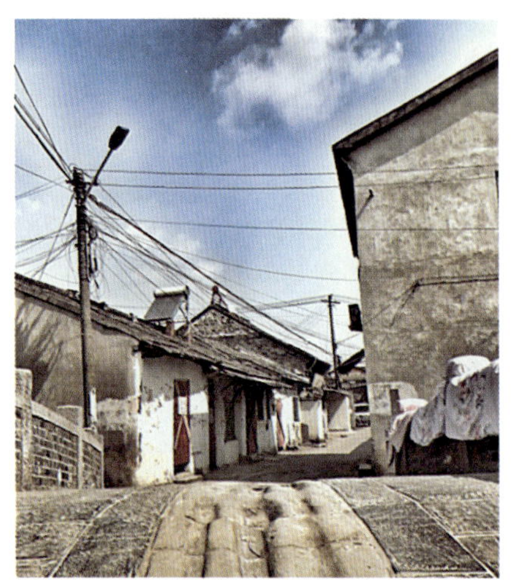

陶吴老街

宁的文物工作者经过考古发掘，结合多年的考古发现和史料记载，推断陶吴、横溪、铜山等近横山地区，很有可能就是当年“太伯奔吴”的所在地。吴国的先祖太伯、仲雍兄弟俩带领一部分人，从渭河流域来到江南地区，先落脚在今江宁境内的横山一带。在此地居住了几代人（这一区域的考古发掘已证明），然后迁往宁镇山脉以东的朱方（今镇江丹徒），后又迁往常州的淹城，最后进入无锡梅里等地。总之，陶吴发掘的两座周代时期的大墓已经证明，商末周初的先民曾在这里生活居住，并将先进的农耕技术传授给当地人，使这里很快富裕起来，从另一个侧面也证明了这里的先民有接受先进文化的优良传统。

陶吴地理区位便利，既是江宁中部的交通和商业中心，又是古金陵与小丹阳的商旅必经之地。官府在此设置税务收取部门，因此这里的餐饮、旅店业较为发达，南京云锦充分利用此地是桑蚕业发达地区，就近生产，家家户户织机声不断。明清时期，陶吴的刻板印刷业、竹木业、纺织业在南京地区也享有盛誉。

南朝著名道教思想家、医学家，号称“山中宰相”的陶弘景就出生在这里。因陶吴的风水好，清康熙帝特赐甘肃会宁人、守闽大将王万祥葬于陶吴甘村，东晋大诗人陶渊明的后人“南门万户陶”亦卜居于陶吴。

2006年，陶吴镇并入横溪镇，次年撤销横溪镇，设横溪街道办事处，陶吴古镇成为街道的一个社区。它辉煌的历史和古色古香的街巷，永远不能让人们忘记。

七、汤山镇

汤山镇，今属汤山街道。地处江宁区东北部，属于宁镇山脉西端，境内低山延绵，山多水少，田地贫瘠，虽有几条小河道，但无法通航。古代交通主要是船运，而汤山的交通运输只能靠肩挑驴驮。因此，汤山在古代经济并不发达，甚至是比较落后的地方。在青黄不接的春季，政府总会在一些地方开设粥厂来救济平民百姓。如现在称之为“汤山作厂”的，其实是清乾隆年间开设的五个粥厂之一，由粥厂演化而来的地名。汤山虽然有天然温泉，但在饥饿的荒年，填饱肚子才是第一等大事。汤山的自然资源非常丰富，山上有铜矿、铁矿、金矿，还产木材、药材和人们生活必需品。这些上苍赐给的物品，让勤劳的汤山古代先民创造了自己的文化与生活。他们发现自然、利用自然、适应自然，利用溶洞生存，利用温泉保温，在极其困难的情况下保存了自己，令人惊叹地在此生活和繁衍。50万年前的“南京直立人”就是最好的例子。

汤山山脉形成于中生代时期，因受燕山造山运动期强烈的板块运动和大规模岩浆活动的影响，底层发生挤压、褶皱和断裂，形成溶洞等特殊地貌。地壳活动稳定后，逐渐形成汤山现在的面貌，汤山东麓多温泉，水温常在50—60℃之间，水质富含硫黄、硫酸盐、氯化物等化学物质，对人类与动物无害。

1993年3月，汤山葫芦洞中出土了两具古人类头骨化石，将南京的历史推进到50万年之前，进一步证明本地区也是古人类发源地之一。汤山境内点将台文化遗址的考古发掘，反映出夏朝势力在汤山地区的存在，距今已近四千年历史。湖熟文化的存在反映出商周势力已拓展至本地区，距今已有三千多年历史。伏牛山古铜矿遗址的考古发

掘证明了早在春秋战国时期，先民们便在此采挖铜矿。资料显示，当年的采矿技术至少领先西方一千多年。

春秋战国时，汤山地区先后为吴、越、楚三国所管辖。秦统一六国后推行郡县制，汤山隶属江乘县。隋朝，汤山属于江宁县管辖。宋代置汤泉市（集市），属上元县神泉乡。元明亦然。民国时期曾称汤水镇，直到1945年才首次称汤山镇。

汤山老街

传说远古时代，天上有十个太阳轮番照耀大地，百姓苦不堪言，英雄后羿用箭射去九个太阳，仅留一个为人间服务。被射落的九个太阳中，其中一个就落在了汤山。因此，汤山的地底下是热的，流出的水如温汤，而后羿所站立的山就是今天的“射乌山”，在汤山北面5千米处。

汤山四季分明，自然风光优美，温泉一年四季从地底下涌出，尤其是冬季，汤水河一片热气蒸腾，云雾缭绕。关于汤山温泉，最早晋人张勃《吴录》记载：“丹阳江乘县有汤山，出温泉三所。”据此推测，汤山之名和汤山之誉早在秦汉之际便已经出现了。历史上对温泉的记载和故事非常多。如南朝刘宋江夏王刘义恭，见到温泉自山中涌出，“冬夏常温，四时如汤”，极为高兴，遂有感而作《汤泉铭》一首，将汤山温泉与秦都咸阳、汉都长安附近的骊山温泉相提并论。汤山的地热资源丰富，位居中国四大温泉疗养基地之首。梁武帝之母因患皮肤病，曾多次来汤山泡浴，最终痊愈，梁武帝感恩，封汤山温泉为“圣汤”，并建“圣汤寺”。到唐德宗时，圣汤寺已毁坏，时任浙西观察使韩滉因其小女有恶疾，到汤山用温泉水泡浴后而治愈。韩滉十分高兴，用小女的妆奁钱在圣汤寺原址上重新恢复了“圣汤延祥寺”，以感谢圣泉的恩惠，其遗址就在汤山的东北麓。

历史上来汤山温泉泡浴的故事有许多，做过宰相的王安石写过《题汤泉壁示诸子有欲闲之意》诗；清代诗人袁枚在汤山沐浴温泉之后，欣然写下“方池有水是谁烧，暖气腾腾类涌潮”的赞誉。汤山有一条古老街道，有一条沿山临街的水涧叫汤水河，街上有百姓免费洗澡的“澡堂子”，还有汤泉路3号的蒋介石温泉别墅。

汤山著名的历史文化景点还有南京直立人头骨化石发现地“雷公洞”，老道士居住地“朱砂洞”，“阳山碑材”古采石场，李白诗咏的“雁门山”，近三千年前的古铜矿遗址“伏牛山”，等等。

八、东山镇

东山镇，中共江宁区委、江宁区人民政府所在地，是江宁区政治、经济、文化中心，南京重要的卫星城镇，今属东山街道。

江宁建县的历史悠久，距今已有1700余年。江宁的县治自西晋至唐代，多次变迁。自南唐开始，长期设在南京城内，直到1927年江宁县辖域范围首次退出城区。1933年2月，江宁正式划为自治实验县，梅思平兼任县长，决定将江宁县政府由南京城南银作坊（今长乐路与许家巷之间）迁到东山镇。

1934年，位于土山镇的江宁县政府落成。1935年5月12日，江宁自

江宁区人民政府办公大楼

治实验县政府在土山新县署举行了隆重的迁移县治典礼，县治正式迁往土山并改为东山镇。关于县治的地点，初选地有湖熟镇、土山镇、板桥镇（现划入雨花台区）、江宁镇、淳化镇、秣陵关六处，因江宁镇偏于西南，秣陵关地势低湿，淳化镇交通困难，地势稍高，故倾向于湖熟、板桥、土山三地。最终将县治设置在土山的意见占据了上风，主要考虑土山本为一大市镇，虽经太平天国战事摧毁，已基本不存，但框架仍在。土山位置居全县中心，秦淮河环绕，便于航运，公路交通方便。土山距南京城仅十余里，便于经济发展。虽然当时的土山仅剩居民数十户，望之凄然，但规划者考虑到长久之计，认为县治设在土山最为合宜。经过近九十年的发展，东山地区已成为南京的经济和文化重镇。

东山镇因东山而得名。所谓“山不在高，有仙则名”。东山海拔60余米，原名“土山”，因东晋时期谢安曾隐居于此，并在此指挥了著名的淝水之战而名气大增。

谢安早年长期隐居会稽东山，与王羲之等社会名流徘徊于山水之间，吟诗谈文。刚好弟弟谢万被朝廷废黜，谢氏家族声望衰微。在妻子和朋友的一再鼓励下，40余岁的谢安决意出山，此为“东山再起”之一说。在主持朝政期间，谢安以宽仁安定内外，广行德政，文武百官同心同德。他不计较小过失，专心大事，恩威流布广远，人人都把他比作王导而文雅过之。当他发现距建康城不远的土山与会稽东山有相似之处，勾起对家乡的思念，便模拟东山，在土山之上营立楼馆，广植林竹，并常携子侄亲朋及歌伎乐女来此游乐。久而久之，人们便将“土山”改称为“东山”了。

“东山再起”石碑

东晋太元八年（383），前秦皇帝苻坚欲灭东晋政权，亲率87万大军南侵，号称“百万大军，可以投鞭断流”，甚至在出兵前预先为东晋君臣准备好了官禄甲第。此时的东晋在谢安等人的治理下，君臣一心，社会稳固，加上有一支骁勇善战的“北府兵”，虽兵力人数大大少于对方，但士气高涨。

秦晋两军对峙于淝水两岸，东晋将领谢玄（谢安侄子）让苻坚将军队稍微后撤些，以便晋军能够渡河会战。苻坚心想，你区区八万人马，我乃百万雄兵，向后面撤一点又有何妨？待你军队过河一半时，我派骑兵出击，你必输无疑。于是，不顾其将领的反对，将军队后撤，谁知后撤的军队不知前面发生了什么，而事先混入前秦军队中的一部分晋军趁混乱大喊：前面兵败了，赶快逃命啊！本来前秦军队就是一个杂牌军，各怀鬼胎，保住自己的实力最为重要，结果这一退，便不可遏制。东晋的八万雄师如入无人之境，打得前秦军队溃不成军。“惊弓之鸟”“风声鹤唳”，都是这一次战争中流传下来的成语。这就是著名的“淝水之战”。这些计策按照谢安的指示行事，都是谢安坐镇东山秘密策划并分别布置的。

当胜利的捷报传到建康时，谢安正在东山的别墅里与客人下棋。他看完战报，随手放在坐床上，面容冷静。客人问他，他才慢慢回答：“小儿辈已经破贼。”下完棋，客人立刻回去报喜。而此刻的谢安也难以抑制心中大喜，过门槛时连屐齿都折断了。

天下名山僧占多。土山虽非名山，但也被六朝僧人占用。据史料记载，梁朝在土山建资福院，梁武帝改名净名院。因梁武帝的改名和神僧宝志来此讲经说法，土山和净名院声名大振。宋元时期改称“净名寺”。明正统十年（1445），因寺宇僧舍年久失修，袁志海等募缘集资，重建寺院。工毕，礼部尚书胡濙奉旨题额“翼善禅寺”，礼部侍郎陈琏撰《翼善寺碑记略》。据《金陵梵刹志》记载，翼善禅寺为中刹，领有广德寺、祈泽寺、天宁寺、云居寺、庄严寺五小刹（此五刹均在上坊、淳化一带）。自此，翼善寺香火日旺，是各地信众争相朝拜之地。

时间又隔了百年，据明万历年间《三圣行宫碑》记载：嘉靖三十三年（1554），倭寇在我国东南沿海一带骚扰，严重危及人民的生命和财产安全。朝廷为了抗击倭寇，组织民兵在东山上建造工事，设置营盘。次年七月，果然有一股倭寇来犯南京。南京和江宁的许多地方和居民遭到杀戮，房屋遭到毁坏。虽然这股倭寇在今常熟的浒墅和张家港一带被官兵围歼，但东山已成秃岭荒丘，胜景不再。明万历三十四年（1606），当地居民易文彩、易文光等见东山上一片荒凉，决心绿化东山，重建寺宇，以恢复当年名胜。当事者有十二人，他们捐款、捐物、捐田地。据碑文记载，在翼善寺原地的东北部山坡上，重新建成玉帝庙、三茅宫、关圣庙。

东山上的寺庙与谢安别墅存世一千多年，成为文人骚客流连忘返的地方，留下千古佳话与诗篇。如唐代诗人李白、清乾隆帝均到过东山。直至清代，东山仍为一方胜景，“东山秋月”为金陵四十八景之一。

第二节 江宁名村

一、杨柳村

杨柳村属湖熟街道（原属龙都乡），位于秦淮河流域，与“九龙穿汇”的古镇龙都相邻。背靠马场山，前临杨柳湖，村落呈东西长、南北窄的格局，分前、中、后三个自然村。中后村已毁于清咸丰年间兵火。杨柳村的现存建筑绝大部分为清康乾时期所建，主要建筑物是朱氏家族的老屋。

据《朱氏宗谱》载：朱氏世居溧阳南渡，其六世祖朱武公移住句容葛庄镇百丈村陡门口。明万历七年（1579），七世祖朱孔阳从陡门口迁至杨柳村。传说朱孔阳有兄弟两人，父母早亡。兄弟感情好，哥哥欲将房产留给弟弟，自己外出谋生，弟弟不忍，最终由族长决定哥哥外出谋生。朱孔阳以挑高箩为生，当他来到杨柳湖畔时，突然担绳断了，于是驻足生火做饭，饭后洗碗，手中的碗又突然滑落水中。朱孔阳叹道：“天留我也！”朱孔阳便留在此地。后来入赘佘姓人家，于是，朱孔阳的这一支便在此地居留下来，至今已有16代。

杨柳村曾一度被称为“留阳村”。此外，元代有谱载“杨柳村”之名，故杨柳村来历可追溯到元朝。

杨柳村人有外出经商的头脑和营销手段，自古这里就比较富庶。1926年12月，乡人张履鸾曾作过一份调查报告，本地富户占9.6%，小康占52.6%。他认为，“上元之民善商”，以“布业”“药业”为主，每村至少有几人在长江各埠从事药业的“药鬼子”（当地人对药铺的称呼），尤以上海、武汉最多。其中杨柳村人在上海工作者竟达六七十人之多，每年都要回老家省亲一两次，至今仍然保持清明回杨柳村上坟的习惯。

杨柳村的住户主要有朱、刘、时、赵四大家，以朱姓为多。原宅

杨柳村古建筑群

院36堂，计1408间。各宅院均有堂号，如翼圣堂、四本堂、树德堂、敦本堂等。各宅院之间有青石板相通，人称“青石墁地石门楼，走进杨柳不沾泥”。现36堂中保存最完整的一组建筑，位于村西，系乾隆年间由朱侯昌出资新建，为礼和堂、恩承堂、树德堂，三堂并列相通，至今保存较为完好。最精彩的砖雕与石刻，根据其风格特点，既有徽派风格又具苏派特色，还有南京本地简朴大方的一面，局部雕刻不厌精细。与石雕、砖雕相比，木雕更为繁丽，大梁、檐下梁头、拱木、滴檐板，极尽雕饰之能事。木梁上还雕有不少历史故事，如“三顾茅庐”“孟姜女”等。

杨柳村古建筑群虽经历过办厂、办学校，又经过“文革”，但至今仍保留一定的规模。2002年被列为江苏省重点文物保护单位，2012

江宁区非物质文化遗产“江宁老地名——杨柳村”

年又被列为全国重点文物保护单位。

二、佘村

佘村，属东山街道（原属上坊镇），因其山形起伏，犹如龙状，最早叫“龙村”。朱元璋在南京登基，听说此村名非常不满，派刘基前往查勘。刘基为了保护村民不致被杀，于是做法，他在龙脊梁上插了一根竹子，断了龙脉，又将村名改为“蛇村”，才化解了灭村之灾。当然，这只是个传说，而真实情况是该村叫“佘村”，有佘姓人家一直居住此地。

佘村有潘氏宗祠和潘氏住宅两处明清建筑，其中潘氏住宅是南京地区保存最好的明清古建筑。整座住宅坐北朝南，原先门前有荷花塘，邻里称九十九间半，实际建筑为六十余间。因是农商耕读之家，房屋结构追求安全、方便，不拘一格，虽非官宦后裔，但花厅挂匾、门头水磨砖雕装饰、格扇屏门，均为明清风格，甚为讲究。该民居分大房、二房、三房、四房、五房共五个单元，有四条长廊直通东南西北以及住宅内的各厅、室、厢和小阁、耳房，不用出门便可互相往来。

整座建筑分为几期建成。第一期在道光后期，因七世、八世弃农经商，家道丰盈，而建大房、二房，花厅两进，以求“大被同温”之意。第二期是太平天国战争之后，九世传人经商，“旧业复隆”，而归故里葺修旧房，扩建东十间、西七间；十世传人经商有成，又在老宅后面造楼七间，历八个月辛苦而成。民国初年，第十世传人创建“潘氏宗祠”，又编修《潘氏宗谱》，并在村外恢复因战火毁坏的“文昌阁”（即魁星阁）。

潘氏始迁祖潘仁，字济民，明末崇祯年间因李自成起义，时势颓危，他自河南归德府携家口来金陵上元之佘村，爱其峰峦环抱，川媚山辉，谓此间足以绵世泽、长子孙，而卜筑攸居，与妻孙氏和龙、鸾、凤、虎、纪五子，务农食力，子孙世居于此。

潘氏家族以耕读经商而发家，生意遍及半个中国，不忘根本，所用商号一律以始迁祖潘仁之名，叫作“仁记”某店。发达之后，仍然能回到佘村老宅置田建房，如其门联所题：“陋室成铭，闲居作赋。”反映潘氏后人经商务农之暇的真实生活。

三、窦村

窦村，地属青龙山脉（今属麒麟街道），村中有一股泉水，长年不涸。大约在梁代时，此地便有村民居住。明代初年，朱元璋在南京建都，修建城墙、明孝陵特别是永乐帝朱棣开凿阳山碑材，都急需大量石匠为其服务，于是在全国各地征调了大批石匠来到南京。窦村介于京城与阳山之间，各地工匠、各类人员便聚集在窦村居住。所谓“窦”，并不是窦姓，而是聚集的意思。

另一个原因，青龙山的石质优良，大约经过7亿年的沉积，其石质坚固耐用，不管是用于建筑构件还是建城筑坝，都能持久，是首选的建筑材料。这些石料通过运粮河进入秦淮河，可以运往全国各地。

窦村，经过六百年的发展，其石雕、石匠、石头村早已远近闻名。曾经有一种说法，南京有多少座门，窦村就有多少座门；南京有多少条巷，窦村就有多少条巷。整个村子布局合理，防火、防盗、排水都设计得井井有条。外人进村子很难出去，现在尚存的古戏台、五口井等遗迹遗物还可以看出当年的繁华。

1947年，窦村人对清代始建的古戏台进行了重修。戏台建在村子北头，由主台和两侧的附台组成，长13米，台基高1.4米，主台长6米多，前台突出3.7米。台基墙面用青龙山的条石砌成，上层雕刻双线覆莲纹，下层雕刻双线仰莲纹，中层为象征吉祥的各种石刻图案，有“蟠龙戏珠”“丹凤朝阳”“独占鳌头”“五福图”“鲤鱼跃龙门”等，台前有两根高4米的“日月”台柱，上刻“刘海戏金蟾”等。2006年6月，古戏台被列为南京市文物保护单位。

窦村四方井是南京地区绝无仅有的明清民用水系统。它由五口方井组成，在村子的上口，全部用大青条石砌筑而成，排序成列，井井有条。五口水井各有其用途，冬暖夏凉的泉水从第一口井中汩汩流出，泉水清澈灵动，这是人们取水饮用的井口。其后依次用于淘米、洗菜、洗衣，最后是刷马桶。每口井互不干扰，用途明确、科学。2006年6月，也被列为南京市文物保护单位。

四、甘茂岗

甘茂岗亦称甘墓冈，因东晋镇南大将军甘卓死后埋葬于此而得名。原属小丹阳镇，现属横溪街道丹阳社区踊跃行政村管理。甘茂岗是个千年古村，村中间有甘卓墓，甘氏后人世居于此。

甘卓，字季思，丹阳人，秦丞相甘茂之后。西晋太康年间为郡主簿功曹，察孝廉，举秀才，为吴王常侍。惠帝时因讨石冰之功，赐爵都亭侯。东海王司马越引为参军，出补离狐令。不久，天下大乱，甘卓弃官东归，晋元帝授前锋都督、扬威将军、历阳内史。他讨

周馥，征杜弢，屡立战功，晋爵南乡侯，拜豫章太守。再升湘州刺史，进封于湖侯。又升安南将军、梁州刺史、假节、都沔北诸军，镇襄阳。

甘卓外柔内刚，为政简惠，善于抚民。永昌元年（322）正月，朝廷封甘卓为镇南大将军，侍中、荆州牧。同年四月，被襄阳太守周虑所杀，葬于小丹阳甘泉里。嘉庆十六年（1811），其裔孙甘福重修墓地，姚鼐撰《晋镇南大将军于湖甘敬侯墓重修记》并亲自书写，至今墓碑仍在甘氏后人家中收藏。南京甘氏、陶吴甘氏均为甘卓后代。

五、山阴村

山阴村坐落在铜山乡（现合并为禄口街道）。铜山乡因谢氏人口多，元代称为谢村，清代设镇，称为谢村镇。

铜山乡属横山山脉，秦淮河贯穿而过。山阴村在横山山脉的北部，相传因东晋大书法家王羲之第五子王徽之居住于此而得名。

王徽之的性格清高傲达，居官数年，功业不显，后弃官归会稽（今浙江绍兴）。他性爱竹，善正、草书，亦工画。近年，山阴村的王氏后裔家中发现了保存较好的《王氏家乘》40余册，记载了东晋太元年间王徽之与谢安泛舟秦淮河的故事。他们见水旁一山秀丽，奇而登之，谢安说："此山可比会稽东山，可惜少了岩石。"后谢安便在此结庐，并于其旁广植蔷薇，是为土山（今东山）。不久，王徽之沿秦淮河溯流而上，忽见一小山，周围河流纵横，山上林木蓊郁，说道："此地不比山阴兰亭逊色，可惜缺少翠竹。"乃营筑别墅于山下，又植竹其旁，名此山为竹山。后王徽之弃官归隐，在这里买田治宅，居住了下来，距今已有1600余年。从这里出去的王姓后人，为了不忘先祖的遗愿，称此地为"山阴村"，现本村仍居住有一百余户王氏族人。

2018年，山阴村成功入选年度美丽乡村示范村，其南侧的秦淮河有古王家渡等景点，向游人展示王氏家族千百年来的故事。

六、业村

业村，属禄口街道管辖（原属横溪乡）。据《江宁县地名录》载："谱载：横山业氏最早居此。"

江宁区最南端的横山一带，居住着一个姓"业"的大家族，其实他们并非姓"业"，而是姓"李"。他们相对集中居住在前业村、后业村、大业村。根据《业氏宗谱》记载，业氏来到江宁横山已经有近千年的历史。该家谱记载了业氏先祖李泌及其后代的世系、世表、源流、宗派、祠规、家训、著作等。

李泌（722—789），字长源，自小被称为奇童，《三字经》中的"泌七岁，能赋棋"即是。12岁时就受到张九龄的喜爱，呼之为"小友"。曾历仕唐朝玄宗、肃宗、代宗、德宗四朝，官至宰相，封邺县侯，是唐朝中期著名的政治家、谋臣。因喜穿白衣，史上称其为"白衣丞相"。他淡泊名利，数度归隐，又数度被起用。他还是一位道教学者，对道教的学说有深入研究和理解。他喜修身养性，纵情山水，博览群书，在南岳衡山建房，名曰"端居室"，后人称"邺侯书院"。贞元五年（789）去世，葬于衡山。历代对其评价极高。清康熙皇帝将李泌与历代功臣四十人从祀历代帝王庙，可见一斑。

李泌的后人为何改姓"业"，宋代陆九渊在《业氏宗谱》序中有说明：李泌"隐居颍阳"（今河南登封）后，至其次子李翳时，迁居邺（今河南安阳）地。到第三世李键、李钺时，因遭"五季之乱"，避居邺之西乡，在那里筑"思邺堂"，也就姓随地改，以邺为姓，以避乱世。从陆九渊为《业氏宗谱》所作序言可知，李泌的后人为了逃避乱世而将"李"姓改为"邺"姓，而之后的"邺"姓人为了方便，又将“鄴”简化成了“业”。至于业氏为何又会迁到江宁横山，《业氏宗谱》载：业氏第二十一世孙“旭公”（字东阳，绍兴二十七年进士），因“靖康之难”随宋高宗赵构渡江，先居建康钟山，后因不满朝廷偏安，乃匿迹横山。可能也有怀念先祖李泌死后葬南岳衡山之意，从此业氏便在此地扎根。据《金陵通传》卷24载：至清代，横山业氏已有千余户，形成大业、前业、后业三村。

2008年初，迎驾湖畔的前业村、后业村等业氏后裔们，根据宗谱中祠堂旧样，由企业家后人出资重建了业氏宗祠，并续修宗谱，使这个有着近千年历史的古村落再次辉煌。

七、黄龙岘

黄龙岘位于江宁街道牌坊社区，是江宁区政府确定的“五朵金花”之一。

该村属于丘陵山区，四周茂林修竹，茶园片片，拥有九分山水一分田的优质资源。然而，在古代交通不发达的情况下，世人很难得见其神秘面纱笼罩下的真貌。

春秋战国时期，长江水上交通需要大的船只才能航行，小船极易发生危险，因此做小本生意的商人们、茶贩子，只能靠肩挑驴驮，从安徽皖南到南京，就会从这一崎岖山道经过。黄龙岘就是这一处山道的必经之路。此处四周群山起伏，犹如一条黄龙游动，因此人们便称此地为“黄龙岘”。岘虽险峻，但它是一条抄近的小道，商贩们还是愿意从这里去往南京、皖南。久而久之，这里便有了驿站，有了人居，形成了固有道路，带动了山里人的经济收入，因此也留下了一些有历史涵义的地名、村名、山名，如牌坊村、朱门村、晏公庙、晏子村、龟山、藏龙坡、卧虎亭、天梯石等。

待到水运较为发达，陆路交通逐步打通后，人们便慢慢废弃了

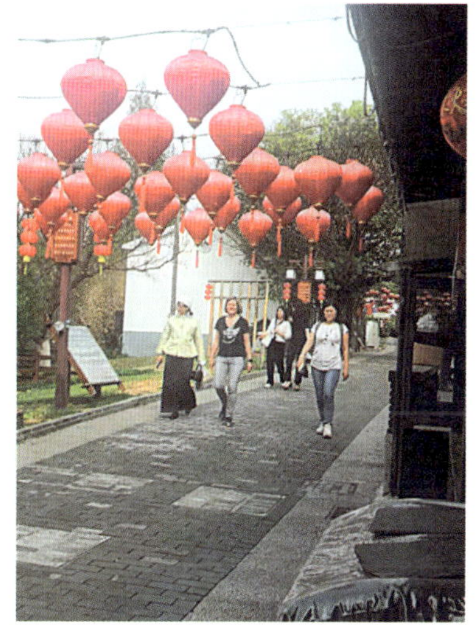

黄龙岘

这一古老的山间小道，黄龙岘远离尘嚣，避处荒野，成为遗忘的角落。这里的人们虽然生活在青山绿水之间，却一贫如洗，生活困难。

中华人民共和国成立后，人们虽然解决了温饱，但离富裕还是差距很大，抱着金饭碗讨饭的状况仍然存在。近年来，“两山论”犹如一阵春风，吹进了这个美丽山村，给黄龙岘带来了无限活力。它远离城市的喧嚣，正是人们品茶休憩的理想场所，受到人们的追捧和打卡。

黄龙岘生产的“龙毫、龙针”茶，精采细摘，手工制作，茶香醇厚。他们的茶干、笋干、鱼干、萝卜干，被认为是黄龙岘“四宝”，更有草鸡、野味、绿色蔬菜、原汁原味的农家特色菜，吸引游客从城市或外地纷纷赶往这里，品茗休闲、野营露宿或直接住到农家，享受天然氧吧和美食。

第六章　文物古迹

江宁山环水复，自古以来就是人类生息繁衍的宝地。从距今50万年的南京直立人化石地点，到龙山文化的地方类型，再到家喻户晓的湖熟文化，先民在此生活劳作，书写了辉煌灿烂的历史篇章。而融汇南北的习俗与理念，不仅体现了这块土地上的先民海纳百川、有容乃大的胸襟与气度，也展示出他们博观约取的能力与智慧。由于王朝的兴衰更替与地貌的沧海嬗变，古人的作息场景虽难以再现，但仍然可以通过文物古迹来领略一二。

第一节　史前文明

司马迁在征文考献的基础上编撰《史记·十二诸侯年表》，以西周共和元年（前841）为开端。自此，公元前841年成为中国历史上有明确纪年之始。为了实证中华文明起源，探索文明发展规律，党和政府先后举全国之力实施“夏商周断代工程”与“中华文明探源工程”，并取得了系列重大成果。就江宁地区而言，陆续确定“汤山葫芦洞古人类化石地点”“湖熟遗址”“点将台遗址”“昝缪遗址”等具有标型意义的文明遗迹，实证了江宁地区作为南京地域文明生长点的原真性与典型性。

一、汤山葫芦洞古人类化石地点

葫芦洞位于汤山镇西南雷公山，西距南京市区26千米。该洞为单体式厅堂洞穴，由主洞及南部支洞组成。主洞东西长64米，南北宽约25米，最大净高约25米，地面海拔约70米。南壁裂隙下的支洞长8.26米，最宽处4.4米，净高2.9米，洞底海拔约65米。20世纪90年代在葫芦洞支洞内出土的古人类化石，填补了直立人化石地点在江南地区的空白。

该地点出土的古人类化石共计三件，包括颅骨化石两件和牙齿化石一件。1号颅骨化石出土于1993年3月13日，系汤山镇旅游公司农民挖出，由镇人民政府移交南京市博物馆收藏。2号颅骨化石出土于1993年初，系南京市博物馆考古队在当地征集所得。牙齿化石出土于1994年1月8日，系汤山考古队在葫芦洞支洞内进行考古发掘时出土。三件古人类化石标本经过溯源，均属于葫芦洞支洞中唯一含有化石堆积的棕红色黏土层。

三件古人类化石标本中，1号颅骨保存比较完整，整修后复原成较为完整的21—35岁直立人女性头骨，被命名为“南京人”，距今约50万年。通过体质人类学的测量比对，发现其与北京直立人、和县直立人具有许多相似的形态特征，并与中国不同时代古人类化石有遗传联系。南京直立人头骨具有一个显著的特点——鼻梁外突，已达到“高耸”的级别，这一特点究竟是主动适应环境的结果，还是缘于古代人种的基因交流，有待进一步探讨。

葫芦洞支洞除发现古人类化石外，还出土了数以千计的哺乳动物化石。据初步观察，它们与主洞中所发现的种类十分相似，可统称为

"汤山动物群"。按照动物群体生活的地域性，可将其分为两类：

第一类属于华北中更新世北京人肿骨鹿动物群。其中的典型动物有肿骨鹿、葛氏斑鹿、梅氏犀、棕熊、中国鬣狗等。它们在汤山动物群中，无论种类还是数量都占有主要地位，为判定汤山地区中更新世的地理环境和自然生态提供了直接的依据。它们与葫芦洞直立人化石出土于同一地层，也证明了汤山葫芦洞化石地点与北京周口店直立人遗址在时代、环境方面的相近性。

第二类动物以剑齿象、猪獾等为代表，属于中更新世南方动物群。这一类动物种类不多，数量也相对较少，在汤山动物群中处于次要地位，且没有出现大熊猫、巨貘、中国犀等南方动物群中的主要成员。

二、湖熟文化

湖熟文化是以江宁湖熟镇命名的考古学文化，湖熟文化遗址的考古发掘和湖熟文化的命名均始于20世纪50年代。它广泛分布于长江下游地区，北达淮河南岸，具有鲜明的地方特征。在相当于中原商代时期的"湖熟文化"早期文化层中，出土有铜刀、铜镞、铜斧、铜鼎耳及足、铜鱼钩以及铜锈渣、铜液系列遗物，表明"湖熟文化"先民使用青铜器并掌握了相关冶铸技术，已然迈进了"青铜时代"的大门。陶鬲的广泛使用，青瓷器、硬陶器、刻画文字符号的出现，构成了湖熟文化新的文化面貌。精神生活方面，出现了在居址红烧土面下埋葬孩童、用钻灼过的甲骨进行占卜等与中原地区相似的习俗，见证了文明跨区域交流交融的历史。湖熟文化的发现填补了秦淮河流域乃至整个宁镇地区先吴文化的历史空白，奠定了南京在整个长江中下游地区的文明根基，其发展与演进，成为吴文化的直接来源。

湖熟文化遗址多为突出地面的土墩，即考古界俗称的"台形遗址"，也有一部分山麓地带呈条带状的"坡形遗址"。遗址一般突出地面6—7米，也有低至2米或高达10米以上者，其绝对高度（即高出吴淞口海面）为海拔10—20米。上部的面积一般在6000—7000平方米，但也有小到300平方米或大到20000平方米的。

就湖熟文化遗址分布的地形特点而言，可以归纳如下：

第一种，面临大江，背靠起伏绵延的土岗，其三面为水田，一面是高于水田的条形地带，直接与土岗相连。受山麓雨水冲刷的影响，遗址的文化层较薄。在长江与土岗之间，还有少数孤立的土山，山顶文化层极薄，近山脚处则较厚。

第二种，四周是大小山岗，形成中部低洼的小型盆地，遗址靠近山岗呈环形分布。遗址四周为圩田、小溪或池塘。文化层复杂，包含物丰富。

第三种，两面是大山，中间形成一条平坦的山冲，河流贯穿其间，遗址分布在河流两岸接近山麓的土岗处。这类遗址的周围多为水田、平地或池塘，也有少数在一面有较高的条形坡地与土岗相连。遗址的文化层复杂，包含物丰富，江宁秦淮河沿岸湖熟文化遗址多属这一类型。

湖熟文化时代的先民们就是在湖滨山麓或湖沼中凸起的台地生活、居住，从事渔猎及早期农业。

第二节　历代陵墓

中华人民共和国成立后，各级文物部门在江宁地区考古发掘的古墓数量众多，从历史发展的序列来看，在南京市区正式成为六朝都城之前，有关古墓葬的重要发现相对集中于江宁湖熟与小丹阳地区。公元229年，孙吴迁都建业（今江苏南京），揭开了“六朝古都”的序

幕。孙吴定都南京后，江宁地区古墓葬的分布在都城圈的辐射作用之下，呈现出显著的变化。

一、江宁华西村古代墓地

南京作为六朝古都，境内六朝遗存丰富，战国两汉时期遗存则较少。近年公布的南京江宁街道华西村古代墓地发掘成果，填补了上述空缺。江宁华西村古代墓地位于南京主城西南约25千米处的江宁河南岸，地属江宁区江宁街道，当地原有华西等自然村（组）。太康元年（280）晋平吴，分秣陵县西南设临江县，次年改称江宁县。据《建康实录》《景定建康志》等记载推定，西晋始设的江宁县治所位于江宁河北侧，是建康城西南的重要据点和护卫屏障，与华西村古代墓地仅一河之隔。

西汉墓 M865 出土釉陶器（许志强《江苏南京江宁华西村古代墓地》）

2019—2023年，南京市考古研究院陆续在该区域发掘清理古代墓葬1015座，出土器物近6000件/套，年代自战国绵延至明清。其中战国、汉、六朝墓为此次发现之重点，初步统计有688座，出土文物5700余件/套。墓葬形制多样，包括土坑木椁墓、土洞墓、砖木混合结构墓、砖室墓等。出土器物丰富，有陶、瓷、铜、铁、玉、石等不同质地，以陶瓷器为大宗，另有大量铜镜、铜钱、铜铁兵器和少量玉石器等。

江宁华西村古代墓地，墓葬数量庞大，类型多样，时代延续，脉络清晰，面貌丰富，是反映南京乃至江东地区战国、汉、六朝时期历史发展的直观“剖面”，揭示了战汉之际楚文化在江东地区的分布变迁，展现了区域文化互动和统一国家形成巩固的发展进程，是中华文明多元一体特征的有力实证。

二、湖熟汉墓

公元前221年，秦并天下，行郡县制。汉灭秦，析秦置秣陵县新建胡孰（治今湖熟街道）、丹阳（治今江宁小丹阳）二县，时景帝庶子、江都王刘非之子刘敢、刘胥行、刘缠于武帝元朔元年（前128）皆推恩分封于今南京境内为侯，分别称丹阳侯、胡孰侯和秣陵侯。由于后继乏人，丹阳与秣陵侯国不久即遭废除，唯胡孰侯刘胥行之子刘圣得以于武帝元鼎五年（前112）袭授。东汉以降，胡孰仍为侯国，直至汉末孙权定都建业之际，以湖熟位居京郊，始撤县置典农都尉。从地理位置上看，江宁湖熟与小丹阳等地发现的两汉时期的墓葬，多是上述县邑、侯国的遗存。

湖熟位于东山以南17千米，其地濒秦淮而面赤山，土地平旷，交通便利，为江宁、句容、溧水交界处的重要集镇，素有“小南京”之称。作为两汉时期在南京地区延续最长的侯国封邑所在，其历史地位毋庸赘言，可惜史籍失载、文献无征，湖熟的亮点隐而不彰。2006年5月，江宁湖熟窑上村发掘了两座规制较高且未遭盗扰的西汉初年土坑木椁墓，出土了玉璜、玉璧、玉

江宁湖熟窑上村西汉早期墓出土玉佩

佩等玉器与成组的青铜编钟、铎等，是迄今考古发现南京地区品秩最高的汉墓，墓主可能为第一代胡孰侯刘胥行的属官。

20世纪80年代末至90年代早期，考古工作者在今湖熟镇北清理出众多汉代墓葬。湖熟砖瓦厂发掘的六座汉墓，形制可分为土坑木椁墓、砖木合构墓和砖室墓三类。其中，3号、5号、6号墓为竖穴土坑木椁墓，这种墓制在江苏地区见于西汉至东汉初年，延续时间较长。5号墓未遭盗掘，保存完整，此墓出土陶礼器组合为壶、瓿、罐，并有灶、盆等，缺少西汉早、中期墓葬陶器组合中常见的钫和鼎，而与西汉晚期至东汉早期墓中流行的陶礼器组合相近。1号墓亦为土坑木椁墓，与上述三座木椁墓不同的是，此墓在木椁西侧辟有对开的木门，呈现出土坑木椁墓渐向砖室墓过渡的轨迹。2号墓在形制上为砖木混合的木顶砖室墓，这种墓葬不见于中原北方地区，而在浙江绍兴、宁波以及南京栖霞山等地都有发现，时代则从东汉早期一直延续到东汉晚期，可见这是东汉时期南方特有的一种墓葬结构，从中不仅可见门楣、门槛、门轴、门柱等构造，甚至在椁室周围的隔墙上

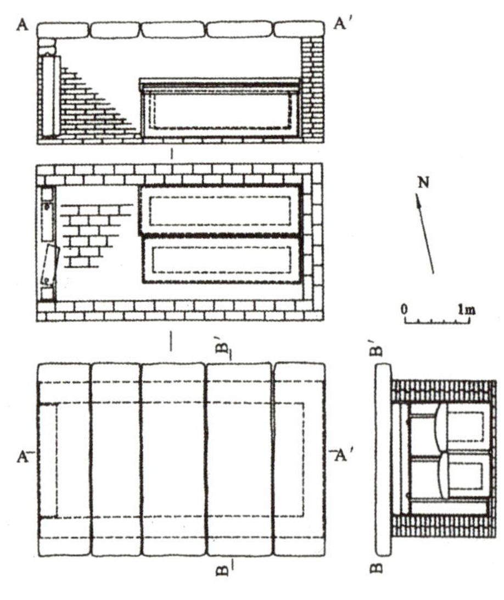

湖熟砖瓦厂东汉木顶砖室墓

湖熟砖瓦厂东汉朱建墓出土告地册

还辟有对开的门和窗，且保存完好，堪称西汉木构建筑的缩影，为探究中国早期木结构建筑的形制特征提供了不可多得的实物资料。根据2号墓出土的墓主朱建的告地册以及5号墓出土内壁墨书“朱”字的漆耳杯，可推断湖熟砖瓦厂发现的这六座汉墓为西汉末至东汉胡孰国朱姓家族墓群。

三、上坊孙吴大墓

2005年12月，江宁区科学园管委会在上坊镇中下村一个名叫孙家坟的小土岗南麓施工时，发现一座土坑竖穴砖室结构的大型孙吴晚期墓葬，是迄今南京发现的规模最大的孙吴墓，甚至比被推测为孙吴帝陵的安徽马鞍山“天子坟”更为宏伟。

上坊孙吴大墓墓坑长21.5、宽14.4米，墓坑上部的填土铺三层防盗用的碎石层。斜坡状墓道宽4.3米，坡度26度。砖砌排水沟从砖室内的甬道下穿过石门、封门墙、斜坡墓道，一直向南延伸，总长106米，排水孔宽18厘米。墓葬的砖室部分全长20.16、总宽10.71米，由封门墙、石门、长甬道、前室、过道、后室构成，前、后室两侧均有对称分布

江宁上坊孙吴大墓内部构造

的耳室，后室的后壁还辟有两个接地的大壁龛。前、后室均为四隅券进式穹隆顶结构，甬道、过道及四个耳室乃至壁龛均为券顶结构。前室顶部设长1.16、宽1.16、厚0.3米的巨型覆顶石，在覆顶石内面雕饰神兽纹。前、后室四隅嵌有圆雕石牛首灯台，石牛首之上的壁面尚存烟熏痕迹。在后室地面有三组六件雕饰虎首的石棺座，棺座上置木棺。

上坊孙吴大墓早年虽遭盗掘，但仍出土金、银、铜、铁、漆木、瓷、陶等材质文物170多件以及600余枚铜钱。出土文物中，以越窑系的青瓷器数量最多，质量最高。这些青瓷器的肩腹部多装饰有连珠纹、网格纹、蕉叶纹、席纹、钱纹、衔环铺首等，通体釉色莹润，工艺精湛，不少模型明器如毛笔、书刀、斗量等，均是此前六朝考古中前所未见的新器形。特别是成组的青瓷伎乐俑，是同时期单个墓葬出土数量最多的一次，如实展现了当时宫廷贵族宴饮娱乐的场面。其中，神情悠闲、双手拢于胸前、正襟危坐在方榻之上观赏乐舞的青瓷人物俑，可能就是墓主形象的生动刻画。根据墓葬形制结构、出土的铜钱及青瓷器的造型和装饰特点，可以推定江宁上坊孙吴大墓的墓主应为孙吴晚期的帝后或高等级的宗室成员。

江宁上坊孙吴大墓出土的青瓷俑

四、刘宋陵墓

元熙二年（420）六月，凭借军功起家的刘裕逼迫晋恭帝司马德文禅位，改国号“宋”，改元永初。刘宋政权的建立，标志着士族阶层的没落和庶族寒门登上历史舞台，对中国的政治进程与文化建设产生了深远影响。在帝王陵墓的营建上遥承汉制，一改魏晋时期“不坟不树”的传统，堆筑起高大的墓冢封土，开启了在神道上广置石兽、碑、表的先河，墓室前部甬道内所设门扃，将东晋时期的木门变更为石门。刘宋在帝王陵墓制度上的一系列变革，缘于彰显自身正统地位的需要，体现出对同出刘姓的两汉礼制的皈依，为后世齐梁陈三朝乃至唐宋帝陵的规划建造，树立了新的范式和样板。

位于麒麟铺社区拥军大道两侧的一对南朝陵墓神道石兽，历来被认为是宋武帝刘裕初宁陵遗存。两件石兽均为雄性，东西相距23.4米。西兽（麒麟）独角已断，四肢犹存，额、尾残损，足为五趾，身长3.18米，高2.78米，体围3.21米；东兽（天禄）双角亦断，四肢及尾部皆残缺，胸、腹部剥蚀严重，修复后身长3米，连同底部添置的石墩高3米，体围3.13米。这对石兽造型相似，只是身体细部纹饰略有不同，均昂首挺胸，眦目张口，颔下长髯垂胸，腹侧浮雕双翼，翼前饰鱼鳞纹，后为长翎，遍体浅刻勾云纹。

今麒麟镇西狮子坝村旁菜地中遗存一件小型南朝石辟邪，长仅1.54米，其造型风格与麒麟铺石兽相似。《至正金陵新志》卷12《古迹志・碑碣》引南宋《庆元志》载:“（南宋建康府）城东北十五里，白水桥东，路南田中有碑半折扑地，字皆磨灭，惟题可辨，云‘康王神道之碑’。”白水桥正位于马群与麒麟门之间，这件残损的神道碑碑文多已漫灭，距南宋应有不短的时日，墓主可能是临川康王刘义庆，其生前颇得宋武帝和文帝赏识，死后陪葬在钟山东南的刘宋陵区完全合理。

江宁麒麟铺的南朝陵墓神道石兽

宋孝武帝去世后葬于丹阳秣陵县岩山景宁陵。岩山亦即龙山，即牛首山东部翠屏山，又名尖山，即今将军山一带。据《南史·后妃传》记载，大明六年（462）四月，孝武帝宠妃殷氏病故，孝武帝即“葬宣贵妃于龙山”，可见在此之前宋孝武帝早已勘定了岩山陵址。大明八年（464）九月，孝武帝刘骏的生母、谥昭皇太后路惠男亦葬孝武帝景宁陵东南，号攸宁陵。《建康实录》记载，宋孝武帝景宁陵位于上元县南四十里岩山之阳。近人张璜《梁代陵墓考》附《金陵陵墓古迹全图》注曰：宋孝武帝景宁陵在江宁岩山静明寺旁。静明寺位于南京南郊安德乡，西北距中华门约10千米，寺址至今犹存，即位于牛首山东北的尖山山麓。此外，葬于“丹阳郡秣陵县南郊坛西”的刘宋前废帝刘子业与后废帝刘昱的陵墓，也位于尖山一带，与孝武帝景宁陵、路太后攸宁陵皆相去不远。

五、南唐三陵

1950年春，江宁境内的牛首山至将军山一带发生盗墓事件，人民政府在严加制止的同时，委派文物考古专家前往调查，发现被盗古墓中的祖堂山西南麓“太子墩”（又称“献花岩大墓”）不仅规模宏大，在涂朱的墓壁上还有仿木结构的柱、枋、斗拱、阑额构件，其上有矿物颜料绘制的牡丹花、宝相花等图纹。经向中央文化部文物局请示后，1950年10月开始对“太子墩”开展考古发掘，从出土玉谥册残存的“维保大元年岁次癸卯十……子嗣皇帝臣瑶伏以高祖开基”“烈祖伏惟明灵降格膺兹典礼锡祐垂”等内容，推断“太子墩”下的“献花岩大墓”正是南唐开国皇帝、先主李昪的钦陵。

南唐先主李昪钦陵

在发掘钦陵的同时，文物工作者对钦陵周围区域进行勘查，发现“太子墩”西北还有两个形势相似的土墩，遂分出部分人力对“太子墩”西北约50米并已见盗掘痕迹的土墩进行试掘。发掘表明，土墩之下也有一座与钦陵规制相近的大墓。查近人张璜《金陵陵墓古迹全图》得知“南唐……元宗明道崇德文宣皇帝璟、光穆钟皇后葬顺陵，在江宁境”，而墓中出土石哀册上也可辨识出“先帝之”“弟居储元”“尊谥曰”“号之宝”等内容，证实此墓即南唐中主李璟及其皇后钟氏合葬的“顺陵”。

南唐钦陵与顺陵是中华人民共和国成立后首次经考古发掘的帝

陵，在中国考古学史上具有里程碑式的意义。“南唐二陵”的名号自此广为人知，南唐二陵所在地即是文献记载的南唐“园寝”。《南唐书》记载，乾德二年（964）十一月南唐后主李煜昭惠国后周氏（俗称大周后）病亡于瑶光殿西室，享年二十九，次年“正月壬午，迁灵柩于园寝……陵曰懿陵，谥昭惠”。可见在南唐“园寝”内除了先主李昪钦陵、中主李璟顺陵之外，还有其他陵寝分布。

新发现的南唐 3 号墓

2010年南唐二陵考古发掘六十周年之际，文物部门针对南唐园寝开展了考古调查工作，在李璟顺陵西北约100米的缓坡上发现了一座南唐墓（编为3号墓）。此墓规模小于南唐二陵，墓室内发现的一小段左侧股骨，经中国社科院考古研究所人骨鉴定专家鉴定，可能是一成年瘦弱女性的遗骨。综合考察墓葬规模、等级与墓葬在祖堂山南唐园寝的相对位置，推断新发现的南唐3号墓即南唐后主李煜昭惠国后周氏懿陵。

对祖堂山南唐园寝的规划，始于南唐先主李昪驾崩之后的保大元年（943），其时“邹廷翊相皇陵于牛头山”，委派“知礼”的江文蔚、韩熙载、萧俨等人“董治山陵”。祖堂山南唐园寝的三座陵墓，以先主李昪的钦陵规制最高。钦陵全长达21米余，宽10米余，包括前、中、后三室和十间侧室。前、中两室及其所附四间侧室均为砖构，后室及其所附六间侧室为石构。中主李璟的顺陵建于公元961年，形制与钦陵相近，为前、中、后三室并附八间侧室，但全为砖构，且后室所附侧室较李昪钦陵少了两间。

李昪钦陵内部过道两侧的石雕武士像

李昪钦陵中室进入后室的过道石额上，浮雕双龙攫珠图案，过道左右两侧，各雕饰一尊顶盔贯甲拄剑而立、足踩祥云的石雕武士像，表面原本皆敷金涂彩。钦陵后室以青条石叠涩收拢、象征苍穹的顶部，尚存彩绘星象图，日月星辰皆历历可见。与星象图对应的石板地面上，则有浅刻蜿蜒曲折的江河形状，意寓上具天文、下具地理。钦陵后室的中后部地面，放置六块巨大磨光的青石拼合成的棺床，棺床正中辟金井，边缘刻画卷草海石榴纹，侧面浮雕表面贴金的游龙。相较而言，顺陵虽在后室顶部亦用石青等颜料绘制天象图，但已不再装饰双龙攫珠与武士像浮雕，石棺座也光素无纹，反映了其时南唐国势衰颓，并去帝号、臣服北周的情形。

南唐二陵在历史上多次被盗，劫后余存的640余件随葬品中，除了哀册、谥册、谥宝以及钱币、瓷器外，以200多件陶俑最为引人瞩目。这些陶俑中的人首鱼身、人首鸟身、人首蛇身、双（人）首蛇身俑，属于唐代以来南方地区常见的镇墓类俑；而男女优伶乐舞俑则与隋唐墓葬中常见的武士俑、文吏俑、侍从俑的组合大异其趣，表现出更多的世俗氛围，流露出与宋元伎乐舞蹈杂技俑之间的源流关系。

六、明代黔宁王沐英家族墓

明太祖朱元璋养子沐英于洪武十六年（1383）奉诏留镇云南，创建了与明祚相始终的黔国世家。沐英卒于洪武二十五年（1392）六月丁卯，赠黔宁王，谥“昭靖”，赐葬于京师长泰北乡观音山（今将军山）之原。沐英墓在1949年前即遭盗掘，1959年春，附近村民再次掘开沐英墓，发现了沐英继妻耿氏墓志，并取出金山（铜质）、银山（铁质）、铜号、铜喇叭等随葬品，文物部门对出土文物进行追缴，并发掘了沐英次子黔国公赠忠敬王沐晟夫妇的合葬墓。

明黔宁王沐英墓志

1974年发掘的3号墓出土金、玉、琥珀、玛瑙、水晶等质地的珍贵文物180余件，其中“黔宁王遗记”金牌、“渔翁戏荷”琥珀杯、“瑶池春熟”琥珀金链挂件、双螭耳玉杯、梅竹纹碧玉簪、“乾纲独立”铭白玉簪、鸳荷纹金佩饰、錾刻山水人物纹的金多宝串（金三事）、嵌宝石金镶玉腰带等，皆为明代文物珍品。考古简报根据出土墓志残存的“太保公讳叡”等片段内容，推断墓主为黔宁王沐英十世孙、第十一任黔国公沐叡，实则为沐叡之子、第十二任黔国公沐启元。

截至2013年，文物部门又陆续发掘了十余座明代黔国沐氏家族墓葬。在将军山明代黔国沐氏家族墓地中，始祖黔宁王沐英墓位于中心位置，其子孙墓葬均位于沐英墓前部两侧。沐氏家族墓地前部原有神道石刻与享堂建筑，今已无迹可寻。尽管黔国沐氏家族墓时代跨度达两百年之久，但其形制结构却一以贯之，均由墓道、排水沟、墓坑和砖室组成。墓道则有斜坡式、台阶式、斜坡台阶混合式三种。砖室总长均逾8米，由封门墙、甬道、横前堂、过道和纵贯的后室构成，砌筑极为考究。由于多为夫妻合葬或多人合葬墓，故沐氏家族墓纵贯的后室有两室（如沐晟墓、沐瓒墓、沐崑墓、沐朝辅墓、沐启元墓）、三室（如沐英墓）、四室（如沐绍勋墓、沐朝弼墓）之分。部分墓砖上还有模印的“工”字铭文，印证了《明史》关于工部营造公、侯等高等级贵族墓葬的记载。

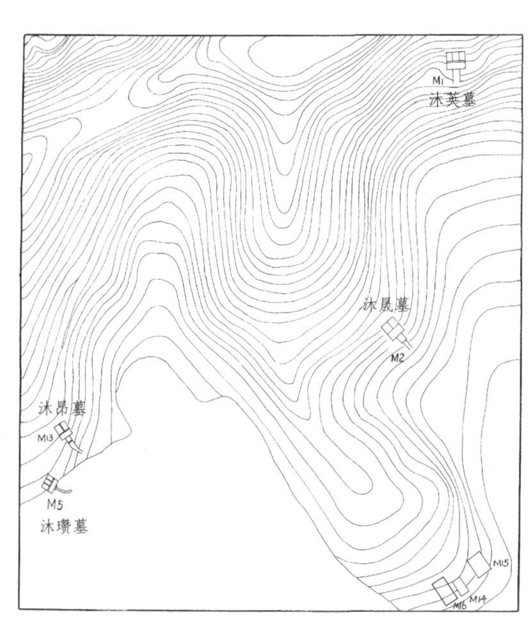

明代黔宁王沐英家族墓分布图（《南京将军山明代沐昂夫妇合葬墓及M6发掘简报》）

七、明代都知监太监洪保墓

南京是明初郑和下西洋活动的始发地与大本营，分布有多座亲历明初航海盛事的宦官墓葬，其中以2010年六七月间在东善桥寺脚村北祖堂山南麓发掘的都知监太监洪保墓最为引人瞩目。墓葬为洪保感怀“人生在世如驹过隙”、出于“生前之早计”所预建的寿藏，由墓道、排水沟、挡土墙、外封门、木门、前室、石门和后室构成，墓中遗物包括放置前室正中的一口用作长明灯的油缸，以及东北角的执壶、瓶、罐等铅锡明器，后室砖砌棺床之上残存的玉环、水晶串、料器管状物以及银钗等饰品，应是洪保死后朝服葬的遗存。洪保作为永宣之际郑和下西洋使团的主要领导成员，史籍中留下了不少关于其出使西洋乃至宗教信仰方面的记载，而出土的洪保寿藏铭，更是详细记述了明初下西洋史事的若干关键细节。

明代都知监太监洪保墓及棺床

在墓室封门前出土的洪保寿藏铭，是洪保墓考古发掘最重要的收获。寿藏铭的内容，如“永乐纪元，授内承运库副使，蒙赐前名。充副使，统领军士，乘大福等号五千料巨舶，赍捧诏敕使西洋各番国，抚谕远人”及“至宣德庚戌，升本监太监，充正使使海外。航海七度西洋，由占城至爪哇，过满剌加、苏门答剌、锡兰山及柯枝、古里，直抵西域之忽鲁谟斯、阿丹等国。及闻海外有国曰天方，在数万余里，中国之人古未尝到，公返旆中途，乃遣军校谕之。至则远人骇其猝至，以亲属随公奉□□效贡。公所至诸国，莫不鼓舞感动。公为人外柔内刚，恬静寡欲，尤能宣布恩命，以德威肃清海道，镇伏诸番。虽国王酋长、雕题椨服之人，闻公之来，莫不归拜麾下，以麒麟、狮、象，与夫藏山隐海之灵物、沉沙栖陆之奇宝，同贡天朝，稽颡称臣焉”等，均涉及洪保下西洋史实。此外，寿藏铭还有关于洪保“永乐丙戌，复统领官军铁骑，陆行使西域临藏、管觉、必力工瓦、拉撒、乌斯藏等国”的内容，也是明初中西交通史的重要记载。

洪保寿藏铭不仅明确述及永乐元年（1403）下西洋有五千料巨舶，还印证了宣德五年（1430）郑和下西洋船队抵达天方的行程，对于中国航海史和郑和下西洋的考察都极为重要，无愧为是继太仓卫副千户周闻墓志之后，关于郑和下西洋史料最为重要的发现与突破。

第三节　寺塔佛窟

由佛教僧侣住持的寺院，是以弘扬佛法为务并化导俗众、广设方便，为众生息灾祈福的道场。历史上大多数统治者出于缓和社会矛盾、维护长治久安的考虑，往往会对寺庙兴复、僧尼剃度秉持较为宽容的态度。早期寺庙是以佛塔为核心的建筑群，开凿在山崖上的佛教石窟则是信徒坐夏禅观的重要场所。江宁境内名山众多，佛教胜迹星罗棋布，其一砖一瓦、一梁一柱，莫不蕴含着丰富的文化内涵和象征意义。

一、方山定林寺塔

江宁方山是一座死火山，因山顶砥平如印，自然天成，又称“天印山”。在方山的西北麓，有一座千年古刹——定林寺。定林寺的记载，最早见于南朝。刘宋元嘉元年（424），蒋山（今紫金山）紫霞洞附近建了一座定林寺。高僧竺法秀觉得定林寺的地势低洼，便在蒋山之上择地重建，因地势高低的不同，有上、下定林寺之称。梁代文艺评论家刘勰所著《文心雕龙》即写成于上定林寺中。定林寺还曾供奉东晋法显得自于阗的佛牙舍利，相传即今北京西山灵光寺舍利塔内的佛牙舍利。

南宋乾道末年，秦地高僧善鉴至江宁方山结庐行道，远近信徒慕德而来，遂于方山西北之半山腰疏泉开道，比照钟山定林寺规制建寺，金刚殿、韦驮殿、大殿、法堂、禅堂、斋堂、宝塔等一时皆备。善鉴还将原钟山废定林寺额移此，称“方山定林寺”。元代，寺中有退庵无公及其徒嵩公、演公至京师（北京）讲法，号称“定林三名士”。元明两朝，寺院屡废屡兴。清咸丰年间，方山定林寺毁于兵火。同治年间虽曾重建部分寺宇，但仍不免于圮废，仅存天王殿、方丈、寺西的七级砖塔以及宋嘉定十三年朱舜庸《方山上定林寺之记》石碑、元至正五年虞集《方山重修上定林寺记》碑、明弘治年间《定林寺碑》等，至今唯存定林寺西偏、善鉴所起造的砖塔，堪为方山定林寺的历史见证。

纠偏后的方山定林寺塔

方山定林寺塔虽是因寺得名，但其远近驰誉，声望甚至凌驾方山定林寺之上。究其原委，乃是由于该塔是一座世所罕见的“斜塔”。人们熟知的比萨斜塔在21世纪初经维修矫正后倾斜 3.99°，历史上最大的倾斜度也仅有5.5°，相较于方山定林寺塔仍属逊色。2001年，南京市文物局委托东南大学对此塔进行监测，结果显示在2001年4—9月间，塔身倾斜角度从7°27′5″发展到了7°31′53″，塔身倾斜和基础沉降仍未趋于稳定。2002年8月，南京市文物局再度委托东南大学对方山定林寺塔进行地质调查与止倾加固设计，经扶正稳固之后，塔体向北倾斜稳定在 5°30′，是当之无愧的世界第一斜塔。

方山定林寺塔是一座仿木结构的楼阁式塔，七级八面，高约14.5米。塔身底层较高，边长1.46米，直径3.45米。底层及二层的内部呈方形，外观呈八边形，三至七层的内部则为圆筒形。第五层设木架以承刹杆。现存底层中央有石雕须弥座，东、西、北三面辟佛龛，其余六层均四面开门。塔身各面均有砖砌仿木结构的柱枋、斗拱，二层以上每层围有叠涩砖出挑的短檐、平座，檐角就地采用火山石为材料做成角梁。

关于方山定林寺塔的朝向，历来颇有争论。定林寺塔位于定林寺址西偏，朝向理应与定林寺山门一致。由于定林寺位于方山西北麓，方山山势北低南高，因此山门应开辟在位置相对偏低的西北方向。2003年，南京市博物馆曾对方山定林寺遗址进行了局部发掘，清理出位于寺院中轴线上的门道，朝向约为北偏西20°。定林寺塔亦为北向，即定林寺塔的塔门应是朝北面而开。

二、牛首山弘觉寺塔

牛首山上的弘觉寺，初名佛窟寺，相传为南朝梁天监二年（503）司空徐度创建。唐贞观之世，禅宗五祖法融在此创立“牛头宗”。南唐后主李煜重振山门，改名弘觉寺。北宋太平兴国二年（977），改

牛首山弘觉寺塔

名崇教寺。明初，复名佛窟寺。永乐年间，牛首山与五台山、峨眉山俱升格为皇家道场，太子少师姚广孝于永乐十六年（1418）撰写《牛首山佛窟寺建佛殿记略》以志其盛。宣德八年（1433），御用监太监王瑾属下太监阮昔见寺院荒废，遂“自备木料砖瓦，倩工起盖，佛殿、山门、廊庑及宝塔一座完备”，至“正统年间敕赐弘觉禅寺”。入清后，因避清高宗弘历之讳，一度改称宏觉禅寺。

千年古刹弘觉寺遗迹荡然，唯有宣德八年太监阮昔主持建造的宝塔屹立至今，即位于牛首山东峰西麓的弘觉寺塔。弘觉寺塔塔身七级八面，砖木结构。从底层地平到塔顶覆盆高36.65米，若算上原先的塔刹，高度可能达到45米，为南京现存最为高大的古塔。弘觉寺塔建于山岩之上，塔基十分坚固，数百年来主体未见倾斜。塔底层须弥座由红色花岗岩加工雕镌拼合而成，分为圭角、束腰以及上下枭混曲线等部分，造型简洁，符合明初官式建筑特征。底层四面有80厘米宽的踏跺，周围伸出2.18米的附阶（回廊）。二至七层的平座（外回廊）挑出约60厘米，由长68、宽68、厚9厘米的红色花岗岩石块铺成，石块的一端嵌入墙体。弘觉寺塔的外壁转角处，均以特制的子母砖固定在墙体内做成倚柱。各层的拱门均为壶门样式，四实四虚相间分布。拱门的表面嵌以磨缝拼制的面砖，每层拱门的两侧均辟灯龛。塔的各层平座和下檐、内层楼板下均有斗拱，包括转角和补间斗拱两种。塔顶有砖砌的覆盆，塔心木固定在六层的横梁上，上部穿出屋顶，形成塔刹。现塔心木已毁，塔顶洞眼仍存。

弘觉寺塔外八边、内四方、隔层错角的空筒式结构，是江苏明清古塔中较为流行的样式。这样的构造克服了早期空筒式建筑结构的弱点，外壁开门，隔层错开，避免了从上到下在门（或窗）外的纵向开裂和破坏，体现了建筑技术的进步。文物工作者早年对砖塔进行调查之际，曾发现70余条明清时期游人的题记，其中以塔身第四层东北门上“正统五年三月初四日赵氏妙玉”的墨书题记最早，其余题记多是用刀或瓷片之类的硬物刻画在门券洞壁的石灰粉刷层上。纪年从明正德五年（1510）到乾隆三十二年（1767），多集中在明嘉靖、万历与清康熙年间，可见这段时间弘觉寺香火之盛。

1956年7月14日，几个青年在牛首山弘觉寺塔游玩时，发现了塔身底层之下的地宫。弘觉寺塔地宫属竖穴砖室构造，以长20、宽14、厚7.6厘米的青砖错缝砌筑，深1.06米。地宫整体上圆下方，口径47厘米，底部边长83.5厘米。地宫内未发现石函，瘗埋物置于地宫底部偏西侧的长方形浅坑内。经南京博物院发掘清理，出土鎏金喇嘛塔1座，塔高0.35米，须弥座高0.16米，座身镌刻“金陵牛首山弘觉禅寺永充供养”和“佛弟子御用监太监李福善奉施”的题记。塔身有4个壶门，塔刹上置相轮十三天、宝盖、葫芦宝顶。同时出土的还有佛像、玉瓶、青花瓷罐等文物。

三、桦墅石佛庵明代石窟

桦墅石佛庵石窟位于汤山桦墅射乌山西侧余脉半山腰的岩壁之上，西北距桦墅行政村2千米，东南距汤山镇10千米，西南约8千米处即“阳山碑材”所在地。朱偰先生于20世纪30年代进行过调查，后石窟因采煤作业被掩埋，1997年后被陆续揭露出来。石窟坐东朝西，窟前曾建石佛庵，亦称拈花禅院，现已无迹可寻。石窟主体为三个规模较大的洞窟，方向为南偏西76°，自北向南依次编号为窟1、窟2和窟

3。三窟均为平面长方形的平顶窟，近于佛殿窟，前开圆拱形门洞，彼此毗邻并凿穿侧壁相通。

三窟正中的窟2规模最大，应是主窟。门洞高1.88米，左右两侧尚存安装门扉的方孔。内庭近似长方形，面宽1.9米，进深1.4米，内高1.98米。顶部原有九格长方形的彩绘，窟2左右侧壁分别凿有通往窟1、窟3的拱形门道。窟2正壁前留有一长方形窄底坛，坛后接圆形浅龛，龛内雕一尊高1.16米的坐佛，坐佛身后雕出圆形头光与舟形背光，背光内可见彩绘火焰纹。坐佛双耳垂肩，耳垂留有圆形耳洞。短颈，袒右，左肩覆衫，左手平置胸前，手心朝上，右臂残缺，结跏趺坐，双膝间宽0.92米。膝下衣襟呈八字形分向左右而不垂覆坛座。坛座为椭圆形仰莲座，莲瓣分三层。

桦墅石佛庵石窟主窟

窟1与窟3的形制、装饰，皆与窟2近似，整体规模稍逊，最大的不同在于正壁开凿的圆形浅龛内各自雕造有一尊菩萨坐像。窟1菩萨像高1.23米，未发现头光与身光痕迹。菩萨头戴五叶宝冠，露出馒头形高髻，面相方圆，双目下闭，宽鼻。大耳垂肩，耳垂挂圆形优钵罗华（红莲花）耳珰，大而醒目。短颈，颈下饰三道，窄圆肩，着双领下垂式大衣，双肩覆衫垂至肘部。袒胸，饰连珠形项圈与璎珞，璎珞在胸部呈法轮形，腰系裙带。双手腕处戴珠形手镯，施禅定印，结跏趺坐，露双足。双膝间宽0.9米。莲座高0.28米。窟1菩萨像左侧龛壁上浮雕“8”字形念珠，右侧龛壁上浮雕云端一枝莲花。窟3菩萨像与窟1菩萨像近似，在菩萨像左侧龛壁浮雕祥云衬托的杨柳净瓶，右侧龛壁浮雕一只立于云端的鹦鹉。

桦墅石佛庵三窟的造像题材属一佛二菩萨组合。根据窟3菩萨像左侧龛壁浮雕杨柳净瓶可知，该窟菩萨像所表现的乃是观世音菩萨，窟1菩萨像左侧龛壁雕饰佛串珠，则寓意该窟菩萨像乃是大势至菩萨，而以观世音、大势至为左右胁侍的主尊应是阿弥陀佛无疑。正壁雕刻“西方三圣”，体现了对西方弥陀净土的信仰。三窟之外，主要是窟3南侧尚分布着一些平面呈椭圆形的圆拱形小窟，窟内原本皆有朱色彩绘，正壁俱雕一尊高60厘米左右的坐佛。坐佛头饰顶严，长大耳，细短颈，袒右，施禅定印，结跏趺坐于仰莲座之上，应皆是从属三窟的千佛龛。

石窟内雕造的主尊坐佛

桦墅石佛庵观世音菩萨像

永乐元年白云禅师题刻

窟2与窟3之间的一处稍事修整的壁面之上，镌有两行题刻文字："大明永乐元年二月吉日兴造/开山第一代白云禅师。"白云禅师应是法号白云的智度禅师，俗姓吴，浙江丽水城关镇人，临济宗二十世祖。据宋濂撰写的《白云禅师塔铭》记载，洪武二年（1369）明太祖朱元璋诏征天下名僧，智度应诏赴京。后于洪武三年（1370）返居杭州虎跑寺，逝于福林院。白云禅师曾在南京附近的茅山等地活动，有理由成为石佛庵第一代开山祖师。但他圆寂于洪武三年，而石佛庵石窟题刻为永乐元年（1403）兴建，其时禅师辞世已逾三十年，可见石佛庵三窟的实际开凿者可能是白云禅师的弟子。

四、牛首山明代石窟

牛首山明代石窟位于牛首山东峰兜率岩北崖、离弘觉寺塔约百米的感应泉。石窟所在的悬崖壁面，平面呈"冂"字形，三面岩石，正壁遥对南方的祖堂山主峰献花岩，南北长11.5米，东西宽5.8—8米，中间围合成约77平方米的空间。1936年出版的朱偰《金陵古迹图考》记载："壁镌大小石佛数十尊，间以梵文，作风古朴，为明以前物无疑。"牛首山石窟共计开凿五个洞窟，其中北壁三窟，自西向东依次编为北1窟、北2窟、北3窟，朝向南偏东4°；东壁二窟，自上而下编为东4窟、东5窟，朝向南偏西80°。牛首山石窟虽然规模不大，但造像题材丰富多样，填补了南京地区石窟寺遗存的序列，对于历年来围绕牛首山弘觉寺进行的考古工作而言，是一个重要的补充。

根据窟内的造像题材，可以将上述石窟分为两类：

第一类包括北1窟和东4窟，分别开凿于北壁与东壁的最高处，窟内满壁层层雕凿数十尊小像，应属千佛题材。东4窟南侧向西凸出的一块石壁上留有三处题刻，除梵文兰查体六字真言与残损不全的藏文题刻外，另有景泰元年《题感应泉诗》："题感应泉诗/牛首重兴古佛场，给/孤有感应水常。天开/太璞琼浆美，云汉瑶/池玉液香。清□四溟/光荡漾，净□□□焕文章。大哉□□□溪/水，顛祝吾/皇万寿觞。/景泰初元季月/佛成道日金台释胜无极识。"

第二类包括北2窟、北3窟和东5窟，窟内均为单尊造像。其中，北2窟正壁雕凿一身高1.4米的坐佛，头饰顶严，高髻，双耳垂肩，细目微闭，鼻翼两侧刻八字纹。短颈，胸前阴刻三道下弯蚕纹。袈裟贴体，右肩搭偏衫。双手施禅定印，结跏趺坐于仰覆莲座上。坐佛身下为高0.4米的莲座，莲座可见上下各七朵宽肥莲瓣，瓣头部饰阴刻如意云纹。北2窟内计有五处题记，石窟东壁的一处题刻写明所造尊像为阿弥陀佛，其中有"大明成化七年正月一十二日立"字样。北2窟左右外壁可见明代敕赐弘觉寺田产四至内容。东5窟右侧外壁题刻内容为"大明成化元年岁次乙酉五月五日比丘真定成造/弥勒佛一尊永远供养"。

开凿于牛首山感应泉的五座石窟大抵为明代遗存，根据开窟造像的题刻，可知主尊为弥勒佛的东5窟系比丘僧真定于成化元年（1465）五月五日建造，主尊为阿弥陀佛的北2窟完成于成化七年（1471）正月十二日。北1窟和东4窟造像内容与风格相似，开凿年代也应相近。两窟开凿位置均较高，显然是为了避开之前已经开凿完成的北2窟与东5窟所致。据东4窟窟门处的嘉靖四十四年（1565）墨书题记，可推知东4窟和北1窟至迟在嘉靖年间均已开凿完成。

第四节　碑材建筑

岁月不言，唯石能语。体量宏大的阳山碑材，诉说着封建时代的功勋。到了近代，南京特殊的政治地位，孕育出汤山温泉别墅、陆军炮兵学校等民国建筑。而横亘天际的高架渡槽，将人民伟力书写在大地之上。

一、阳山碑材

阳山碑材位于汤山镇西北，中山门外25千米处的宁杭公路北侧阳山之巅。山体由石灰岩构成，山石坚硬而光泽，自六朝以来为南京地区重要的采石场所，现存古采石场遗迹约3万平方米。明永乐三年（1405），成祖朱棣为彰显继位的合法性，计划在明孝陵前为朱元璋竖立高大的记功碑，于此觅得良材。阳山碑材开采后，朱棣“特命翰林臣往观”，大学士胡广在游览返回后写成《游阳山记》一文，描写了碑材“穹然城立”“所未尝见”的壮观景象。开凿历时九个多月，在碑材成形之际停工，关于碑材被弃用的原因，应为交通运输的现实困难。

碑材分碑座、碑身、碑首三部分，碑座高16米，长30.4米，厚13米；碑首高10.7米，宽20.3米，厚8.4米，凿有石牙形14个，以备雕刻蟠螭之用；碑身横卧地面，高49.4米，宽10.7米，厚4.4米，约重5500吨。若将三座碑材叠竖起来，总高度达70余米，堪称世界碑刻之最。通过对碑材现状的分析，可知明代工匠的营造智慧贯穿选材、规划、开采、修形、运输的全过程。在碑材石料的选址上，工匠充分把握石灰岩山体的分层规律，科学规划石质纯净且规模宏大的采石地，巧妙地将岩石裂缝和天然分割作为碑材的边界，减少了开采体量。石材开采的精细程度在碑身处体现得尤为突出，边角锋利，钎痕

阳山碑材（碑额部分）

细致均匀，碑身底部凿有1.8米宽的缝隙，缝隙中留有11个间距均等的石梁，推测石梁间的空间用于穿插运输滚木，最后再行凿除。

在阳山碑材遗址的不远处，至今存在“坟头村”这一地名。据传为当年服役人员死后的葬身之地，可以佐证阳山碑材开采工程的艰辛。明初盛行“以工代罪”的制度，《大明会典》对其进行了详细规定，实施原则为劳役之繁简与罪责之轻重相对应。明初南京皇家营建所使用的石灰，由南京内宫监负责监督工匠采石，南京工部虞衡清吏司拨给囚犯帮工。阳山碑材工程也使用了大量的囚犯，每人每天需交石屑三斗三升，死伤工匠不计其数，更有“诏书切责下欧刀，工匠虞衡井中死”的诗句，反映出这一人间奇迹背后耗费的巨大成本。

二、民国建筑

汤山温泉别墅又称汤山主席官邸，位于温泉路3号，原是国民党元老张静江公馆，建于20世纪20年代。蒋介石定都南京后，张静江将公馆赠送给蒋介石，从此成为“主席官邸”。全面抗战期间，被日军占用。1946年国民政府还都南京后，成立了以张溥生为主任的“汤山

筹备处”，奉命修缮主席官邸，历时近3个月完工。修缮后的汤山主席官邸，有楼房五间，平房十间，奠定了今日的规模。中华人民共和国成立后，汤山温泉别墅收归江苏省省级机关管理局管理。1986年7月26日，移交给南京市市级机关行政事务管理局，命名为“蒋介石温泉别墅”。

汤山温泉别墅

汤山温泉别墅坐落在小巷深处，高墙围护，绿树掩映。中西合璧式的主楼建筑面朝东南，有汽车库、伙房、小平房等附属建筑。主楼高二层，一层半露出地面，建筑面积160.38平方米，屋顶为中式悬山顶，上覆咖啡色筒形琉璃瓦，墙壁用大理石砌造，整个建筑显得坚固庄重、古朴典雅。楼上正中是客厅，两侧分别是卧室、卫生间、办公室、餐厅、活动室，室内陈设古色古香、华贵高雅。从客厅后面的过道可以进入一楼，室内依次为总统池、美龄池、卫士池、随员池。在总统池门口，辟有一条地下暗道，其出口位于80米外的陆军大学内（现为部队靶场）。汤山温泉别墅属于新民族形式的建筑，兼顾西方现代建筑技术、功能的需要，同时又带有中国民族风格，追求的是新功能、新技术、新造型与民族风格的和谐统一。

中央陆军炮兵专科学校是国民政府创办的第一所炮兵学校，筹建于1931年1月，筹备处最初租用南京城内琥子巷7号民房，不久移至三牌楼三十三标营房。汤山校舍始建于1934年，起初只是作为靶场使用，随着炮校规模不断扩大，1935年7月迁至今址。汤山炮兵学校旧址位于汤山街道作厂社区、高庄社区、汤山社区范围内，东西达9千米，南北达3千米。从勘察设计到修建都是在德国顾问的指导下进行的，选址设计、建筑质量均属一流。

炮兵学校旧址位于宁杭公路南侧，向西通往南京，向东通往杭州、上海等地。便捷的交通对于炮兵的机动、训练、作战尤为重要。而汤山附近的丘陵山地地貌，对于炮兵训练中的测绘、射击、运动科目的教学可谓得天独厚。炮兵学校旧址占地面积117.21万平方米，区域内民国建筑分布较散，现存南大门、北大门、办公楼、汤山弹道研究所大楼和文体中心五幢建筑。办公楼坐落在校址中部的高岗上，属于西方古典式建筑风格的二层钢混结构楼房，平面呈“王”字形，欧式门廊以六根古典立柱为构图基础，突出轴线，注重比例，强调对称，讲究主从关系，适应大型教育机构的科研、办公需求。此外，作厂以南、高庄以北还分布有射击观测塔三座及无线电信号塔一座。

陆军炮兵学校办公楼

第二观测塔

三、渡槽遗迹

中华人民共和国成立后，国家大力发展农业水利建设，以克服水资源时空分配不均的问题。作为水库供给端与人畜、植被需求端之间的过渡性设施，高架渡槽应运而生。其建筑造型多样，以排架式、拱式最为常见，渡槽建设往往结合当地的地形、地质和水源等条件，由桥梁、隧道、沟渠、翻水站等构成，多采取就地取材、土法上马等方式，具有独特的风貌景观价值。

1949年后的渡槽建设是我国水利史上的重要篇章，在党和政府的带动下，于人民公社时期达到建设高峰。江宁境内存在多条渡槽遗迹，大多集中于汤山街道片区。例如汤山街道孟塘村安基山水库西侧的安基山水库渡槽，建于1974—1977年，全长约3.5千米，水槽宽2.1米，深1.2米，最高处距地面约7米，现残存约2千米。渡槽与安基山水库之间有一大型水闸相连，是全国各地学习红旗渠精神、大搞农业水利设施的时代缩影。潭山水库渡槽位于汤山街道高庄社区潭子头村西约100米，渡槽建于1958年，设计初衷是为了实现秦淮河与潭山水库的联系，水库面积约30万平方米，渡槽设计总长达数千米，后因故停建。渡槽现存190米，高约15米，槽深约0.7米，宽近1米。古泉渡槽位于汤山街道古泉社区侯家塘村，渡槽建于1980年，是当年引长江水的抗旱设施，已弃用多时，现残存约1千米。水槽宽1.1米，深约0.9米，最高处距地面约7米，部分渠段穿山而过，施工难度较大。

渡槽集农田灌溉、人畜饮水、防洪排涝等多种功能于一身，建成后不乏修缮、改造利用的案例。分布于横溪街道宁光社区、山景社区、许高社区内的横溪渡槽，建设于1974—1977年，全长约8千米。1993年12月，南京投资公司援建丹阳二号翻水站，翻水站高约10米，与之相连的引水渡槽长约2千米，宽2米，深1.3米，渡槽的水利价值得以延续。现今上游水源枯竭，翻水站及相连渠身亦随之废

安基山渡槽

横溪渡槽

弃。随着时代的发展和水利设施的更新换代，渡槽的水利功能虽逐渐丧失，但其体现的建筑技术价值、景观生态价值、红色文化价值历久弥新，为后期的保护、利用、提升奠定了坚实基础，成为新时代乡村振兴事业中不容忽视的重要物质财富。

第七章　文博场馆

江宁地域历史文化悠久，有着50万年的人类史、4000年的文明史以及2000多年的建县史。境内文物资源丰富，出土的历史文物数量大、等级高，积累了丰厚的文博资源。当前，江宁的博物馆发展已形成“国有博物馆为主体、行业博物馆为特色、非国有博物馆为补充”的良好格局，充分体现了承载历史、传承文明、服务市民的基本功能，江宁文博特色日趋鲜明。从1958年在全市最早成立县级博物馆，到“十二五”“十三五”期间扩展建设，再到近年来的提升更新，江宁累计建成各类博物馆23座，其中综合类博物馆2座，遗址类博物馆、陈列馆4座，高校博物馆2座，革命类陈列馆、纪念馆5座，专题博物馆、艺术馆9座，人物纪念馆1座。

第一节　综合类博物馆

一、江宁区博物馆

江宁区博物馆是国家二级博物馆，其前身是江宁县博物馆，成立于1958年，是当时南京地区最早成立的县级博物馆。1993年，在竹山公园西侧建江宁博物馆，并向社会公众开放。2007年，为改善展陈、安保条件，经江宁区政府批准，在竹山公园东侧重建新馆。新馆于2011年9月28日向社会开放，新落成的江宁区博物馆为一址双馆，由国内首个全面反映东晋历史文化的东晋博物馆和展示江宁50万年历史变迁的江宁区博物馆共同组成。新馆整体以湖熟文化台形基址外形特征为设计元素，融合中华传统文化“天圆地方、人与自然和谐共存”的宇宙观为设计理念，集山、水、城、林为一体，以饱满浑厚的建筑形体、独具特色的文化品位，铸就了江宁城区一道靓丽的文化风景线。两馆占地面积17.8亩，建筑面积7480平方米。

江宁区博物馆

全馆设4个大型展厅，由“千秋江宁”“风流东晋”“裴家同书画馆”三个固定展厅及一个临时展厅组成，全方位地展示江宁悠久的人类文明、独特的地域文化、重要文物、历史事件和历史人物风采。

江宁区博物馆“千秋江宁”展厅

馆藏文物共计有8370件/套。其中一级文物8件/套，二级文物46件/套，三级文物919件/套。种类涉及陶瓷器、金银玉器、铁器、青铜器、石器石刻砖瓦、化石、漆器、字画、钱币、碑帖拓片等。时间跨度从新生代时期到当代，藏品中尤以三国至明清时期的金银器以及六朝青瓷为精。

明代镶红宝石金冠（江宁区博物馆藏）

三国孙吴青瓷龙首四系罐（江宁区博物馆藏）

作为公益性质的文化单位，江宁区博物馆坚定文化自信，创一流服务，以传统文化文物为内容，展览和社教活动为主要活动载体，积极开展内容丰富的公共文化服务活动。拥有《古老的江宁我的家》《我们的节日》《文博之夏》《小小考古家》《东晋书房》《博雅学堂》《陶艺作坊》等十余个针对青少年的品牌项目，以及《金玉满堂——江宁区博物馆馆藏金、银、玉器展》《洗尽铅华是最美——江宁区博物馆馆藏六朝青瓷精品展》两大外展品牌。平均每年引进临时展览至少10场，外展至少5场，开展覆盖偏远地区的社教活动50场以上，平均每年接待参观者达20万人次，努力为江宁公共文化建设、文博事业发展贡献力量。

二、百家湖博物馆

百家湖博物馆新馆坐落于风景秀丽的百家湖畔，开展艺术品收藏、研究、展示，2005年12月在江苏省文物局备案，为江宁区第一家正式备案的非国有博物馆。馆内总面积约6000平方米，展陈面积约5300平方米，主要收藏王宠、王原祁、郎世宁、郑板桥、齐白石、徐悲鸿、林风眠、傅抱石、李可染、吴冠中等众多大师的作品和油画、瓷器、玉器、紫砂等器物。在室内空间设计中分别引用

百家湖博物馆

了花中四君子——梅兰竹菊，作为博物馆各空间过渡的主题，使其颇具清雅淡泊的气质而个性鲜明，烘托出“到处皆诗境，随时有物华”的艺术氛围。

第二节　遗址类博物馆、陈列馆

一、汤山方山国家地质公园博物馆

汤山方山国家地质公园博物馆也称南京直立人化石遗址博物馆，位于江宁区汤山街道汤泉西路169号，占地面积约74.7公顷。这座博物馆以“汤山地质”为基础，“生命进化”为线索，汤山古生物、古人类和地质运动三大核心资源为内容，主要展示了中更新世的南京直立人化石以及地质变迁和人类进化史。它是地质研究、科普教育和文化旅游的重要场所，在此可追溯六亿年来生命在南京地区的演进，了解人类先祖在南京的生存环境，揭示这片神奇的土地如何孕育并一直延续着人类的基因和文明。博物馆北向采光，背靠山体，依托南高北低的地形走势而建，多条白色曲线叠加而成的建筑形体走向与自然地貌的等高线相融合，宛如切开了汤山山体的一角，露出了清晰的地层褶皱，与整个周边自然环境融为一体，揭示着地质变迁的奥秘。

博物馆目前共1281件藏品，其中地层天书展厅541件，洞天福地展厅123件，人类密码展厅194件，文明之基展厅96件，库存327件。馆内现对外开放有“地层天书——南京6亿年生物演化”“洞天福地——汤山百万年环境变迁”“人类密码——南京直立人身世之谜”“文明之基——汤山温泉与文明演进”4个常设展厅，展示化石、模型、标本、实物、复制品等丰富展品。

汤山方山国家地质公园博物馆外景及展厅

此外，馆内还设置了临展厅、多功能报告厅、母婴休息室等，馆外设有地质广场、公共停车场及标识、亮化系统，植被丰富，生态环境优美。博物馆先后被评为“中国地质学会地学科普研学基地”“自然资源科普基地”“江苏省科普教育基地”“南京市科普教育示范基地”。

二、南唐二陵史料陈列馆

南唐二陵史料陈列馆位于江宁区祖堂山南麓，设在南唐二陵文物保护管理所内，1984年5月1日正式对外开放。南唐二陵包括南唐先主李昪及其皇后的钦陵和中主李璟及其皇后钟氏的顺陵，是五代十国时期规模最大的帝王陵墓，1950—1951年由南京博物院组织发掘，1988年被列为全国重点文物保护单位。二陵依山为陵，冈阜环抱，形势甚佳，由南唐江文蔚、韩熙载等人设计。其中，钦陵规模较大，长约20米，宽10米左右，分为前、中、后三间主室以及若干侧室，前、中室为砖结构，后室为石结构。顺陵则有数以百计的男女宫中侍从俑、舞俑以及各种动物俑，在南方唐宋墓中相当罕见。

南唐二陵史料陈列馆

二陵共出土了643件有价值的文物。其中有陶瓷器、铜器、漆器、骨器、玉哀册、石哀册等，主要为陶制俑偶。南唐二陵的陶俑共分三大类——男女陶俑、动物俑和人首动物身俑。最具代表性的就是人首动物身俑，有人首龙身俑、人首蛇身俑、人首鱼身俑等。南唐二陵史料陈列馆主要陈列的是墓中部分出土文物的仿制品、发掘经过及三主生平等，由一个固定展厅及一个临展厅组成，是展示南唐文化的重要场所。

人首鱼身陶俑

三、郑和墓史料陈列馆

郑和墓史料陈列馆修建于2005年7月郑和下西洋600周年纪念活动之际，陈列接待室为五开间仿明建筑，长18米，进深6米，布置有郑和像、航海图、外宾及领导题词。2021年，郑和墓史料陈列馆进行了全面的升级改造。

郑和墓史料陈列馆

郑和墓史料陈列馆包含文物展厅、史料馆、接待室等，以回廊相连接，整体风格为仿明清四合院形式。展陈分为三个展厅，分别介绍了郑和的生平、郑和在南京、郑和与世界，充分展示了郑和七下西洋对沿海各国经济、政治、文化带来的深远影响。目前馆内陈列有郑和画像及郑和《航海图》等有关文物展陈藏品47件。

郑和墓史料陈列馆展厅

四、洪保墓史料陈列馆

洪保墓史料陈列馆位于江宁区祖堂山南麓，依托洪保墓建设而成，用以展示洪保身世、航海业绩，目前尚未对外开放。墓主为明代都知监太监洪保，郑和下西洋使团的主要领导成员之一。该墓葬为竖穴土坑砖室结构，砖室前设墓道和排水沟，墓坑全长9.7、开口宽4.1、底部宽3.8米。砖室主体部分平面呈“吕”字形，由封门墙、门道、木门、前室、前后室之间过道、石门、后室及挡土墙等部分构成，砖室全长8.2、宽4.1、高3.45米。墓内出土各类质地的遗物主要有玉环、水晶串饰、料珠、银钗、银质鎏金冥币、釉陶缸、铁铺首、铁棺钉，以及锡铅合金质瓶、壶，石质买地券、寿藏铭等。寿藏铭一合，发现于封门墙前上部，以两匝铁箍紧束，志盖篆文“大明都知监太监洪公寿藏铭”。志文楷书25行，满行40字，共741字，比较详细地记录了洪保的生平事迹，对研究郑和下西洋有着重要的历史价值。

2011年，洪保墓被公布为江苏省文物保护单位，2016年被国家文物局列入“海上丝绸之路·中国史迹”申遗预备名单。2023年7月，完成洪保墓保护与环境整治工程。目前洪保墓史料陈列馆正在改造升级中，将于布展完成后对外开放。

第三节　高校博物馆

一、江苏海院海事教育博物馆

江苏海院海事教育博物馆坐落在江苏海事职业技术学院江宁校区的标志性建筑图书馆一楼，占地面积约3000平方米，2021年10月29日对外开放，是江苏海院为迎接建校70周年，按照“把博物馆建在校园，把校园建在博物馆”的理念建设的一座独特的教育博物馆。

海事教育博物馆·新中国航海职业教育史馆

江苏海院海事教育博物馆分新中国航海职业教育史馆、郑和航海文化博物馆。馆内藏品珍贵、丰富，共展出302件/套，承载了郑和大航海时代的文化以及江苏海事职业技术学院70年发展的历史记忆和对未来的展望，融历史回顾、文化展示、实景体验、学术研究、人才

培养、社会教育为一体，主展区包括序厅、主展厅、临展厅、学术研讨室、报告厅、接待室等功能区。博物馆坚持“传承历史、突出特色”的展陈理念，采取传统与现代相结合的展陈手段，在文字、图片、实物基础上配以模型、雕塑、多媒体、幻影成像等多种形式，展现中华人民共和国航海职业教育与学校发展历程，以及郑和七下西洋的大航海伟大壮举。

郑和航海文化博物馆内景

二、江苏药学博物馆

中国药科大学药学博物馆前身为中国药科大学中药标本馆，坐落在中国药科大学江宁校区内。始建于1938年，2014年经江苏省文物局批准，中国药科大学药学博物馆注册并定名为“江苏药学博物馆”。现代风格的建筑依山而造，布局错落有致，河流、湖泊纵横园中，园内花木扶疏，绿草如茵，药草满园。

经过几代人的不断收集、整理、扩建，江苏药学博物馆现已发展成为国内医药院校中藏量最大的中药标本馆之一。标本馆分为两层，总建筑面积达1800平方米。二楼展厅为精品展厅，主要展陈中药文物、国际性生药标本、珍稀药材、专题药材和名家腊叶标本以及有

江苏药学博物馆

江苏药学博物馆馆内藏品

毒药材，三楼展厅主要展陈中药材、中成药和海洋药物标本。

江苏药学博物馆的藏量和藏品级别在全国医药院校中均属一流水平。目前已收藏中医药文物500余件，中药材（生药）标本近1800种共5000余瓶，药用植物腊叶标本近5000余种共25000多份，已成为传承中医药文化，开展教学、科研、对外交流和科普教育的平台，吸引了大批国内外学者、学生和相关人士前来参观学习。

第四节　革命类陈列馆、纪念馆

一、云台山抗日烈士陵园陈列馆

云台山抗日烈士陵园陈列馆依托市级文保单位云台山新四军抗日烈士墓建成，位于江宁横溪街道云台社区。1964年5月，江宁县人民政府为纪念在云台山突围战中牺牲的80余位新四军抗日烈士，在云台山东麓修建云台山新四军抗日烈士墓，2006年修建了“云台山抗日烈士永垂不朽”纪念碑和云台山突围战纪念馆。2021年，经江宁区人民政府批准，将云台山突围战纪念馆提档升级为云台山抗日烈士陵园陈列

馆，展馆面积500余平方米，共两层分为三个展厅：第一展厅“红色印迹”，展现了百年来党领导江宁人民不屈的奋斗历程；第二展厅“喋血云台”，再现新四军喋血云台山的惨烈现场；第三展厅“永远铭记”，展示缅怀学习、追忆英烈的具体事迹。展陈形式主要为文字、图片、视频、投影等。

云台山抗日烈士陵园陈列馆

二、横山县抗日民主政府旧址纪念馆

横山县抗日民主政府旧址纪念馆位于江宁区横溪街道呈村，利用省级文保单位横山县抗日民主政府旧址建成。2003年建立了陈列室，2015年5月，为纪念抗日战争暨世界反法西斯战争胜利70周年，对原有陈列展览内容和形式进行提档升级。2015年8月29日，修缮后的横山县抗日民主政府旧址纪念馆重新开馆。

纪念馆展览内容分为初进横山、横山事件、政府工作、组织机构等方面，以图文并茂的形式介绍了横山县抗日民主政府的历史，真实地再现了横溪红色革命发展的历程，全景式展现了江宁人民与日寇斗争的悲壮场面。展品为烈士遗留的衣服、帽、皮带、碗、茶缸、煤油灯等，还有一些人物介绍、照片、地图等。

横山县抗日民主政府旧址纪念馆展厅

三、新四军第一支队指挥部旧址陈列馆

新四军第一支队指挥部旧址位于江宁区横溪街道横山村上庄自然村。1938年，新四军挺进江南敌后，粟裕从六个团中抽调了一小部分人员，组成了先遣支队。他们在江宁、溧水一带主要是为了侦察敌情，打击日寇。指挥机关就设在上庄村。上庄村附近的鸡冠岭地处江宁、当涂、溧水三县交界，新四军第一支队新三连与日寇在此激战三昼夜，重创敌军。1982年8月，新四军第一支队指挥部旧址被公布为南京市文物保护单位。2005年11月16日被中共南京市委党史工作办公室命名为南京党史教育基地。

2017年，江宁区文旅局对旧址开展本体修缮工作，次年对修缮后的新四军第一支队指挥部旧址进行布展陈列，针对旧址历史推出了专题性展览，与教育部门开展了一系列具有广泛社会影响的爱国主义和革命传统教育活动。

新四军第一支队指挥部旧址陈列馆

四、“新四军在江宁”专题展馆

“新四军在江宁”专题展馆位于江宁区横溪街道横山村上庄村内，2023年3月建成并正式开馆。主题为“抗日旌旗向东挥”，展厅

“新四军在江宁”专题展馆外景

以“新四军在江宁抗战”为主线，以重大时间节点划分层次，全面展示、全景呈现新四军东进江宁，在中国共产党的领导下和江宁人民群众的支持下英勇抗战的光辉历程。

展馆分上下两层，总面积达1400平方米，专题展分“序厅”“抵御外侮、共赴国难”“铁军东进、驰骋敌后”“坚持抗战、夺取胜利”“统一整编、迎接解放”“红色精神、永续传承”等六个主题。

五、邹家红色展览馆

邹家红色展览馆位于江宁区湖熟街道新农社区，是“讲红色故事，传革命精神”的青少年红色教育基地。1942年的邹家事件中，13名烈士在这片热土上留下了宝贵的革命历史记忆和红色足迹。作为新四军开展游击战争的重要阵地之一，湖熟涌现出大批仁人志士。展览馆通过具有厚重历史感的图片和文字，翔实地展示了强博、王齐贤、焦恭士、陆纲等烈士在这片土地上不屈不挠、奋勇抗争的光荣历史。

邹家红色展览馆

第五节　专题博物馆、艺术馆

一、江宁区民俗博物馆

江宁区民俗博物馆坐落在第七批全国重点文物保护单位——杨柳村古建筑群内，占地面积5500多平方米，展陈面积3000平方米。该馆将传承、弘扬中华优秀传统文化与古建保护有机结合，是南京最早对辖区内非物质文化遗产和民风民俗进行集中展示的场馆。2011年底，江宁区民俗博物馆完成一期展陈建设，布展面积达3155平方米，当年12月27日面向社会开放试运转，2012年4月29日正式对外开放。

江宁区民俗博物馆

江宁区民俗博物馆采取静态展示和动态演示相结合，在还原古建筑原有风貌的基础上，突出民俗文化传承和非物质文化遗产展示。民俗馆主要展陈近年来向社会征集的农耕用具、老旧家庭生活用品、传统渔猎用具等民俗用品用具300多件，原汁原味地反映江宁民俗文化。馆内还图文并茂地展示了江宁区44个区级以上非遗保护项目概况和非遗保护成果。

二、金陵竹刻艺术博物馆

金陵竹刻艺术博物馆是以金陵竹刻为主题的专题艺术博物馆，2009年正式落成开放，2021年6月由南京富贵山迁至江宁区南方时代广场五楼。现对外开放展馆面积约为1000平方米，各类展厅6间，整个场馆布局紧凑，陈列整齐。

基本陈列由金陵竹刻技艺类（非遗）、金陵竹刻名家及当代竹刻名家作品、当代金陵竹刻青年名家作品组成。设有基本展《刻意江南——金陵竹刻展》和临时展《刻意江南——金陵竹刻非遗传承人龙双衡、芮强作品展》。馆内现有藏品505件/套。

金陵竹刻艺术始于明代万历年间，是中国竹刻艺术中独树一帜的著名流派，以浅刻、简刻为主要特征。金陵竹刻艺术博物馆旨在通过不断创新发展模式，提升金陵竹刻文化品牌，培育金陵竹刻人才，全力保护和传承金陵竹刻艺术。

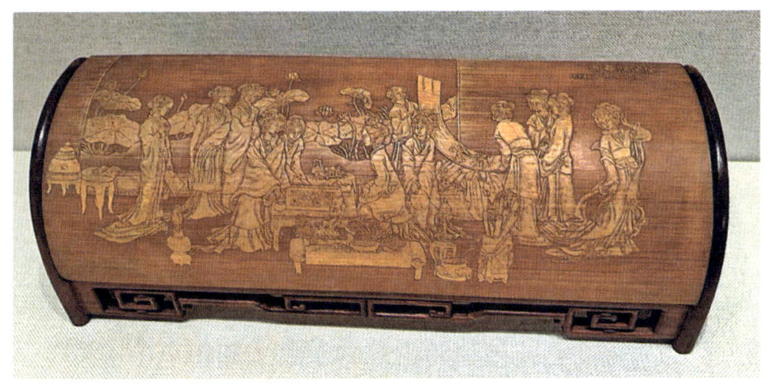

竹刻“金陵十二钗臂搁”（金陵竹刻艺术博物馆藏）

三、金陵佛教文化博物馆

金陵佛教文化博物馆成立于2015年，位于牛首山景区内佛顶宫负六层部分及负三层部分。博物馆分为三个展厅，分别为序厅、第一展厅、第二展厅，每个展厅都有独特性并相关联。展厅共有前言、佛教伽蓝、法融、牛头宗、塔基瘗藏及摩崖石刻、古迹名胜、历代文人墨客、诗歌与游记、后记九个部分。主要藏品类别为佛教文化艺术品，等级藏品数量为345件/套。

金陵佛教文化博物馆

金陵佛教文化博物馆设立了涵盖佛教文物的多个专题陈列区。在办好基本陈列的同时，每年不定期地举办临时展览，包括佛教建筑展、佛教用品展、中国古代佛教造像艺术展、佛教文物展、佛教植物展等。

四、中国金箔艺术馆

中国金箔艺术馆位于江宁区金箔路，占地4000多平方米，是世界最大的真金箔陈列馆、中国唯一一个展现真金箔艺术的陈列馆，也是中国最大最全的箔类行业博物馆，致力于展示和传承中国金箔艺术。

艺术馆内收藏了众多金箔艺术品，包括金箔画、金箔雕塑、金箔书法等，这些作品充分展示了金箔艺术的魅力和精湛技艺。馆内设有金箔生产工艺、金箔艺术品、古今中外金箔应用经典等8个展区，共展出金箔艺术精品3000多件，不仅展示了金箔制作的历史、技术和工艺，还介绍了金箔在各个历史时期的应用和影响力。

此外，艺术馆还定期举办金箔艺术展览、研讨会等活动，吸引了

中国金箔艺术馆展厅

众多艺术爱好者和专家学者前来参观交流。除了展示金箔艺术外，艺术馆还致力于金箔艺术的传承和推广，提供金箔制作技艺的培训课程，让更多的人了解和学习金箔制作技术。

五、木榨博物馆

木榨博物馆位于江宁区横溪街道西岗社区七仙大福村农家乐旅游景区中，是记录江宁传统木榨油工艺及设备的博物馆，也是一个至今还能生产销售各类木榨油的大型生产作坊。

大福村注重木榨油工艺和木榨机的传承与保护，2012年建设了木榨展示馆，并在此基础上成立了木榨博物馆，收藏了16台木榨机和传统相关生产工具，从皖南和江西聘请老工艺人作为技艺传承人，培训工艺接班人。目前木榨博物馆共有传承人6名，年龄结构良好，同时培养木榨机的制作和修复技艺人。通过木榨工艺知识的科普和制作技艺的传习，让木榨油工艺生产与制作技艺传承延续。此外还开展公益活动，作为青少年教育基地，每年定期组织关于木榨油的技艺科普，吸

木榨博物馆

引年轻人参与到木榨工艺的传承当中，让更多青少年了解木榨的历史，亲自体验木榨油生产全过程，在生产中体验和了解木榨的神奇魅力和工艺特点。

馆内现收藏有国内尺寸最大、数量最多、年代最久的木榨机、老风车、榨油个人洗浴木桶、水磨机等藏品，结合多种植物果实冷榨油的现榨现售，形成了江宁区新农村农家乐旅游景点中极具特色的亮点。

六、黄龙岘茶文化博物馆

黄龙岘茶文化博物馆是一座以茶文化为主题，具有黄龙岘本土特色的展馆，2013年开始对外开放。主要由古老的茶馆民俗、文明的茶史茶道、生态的茶园景象、现场手工制茶等板块组成，概念性地呈现茶文化的由来和发展轨迹。

展馆内共布置6个展区，分别为茶史茶业茶道、千年茶馆、生态茶园、制茶工艺、茶村民俗、手工茶坊，让游客能够全面地认识茶文化的演变过程，体验到古式茶馆神韵，多方位、全方面地了解当地居民

黄龙岘茶文化博物馆

的生产、生活方式，品读江宁美丽乡村的韵味，感受江宁美丽乡村的魅力，度过曼妙闲适的茶村之旅。

七、蜜蜂文化博物馆

蜜蜂文化博物馆位于江宁区湖熟街道耀华社区西洋湖（江宁区西洋湖家庭农场内），始建于2019年，展厅面积约700平方米。该馆以蜂文化为主体，从蜜蜂文化展演、世界与中国养蜂史、蜜蜂生物学特性、蜜蜂与生态、蜜蜂与蜂科技成果文化艺术的应用、蜜蜂小课堂及配套的示范蜂场等方面，用图片说明、实物展示、景观模型、影视播放、DIY等手段，生动直观地介绍蜜蜂文化、蜜蜂的生物学特性、现代养蜂科学技术和蜂产品市场的繁荣等，让游客在参观过程中了解蜜蜂文化，喜爱蜜蜂，保护生态。

目前馆内藏品总计300余件，涵盖蜜蜂化石、蜜蜂养殖生产用器具设施、雕塑、书画、钱币、陶瓷、民俗物品等，并还在不断挖掘与增补中。自馆成立开展工作以来，先后接待到馆参观人员8000余人次，以突出“绿色环保”“蜜蜂与人类共存”“蜜蜂生物构造”“蜜蜂王国”等主题，开展科普讲解活动，举办多场以蜂蜡为主题的DIY体

蜜蜂文化博物馆展厅

验活动、节假日暑期亲子研学等活动，先后荣获江宁区、南京市及江苏省科普教育示范基地。

除了以上博物馆外，江宁还建有史量才历史文化展示馆。该馆位于江宁区湖熟街道东阳社区杨板桥村，是当年史量才先生的出生地，这里有史量才先生亲手种下的黄杨树，有他捐赠的小学，也有他赈灾救民的感人故事。展示馆位于史量才先生所捐赠的小学旧址，内

史量才历史文化展示馆外景

部分为四个展厅，展陈面积约60平方米。以《申报》为载体，不仅通过实物、照片的方式介绍了《申报》的发展历程，也展现了史量才先生报业救国的感人事迹。

史量才，江宁人，是民国时期著名的报业企业家和金融界巨子。接办《申报》，利用其掌握的舆论工具，大力宣传抗日救国，反对妥协退让，反对内战，反对蒋介石独裁统治。1934年11月，被国民党特务暗杀。2000年3月，为纪念史量才先生诞辰120周年，其故居被公布为县级文物保护单位。

第八章　百工竞技

江宁历史源远流长，文化积淀深厚，有鲜明的地域文化特征。生活在这片土地上的人民，勤于劳作，百工兴盛，创造了丰富的生产生活技艺。百业百工，就是祖祖辈辈赖以生存的“三百六十行”，是百姓生活的写照、物质文明之薪火。2021年由政协南京市江宁区委员会编撰的《江宁非物质文化遗产资源集萃》，收集的“非遗资源”有500多项。2011年颁布的《中华人民共和国非物质文化遗产法》所列十二门类，江宁都有对应的资源。根据2021年的最新统计，全区现有各级别“非遗”项目75个，其中国家级2个、省级6个、市级13个、区级54个。诸如殷巷石锁赛力，窦村石刻技艺，南京板鸭、盐水鸭制作技艺，雨花茶制作技艺，金陵金箔制作技艺，以及铜山高台狮子舞等都声名远播，承载着一代代江宁人的共同记忆。

第一节　殷巷石锁赛力

石锁赛力是一项集力量、技巧、健身于一体的传统体育竞技项目，这项活动在江宁已经流传很久，尤其是江宁的殷巷地区，至今依然有一大批爱好者定期交流竞技。2008年，殷巷石锁赛力被列入首批南京市非物质文化遗产名录。2009年，被列入第二批省级非物质文化遗产名录。

一、发展脉络

石锁是流布在江宁殷巷、龙都、天景山一带的传统体育竞技项目。相传石锁起源于唐代军营，士兵们用石锁、石担子锻炼身体，训练体能。《南京民俗志》记载，南京地区的石担、石锁活动始于明初，由山东、河南民间武术名流传入。明清两代的武举制度，也将掇石列为武举考试内容。据《清代科举考试述录》记载，武科考试分三场：第一场马步箭，第二场技勇，第三场兵法。其中技勇为拉弓、舞刀、掇石。掇石分得很细："石有二百斤、二百五十斤、三百斤……分等试之。"太平天国定都天京后，延续清廷的武举考试内容。罗尔纲编著的《太平天国史》记录科举中的武科考试，首场考马箭、步箭，第二场除考弓、刀外，还有石技勇。石担、石锁都属于掇石、石技勇之列，这些民间体育活动在太平天国时期由于受到重视而得到很大发展，江宁深受影响。

江宁的青龙山麓是石匠的聚集地。明太祖定都南京，都城建设所需的石作建材大多来源于青龙山地区。青龙山下的窦村、锁石等村落都是著名的石匠村，石匠们从上山采石到制作石雕、石作等，对体力要求非常高。闲暇时，石工们也多练石锁、石担锻炼体能。至今在锁石村、窦村还可见石工家里的石锁遗存。同时，石工们制作石锁、石担很便利，客观上为江宁地区石锁活动的普及提供了条件。

据口碑资料，民国时期石锁在殷巷地区非常盛行。无论是农闲还是农忙季节，当地村民们在茶余饭后都有着玩石锁的习惯，有的是单人练习，有的是全家逗乐，有的则是在村头比武过招。石锁传承方式

大都是师徒相传。民国以后，第一代传人有徐昌富（已故）等人，徐昌富在江宁及周边广泛收徒，并经常开展活动交流，培养了众多石锁爱好者；第二代传人有汤定邦（已故）等人，汤定邦继承祖辈的传授，悉心练艺，曾在南京市举办的民间石锁大赛中获得第一名；第三代传人为王道泉、江贤武、王道祥、高荣安、崔永富、盛元成、张启松等人。

二、文化特征

作为一项群众性项目，石锁的传播途径不同于传统武术所依赖的家族传播方式，也不同于一般体育的师徒传承。在其发展过程中，参与者大多亦师亦友，多以休闲娱乐为目的。2000年以后，在当地政府的鼓励与支持下，石锁爱好者以石锁协会为单位，在开放、流动的形式下交流与学习。这种文化特性更利于石锁赛力这个传统项目的延续与发展，在民间有巨大的生命力与传播的广度。经过几代人的传承，石锁的动作发展与创新有了新的延展。

石锁

石锁由锁面、锁底、锁门、锁簧等构成。古人用巨大的石块敲凿成石锁，方方正正，看上去像个“凹”字。石锁有大小锁之说，也有几把锁之说。40千克以上的称为大锁，20千克—40千克称为小锁，5千克—20千克称为花锁。石锁单位称作把，有一把锁、两把锁、几把锁之说。行话说：“大锁练力，小锁练技，花锁练艺。”

殷巷石锁在江苏独树一帜，既保留了以大石锁练力量的玩法，又有玩小石锁的花样动作。现有石锁多种，重量大小不一，从20千克到60千克不等。玩石锁的时候，一般都采用马步蹲裆式，用手抓住石锁把柄用力向上抛，待石锁落下时，用手接住把柄。殷巷石锁在掏螃蟹、滚抛等基本动作基础上，又创立了霸王举鼎、观音托掌、二郎担山、猴儿戴帽、仙人背纤、怀中抱月、大开四门等上百种套路。现在保留下来常玩的套路有推轮、架肘、捞豆腐、打单边、霸王举鼎、观音托掌、二郎担山、喜鹊登梅、仙人背纤、怀中抱月、雪花盖顶、一唱一和、张飞跨马、天公看书、石锁过河、背后穿花、盲人练锁、瑜伽石锁、双龙抱柱、大开四门等20余种。

三、传承保护

1945年出生的第三代石锁传承人王道泉，目前依然带领石锁爱好者定期练习、交流。当年王道泉的父辈在村里玩石锁就小有名气，他从小因体质差，为了锻炼身体，师从汤定邦练习石锁。在多年的坚持练习中，他对传统石锁套路及花样既有不懈的传承，也有创新，并以殷巷为基地，以艺会友，传播石锁文化。

以王道泉为代表的第三代石锁传承人，还有师从王道泉的王道祥、江贤武、高荣安等，都是江宁石锁协会的骨干成员，在各类石锁赛事中取得过骄人成绩。高荣安的石锁单边技法在南京地区无人能及；王道祥是殷巷石锁协会训练基地的负责人，在基地组织举办过多次比赛；江贤武可将架肘、二郎担山、观音托掌、猴儿戴帽等十余套石锁技法玩得得心应手，重量可达65千克。

在政府的关心下，最初以老艺人王道泉为首的石锁艺人成立了殷巷石锁协会，受此影响，江宁区东善桥、龙都等地也相继成立了石锁协会，在此基础上，组建了南京市江宁区石锁协会。该协会与南京、上海、苏州、无锡、泰州、淮安等多个地区的石锁协会、爱好者经常

石锁赛力

开展交流活动，增进了友谊，提高了技艺，也宣传了石锁文化，还博得海外华侨及外国友人的认同和青睐。群众体育活动是国家体育事业的基础工作，全民健身是当下体育发展的方向，殷巷石锁符合这一时代潮流，其传承发展所依赖的正是普通民众。殷巷石锁具有民俗文化、审美愉悦、强身健体等研究价值。

第二节　窦村石刻技艺

江宁区青龙山西北麓有个南京地区著名的石匠村——窦村。窦村之窦无关姓氏。一说是村东有甘泉流淌的空洞，故名；一说是明初朱元璋定都南京，从全国各地招募石匠建都筑陵，聚集于此，江宁方言，“窦”为聚集、拼凑之意，故名。窦村石工们的石刻技艺代代相传，盛名远扬。2008年，窦村石刻技艺被列入首批南京市非物质文化遗产名录。

一、发展脉络

江宁石刻技艺有着悠久的历史，一千四百多年前的南朝陵墓石刻，在江南地区还可见32处，江宁境内就有8处。牛首山的摩崖石刻为明代早期作品，距今已有五百多年，仅次于栖霞山的千佛岩。传说栖霞山摩崖石刻中的“石工佛”就是按照窦村石匠王寿形象雕刻而成的。

说到窦村石匠与石刻技艺，就不能不提青龙山。据《万历上元县志》载，青龙山“山趾石坚而色青，可为碑础之属”。此后历代志书对青龙山青石均有记载。青龙山产的青石属于石灰石，石坚、纹细、颜色好，既可作建筑石材，也适宜雕琢，是石工们十分青睐的石材原料。窦村紧邻南京外郭城门上坊门、高桥门、沧波门，麒麟门，毗邻的运粮河与秦淮河相连，交通便利。明代以来，凡南京城内建设所需的石块、石灰、石子等，大半来自青龙山及周边的阳山。工匠们聚于此地，采石、雕琢，代代相传。直至今日，青龙山、黄龙山的十里长山凹，还可见很多采石遗迹，窦村也可见历代工匠留下的以石为生的生活痕迹。窦村的骆氏家族保留至今的族谱，可追溯至清乾隆时期，谱载有八代人从事开山凿石。

南京历代留下的庙宇、园林众多，名人府邸也多，这些建筑都少不了石匠的精雕细琢。窦村石刻制品，有阴刻、阳刻、浮雕、透雕多种，构图生动，雕工细腻，手法多变。

明初，窦村石匠主要承担都城大型建筑与桥梁的石作部分，如修建城墙、明故宫、明孝陵，建造或修复城里的桥梁。南京城五龙桥、三山桥、长干桥、中和桥、玄津桥、珍珠桥等，南京保存最好的明初古桥——光华门外七瓮桥柱子上的十个水兽等，都是窦村石匠的作品。

清咸丰七年（1857），由窦村五社民间集资，石工龙大海、平福全等在村中建造了一座戏台，也称万年台，戏台须弥座雕刻各类题材图案如盘龙戏珠、丹凤朝阳、独占鳌头、刘海戏金蟾等50余幅。戏台于1947年重修，1970年拆毁。莫愁湖公园的抱月楼于1960年筹建，1981年建成。南立面楼下一座可供文艺演出的大舞台，即是参照窦村古戏台修成。窦村老一辈工匠骆谨春等参与建设，其须弥座上200多块水浒、三国故事等连环画幅，栩栩如生。

中山陵“博爱”二字，1979年由窦村工匠张发松按照博爱坊的照片底片复刻。灵谷寺无梁殿后的石碑群，栖霞山舍利塔周围的石栏，南唐二陵的碑刻、华表，牛首山郑和墓盖和碑刻，还有不计其数的百姓生活用具如石磨、石桌及石锁等，都见证着窦村石工们对这项传统技艺的传承。

二、技艺特征

窦村原住民都是石匠，来自安徽、河南、山东等地，带来了各自不同的文化信俗与生活信仰。现在窦村还保留的四方井、古戏台遗迹、颇具山寨风格的村落设计，都与周边传统江南村落不同。他们既有对各自风俗信仰的坚守，也有相互融合兼收并蓄。这种融合也表现在石刻技艺上，既有巧思的“砌”，也有传统技法与匠心独运的“刻”和“雕”。

窦村中保留下来的四方井，是“砌”的巧思之最，在南京地区最显独特。这口井是该村日常生活及灌溉的重要水源，水系设计巧妙，将村东南边山泉水引入村中，饮用、淘洗、去污、牲畜用水上下串联又分隔清晰。窦村石匠自建自居的石屋，则将“砌”的功夫表现得淋漓尽致。墙体采用大小不一的石块，这些石块基本是石作的下脚料，采用错缝垒砌，间以草木灰、石灰、盐卤调成的黏合剂，结构牢固，风格古朴。村中老石屋上的“金钱窗”，用整块石头采用的透雕手法凿成，外方内圆，通过娴熟的技艺表达生活的愿景。此外，村中

窦村石匠石作施工现场

的古戏台建造的本意也非娱乐，而是风水之说。村子南边有一象鼻石，村中人俗称“埋头象”，山泉水从象鼻子流出，是四方井的水源。为了镇住这口全村人赖以生存的泉水，以象鼻石、四方井、大戏台为中轴线修建了一条贯穿村子南北的主路，意喻“象链子”，村北边的古戏台便是拴链子的“桩”。现残存的古戏台高2.7米的石柱上就有大象的浮雕，与村中象鼻石的“埋头象”神态一致。这种风水意象也是村落聚集多年后村民形成的共同信俗。

莫愁湖公园抱月楼的须弥座上的200多块青石浮雕，雕刻的是“武松打虎”“狮子楼捉西门庆”等连环画幅。工匠们通过石雕展现民众喜闻乐见的故事。从窦村石工方明和留下的手绘“夫子庙秦大士故居”石工样图，可见石工们的美学、美工及建筑设计之功底。这些都是窦村石匠在长期的技艺实践中形成的朴素生活信仰、工匠素养与文化属性，以独特的技艺特征打造每件作品。

三、传承保护

窦村的工匠，从明初至清中期只留下杨庭怀的名字。晚清匠人已知者有杨天明、龙大海、龙大兴、平福全、万广发、成允发、殷德财等人。

中华人民共和国成立后至20世纪六七十年代，具有影响的窦村工匠主要有骆谨春、方兴贵、张长松、张永斌、骆永茂、潘兴德、王永根、潘正兴、杨祥洲、张宧渝、杨家斌、张元寿、潘孝顺等人。

20世纪80年代后，窦村工匠代表主要有成天权、方长顺、成富顺、潘清照、成富才、成兴平、方长金、陈兆银、王吉才、潘兴能、张永志、张永全、方明和等。

窦村工匠经过几百年磨砺，用手中的锤子、剁斧、錾子，将这门技艺代代传承，也终将这门技艺载入地方各类志书。民国《江宁县乡土志略》对石匠村窦村有明确记载："山下有窦村，其居民善于刻石。"中华人民共和国成立后江宁县第一部新编县志《江宁县志》，将窦村石雕艺人骆谨春（1899—1970）载入《人物志·历史人物传略》中。

窦村石刻技艺具有重大的历史文化价值，不同时期为城乡建设作出贡献。中华人民共和国成立初期，成天权、王明涛、张长松、潘安宝、潘孝顺等五名石刻艺人被南京市人民政府指定参加了北京人民大会堂建设。

窦村石匠潘红庆擅长锻石造桥。1966年，他在土桥成立的建筑队达70多人，土桥乡政府以他的队伍为核心，组建了土桥建筑站，统揽农桥、涵闸建设。土桥的周郎桥，秦淮新河上的曹村桥、麻田桥、格子桥，五城圩十字桥，汤水河水门桥，一直是当地地标性建筑，五城圩十字桥于2011年被江宁区政府定为区级文物保护单位。1984年，秦淮新河上的十座桥以"十虹竞秀"之胜，入选当年的"金陵新四十景"，曹村桥、麻田桥、格子桥在十桥之列。2005年成立的南京润盛集团有限公司，就是以土桥建筑队为基础的桥梁建筑企业，先后获得

窦村石刻艺人对明孝陵石刻进行修复工作

“江苏省建筑百强企业”“国家优质工程银质奖”等多项殊荣，业务范围覆盖周边省市。

传承人张明和，1955年出生。高中毕业后随父习艺，曾参加过南京多处石刻工程，其中以修复中山陵最具代表性。

2001年，窦村部分工匠参与明孝陵的修复工作，为明孝陵成功申遗作出贡献。

2019年窦村开始拆迁，原住民全部搬离村子，加之石刻行业工作艰苦，传统的石作行当日渐式微，作为非遗项目的“窦村石刻技艺”传承与发展堪忧。值得欣喜的是，窦村石刻技艺的传承已跨越地域界限，新的传承人葛志文来自泗阳，2006年他个人创建了石雕艺术馆，他的石雕石刻作品获得了江苏省工艺美术最高奖。

第三节　板鸭、盐水鸭制作技艺

“大脚仙，咸板鸭，玄色缎子，琉璃塔。”这首在南京地区流传的民谣，是南京城曾经的景致与名片。如今，咸板鸭这张名片依旧是百姓的烟火生活，不减当年。2007年，南京板鸭、盐水鸭制作工艺被列入首批江苏省非物质文化遗产，是百姓身边鲜活的非遗。

一、发展脉络

中国人食鸭有悠久的历史，至迟在六朝时期，文献中就有南京

人食鸭的记载。《南史》记载绍泰二年（556）五月，北齐南下攻梁，陈霸先炊米煮鸭作军粮，荷叶裹之，大败齐军。不过，此时用作军粮的鸭子还不是真正意义上的咸板鸭。而南京人食鸭更多的记载与传播，则是以板鸭与盐水鸭为载体，使其逐渐成为南京的风物。南京板鸭真正的故乡在湖熟，“湖熟板鸭”至少可追溯至明代，既有记载，也有传说。湖熟一带有万亩大圩，是江宁的粮仓，历史上这里盛产优质水稻“红莲稻”。这里良田万顷，河网密集，非常适合鸭子的养殖。湖熟地区一直相传，某年两个回族人从北方逃荒到此，在河滩结庐而居，以养鸭为生，鸭子多了，入冬就腌制储藏，这可能就是湖熟最早版本的板鸭传说了。湖熟地区是江宁乃至南京回民比较集中的地区，湖熟镇水北大街还有始建于明嘉靖十六年（1537）、毁于太平天国，后经清末民国不断重修，现在保存完好的清真寺。较早在镇上从事鸭业的也多是回民，清末民初陈作霖《金陵物产风土志》有这样的记载：“操是业者，半系回回人。”民国夏仁虎《岁华忆语》记有“桂花鸭”：“金陵人喜食鸭，此已见于《南史》，由来久矣。鸭蓄之水塘，听自谋食，故胜于北方填鸭之痴肥。桂花开后，丰腴适口，故谓桂花鸭。”

清朝中期后，南京各类志书及文人对盐水鸭、板鸭多有记载。南京城内也逐步形成“鸭铺八大家”的鸭馔名店，如韩复兴、老宝兴、魏洪兴、濮恒兴等，店主或大师傅、小学徒多半是湖熟人。

袁枚主持修纂的《乾隆江宁县新志》对板鸭有专门记载：“购觅取肥者，用微暖老汁浸润之，火炙，淡黄色，极香嫩，秋冬尤妙，俗称为板鸭。其汁陈陈相因，有阅数十年者，且有子孙收贮以为恒业……洵江宁特品也。”清末潘宗鼎《金陵岁时记》还记载南京城内店铺重阳节以咸鸭犒劳伙计的俗例：“吾乡重九之夕，铺家治酒剥蟹，以犒店伙，佐以咸鸭。”

1910年南洋劝业会开幕时，因宣传、指南之需，徐寿卿著《金陵杂志》，其中“物产志”一目，南京板鸭、盐水鸭赫然在列。

民国时期，中华平民教育促进会出版的“平民读物”第437号《南京》，将南京所制盐水鸭、板鸭作为知识点向平民普及宣传。

民国著名学者、南京通志馆馆长卢前，在《东山琐缀》中著《鸭史》一文，文中提及当年南京以鸭为生者近万人，鸭客人（鸭贩）有五千人左右，鸭铺家三千人左右，鸭行一千余人，鸭业在南京为一大业。清末民初直至现代，很多资料记录南京板鸭、盐水鸭属于官礼。《鸭史》中记录，南京城的很多鸭铺，“立券售诸人，人亦以券为馈礼之具”。直到南京沦陷后，鸭券之制才废。

明末清初，湖熟回民马德怀的祖辈开始制鸭谋生。马德怀曾祖父在湖熟镇水北大街开设马宏兴鸭店。其后，马家后辈除经营马宏兴外，又开设了万源楼鸭店、顺元楼鸭铺。1921年，马德怀父亲马盛禄在湖熟姚东大街开设春华楼板鸭店兼营茶社，是当时湖熟镇板鸭的金字招牌。湖熟镇自古商业繁盛、水陆交通便利，陆路有驰道，水上有航船，并有“夜渡”进城，一直号称“小南京”，外地商贾往来频繁，湖熟鸭子也由此声名远播。

民国时期，湖熟有板鸭店20多家，年生产板鸭10多万只。中华人民共和国成立后，板鸭店虽减少到8家，但年生产板鸭20多万只，远销广州、武汉、香港、澳门等地。20世纪60年代到70年代，部分板鸭店关门停产，板鸭生产大幅度下降，年产量只有数千只。至20世纪80年代，湖熟恢

鸭　史

金陵之鸭名闻海内。宰鸭者在今日约有百家。鸭行在水西门外，约三十家。销鸭以冬腊月为多，每日以万计。

鸭之来源，以安徽和县、含山、巢县、无为、全椒为多，六合及本京近郊占极少数。鸭客人（即鸭贩）到京即投行。鸭铺（即鸭店）上行，由行客铺共同议价。

六月之鸭，养不易大，所谓早鸭，因吃麦稍，体质太嫩。腊月之鸭，因天寒亦不易孵育。八月之鸭最好，正桂花开时，故称桂花鸭。十月，冬月，谓之宿漕鸭，以稻喂养，亦甚肥美。

盐水鸭制法。第一，抹以盐，再以盐卤浸之。煮鸭以前，在炉烘干，以白水煮之。置生姜、葱、茴香少许。天热，亦酌用醋，解除腥味。制烧鸭之法，光烫以开水，涂以糖稀少许，用火炉烤之。

每年过重阳则卖酱鸭。制酱鸭之法，与盐水鸭略同，所有鸭皮上之色，系用麻油与糖熬成之汁涂上。又酱鸭用头等酱油，加五香、桂皮、姜、葱煮之，非如盐水鸭用白水煮也。酱鸭所以味美，以其时气已冷，先一日煮成，次日发卖，故最可口。

板鸭制法亦与盐水鸭同，惟下卤时间较久，置缸中六七日后，始行挂出，谓之吊胚。吊胚约在十月末，冬月初。吊胚之日，为鸭业营业每年最旺盛之资。是时，京沪、津浦两铁

卢前《东山琐缀》之《鸭史》

复了这一传统名优产品的生产。

二、技艺特征

湖熟板鸭、盐水鸭制作技艺，经过几百年的传承发展，总结出的要诀是：鸭要肥，喂稻谷；炒盐腌，清卤复；烘得干，焐得足；皮白、肉红、骨头酥。制作程序是：杀鸭、烫鸭、拔毛、搓白（搓去鸭皮上一层白膜式薄皮）、去内脏晾干；炒盐腌，清卤复晾稍干，熬卤复；拉直腿，拽直脖。

陈作霖在《金陵物产风土志》中说："鸭非金陵所产也，率于邵伯、高邮间取之。"卢前在《鸭史》一文中也说，南京鸭之来源，以安徽和县、含山、巢县、无为、全椒为多，六合及本京占极少数。而湖熟驰名的板鸭店如春华楼、何聚园、马德兴等都建有自己的"鸭棚"。湖熟板鸭、盐水鸭制作多用湖熟本地的麻鸭。麻鸭的饲料大多是糠丸。秋收后，养鸭人把大批鸭子放入稻田，让它们吃收割后遗漏的稻粒，以及秋后的蚂蚱、蚯蚓等活食。吃米糠与稻谷长大的麻鸭与安徽、苏北等地湖荡里吃小鱼、小虾的鸭子有明显差别，湖鸭肉质松弛，腌制时"蚀耗"也大。春华楼的马德怀为了制作上好的白油板鸭，将稻子煮熟喂养鸭子，长至老秤七八斤重，制出的"鸭胚皮白肉红"，存放到次年农历五月白油不变色、不淌油。"稻鸭混养"的模式也一直是湖熟老字号养鸭的经验。板鸭、盐水鸭制作，鸭子的选用最为关键，这也是湖熟板鸭、盐水鸭的关键技艺。

板鸭腌制一般时近冬令，气候并不稳定。当年春华楼及老字号鸭店铺会根据天气变化，坚持每天翻缸。天气凉爽时，将板鸭团在缸中；天气闷热，就把板鸭沿缸边架空通风。有时也会用削尖的竹签插入鸭腿，从小孔中闻嗅气味是否正常。板鸭腌到两个月后，启卤上钩晾干，直到取下的板鸭颈脖不弯，即所谓"直脖"，这就是标准的湖熟板鸭。

制作板鸭

盐水鸭与板鸭的制作流程大致相同，只是选用鸭子与抹盐复卤不同。鸭子选用八月桂花鸭最好，复卤腌制只需4个小时，复卤后盐水鸭要在80—90℃水温的锅里焖煮45分钟，起锅时需一滚快起。《白门食谱》记载：“金陵八月时期，盐水鸭最著名，人人以为肉内有桂花香也。”

三、传承保护

鸭业既是湖熟镇传统产业，也是主导产业。湖熟板鸭自诞生起，直至20世纪七八十年代，基本处于家庭作坊式生产模式。改革开放后，1980年成立湖熟板鸭厂，1981年成立湖熟清真板鸭厂，以后陆续有国营、集体、个体等43家板鸭厂成立。2002年湖熟鸭业协会成立，是江宁区第一家鸭业专业协会。有成员62名，其中从事鸭肉加工的会员单位24家，养鸭大户32家，有关专家6人。清真板鸭厂厂长、湖熟鸭业协会会长马士奇，原湖熟食品站制鸭师傅马继森是湖熟板鸭、盐水鸭制作技艺的传承人。作为江宁的一项传统食品产业，在新的历史时期，湖熟板鸭、盐水鸭制作的传承与发展有了更广阔的空间：南京金箔集团、南京新润食品集团公司分别于1998年、1999年涉足湖熟鸭业，在秉承传统工艺的基础上，走规范化、规模化道路。新质生产力的注入、先进管理模式的植入，对传统行业的传承与保护起到不可估量的作用。

2000年，南京市民族宗教局、江苏省伊斯兰协会、南京市伊斯兰协会将湖熟清真板鸭厂推荐为南京马祥兴、安乐园、绿柳居、民族饭店等清真饭店定点供货厂家，以保证来南京旅游观光的国内外伊斯兰教徒有安全正宗的清真食品，填补了南京市民族食品生产的一项空白。2003年，湖熟鸭产品通过了江苏省无公害农产品认证和无公害生产基地认证。此外，一些规模化食品加工企业如新润集团，是北京奥运会、上海世博会、南京青奥会供应商合作伙伴，并与麦德龙、沃尔玛等世界500强大型连锁超市、餐饮集团等建立长期稳定的合作关系，除供应传统鸭产品外，还不断推出鸭馔新品，满足不同消费群体需求。湖熟板鸭加工业已成为南京地区特色经济，推动了南京旅游业的发展。鸭业经济也为农民增收致富、乡村振兴作出了贡献。

第四节　雨花茶制作技艺

南京地区有悠久的植茶、制茶历史。1959年创制成功的雨花茶屡获殊荣，当年就跻身中国名茶之列，虽是绿茶中的后起之秀，却是南京现代茶文化的代表。2021年，雨花茶制作技艺被列入第五批国家级非物质文化遗产名录。

一、发展脉络

茶，被《中国科学技术史》作者李约瑟博士称为中国的第五大发明。中国植茶、饮茶的历史源远流长。早在战国以前，巴蜀地区已经出现茶饮，秦汉时期向长江中下游等地区传播。六朝时期，建康（今江苏南京）的饮茶习惯已流行于官方，成为宴席佳品、待客饮品。唐代茶事兴盛，源于陆羽《茶经》的问世。该书是中国茶学的拓荒之作，它的问世对饮茶风气进一步盛行和制茶技术的推广，起到推波助澜的作用。《茶经》记载了茶叶的各产区，其中对南京江宁的茶就有明确记载："润州江宁县生傲山。""傲山，不详。"陆羽遍访茶区研习茶叶，唐代无锡尉、诗人皇甫冉有《送陆鸿渐栖霞寺采茶》诗，记录了茶圣陆羽在栖霞寺采茶研习之事。唐代，南京的栖霞山、牛首山、雨花台已经有人种植茶叶。南唐和宋人在南京的栖霞山、雨花台开设茶馆，雨花台的永宁泉茶社最有名气，此泉被南宋大诗人陆游称为"天下第二泉"。

《明实录·太祖实录》记载："庚子诏……上以重劳民力，罢造龙团，惟采茶芽以进。"明太祖下令废除贡焙及专门制造团茶的旧制，炒青散茶、绿茶成为明清以降茶叶生产的主流，大力推进了南京地区茶叶的培育与制作。

明清各类志书或文人诗文，对南京地区茶叶多有记载。尤其是栖霞山、牛首山、钟山的茶叶。据清代路鸿休《帝里明代人文略》记载，明嘉靖四十一年（1562）进士、江宁人朱润身（号海峰），在牛首山植茶制茶，取名云雾茶，又称海峰茶。在牛首山植茶的还有明人姚履旋（字允吉），明代顾起元组诗《姚允吉桃花涧十二咏》、清代金鳌《金陵待征录》都有记载。明代苏州人黄姬水著《白下集》之《东山茶》一文记载，明嘉靖年间南京著名学者盛时泰，在东山边买田筑室，疏泉艺石，置"东山茶所"，常与同好烹茶吟咏。《乾隆江南通志》称："茶出天阙山，香色俱绝。"《金陵杂志》记载："云雾，此茶产于钟山、牛首、栖霞三山顶，惟钟山最佳，寺僧采之，以供贵客，非尽人所能得也。”

清光绪三十一年（1905），南洋大臣、两江总督周馥派江苏道员郑世璜率技师、工人赴印度、锡兰等处调查茶业。次年返国，“拨南京钟山荒地一百七亩，青龙山桃源荒地三百五十亩为试验场”，仿印锡新法栽植茶树，即世人所谓江南商务局植茶公所。钟山为总公所，青龙山桃源为分公所，将所制茶叶命名为“云雾茶”。宣统二年（1910），在南京举办的南洋劝业会上，江南植茶公所送展的“南京丝茶”获得金牌奖。南洋劝业会农业馆之茶叶部，专门展示江南植茶公所的茶标本。辛亥革命后，制茶师摸索出搓条手法，云雾茶初具松针形状。

1959年，中山陵园茶场高级工程师俞庸器带领攻关团队经过14次反复试验，成功创制出了形似松针、润绿挺拔的新茶。为了纪念在南京牺牲的近现代革命烈士，将此茶命名为“雨花茶”，成为南京市向建国十周年献礼新茶。至此，雨花茶成为南京地区绿茶的标杆。

二、技艺特征

雨花茶外形似松针，紧细圆直，锋苗挺秀，色泽绿润，白毫隐露，内质香气高雅，滋味鲜纯，叶底嫩绿明亮。

雨花茶的制作技艺是中国传统绿茶针形类茶的技艺，其主要特征体现在以下几个方面。

鲜叶采摘：雨花茶一般在清明前后采摘，以一芽一叶初展为标准，每500克成品雨花茶的芽叶5万—6万个。

摊放：鲜叶采后及时摊放，置于室温条件下的阴凉通风处2—3小时，中间翻动1—2小时。

杀青：杀青在平锅中进行，锅温要求在200℃以上，每锅投入鲜叶约500克，杀青时间为5—7分钟，做到“焦边不焦叶，折梗不断”。

炒茶

揉捻：采用冷揉是形成雨花茶紧细圆直的关键工序，要求紧条、细条、圆条，揉捻后，细胞破壁程度高，滋味更加醇和。

搓条：搓条是塑造雨花茶形状的主要工艺之一，锅温要求先高后低，从80℃降至50℃。搓条时手心满握茶叶，掌握轻—重—轻的原则。搓条的目的是进一步完善紧、细、圆的效果。

抓条理条：整形是雨花茶造型的核心工艺。手指自然弯曲并拢，大拇指张开，通过手掌虎口的收缩，使茶从掌后进、虎口出，茶叶在手中自由滚动。抓条理条的目的是使茶叶形成紧细圆直、锋苗挺秀、形似松针的特征。

筛分精制：使用不同筛号的竹筛，运用抖筛、撩筛、飘筛的手法，将茶叶按粗细、轻重、大小分开。筛分精制也是核心技艺之一。

烘焙：烘笼造型为尖顶烘笼，随着高度增加温度越高。炭火温度呈阶梯状分布，茶叶自上而下烘焙。

三、历史传承

1906年在南京成立的江南植茶公所，是我国第一个将茶叶试验与

生产相结合的茶叶研究机构，也是我国近代茶叶科研发源地。南京地区历史上虽不是茶叶种植的主产区，但江南植茶公所设立的钟山、青龙山茶叶实验场，对南京地区茶叶的种植与制作起了很大的促进与示范作用。江南植茶公所陆溁曾随郑世璜一道考察印锡茶业，回国后创制的云雾茶，堪称雨花茶的源头。1958年，雨花茶经由俞庸器工程师团队定型，江宁县茶场也是当年参加雨花茶研制的主要单位之一。

1961年，江宁县派技术人员参加中山陵第一期雨花茶培训班。同年7月，谷里农塘头茶场和东善桥水阁村开始炒制雨花茶。1962年，雨花茶炒制工艺在江宁全县推广。1969年，江宁县茶场被指定为雨花茶主要生产基地。1984年，江宁县茶场攻关研制出雨花茶全程机械化炒制技术，产量实现了全面提高。

当年江宁县茶场的孙传英、任桂芳、马枝俊、王家龙、朱锴等均师从俞庸器，成为该场第一代雨花茶炒制传人。之后，林勤凤、陈新荣、周成花、张明修等拜师学艺，成为江宁雨花茶第二代传人。现在朱安萍、汪平生、沈春兰、李志、马红宝等人是第三代雨花茶炒茶能手，将这门技艺继续传承发展。

经过几十年、几代人的传承与发展，南京雨花茶子品牌已达50多个。其中江宁区雨花茶较为知名的有陆郎黄龙岘林场“黄龙岘”茶、土桥西城林场“城雾”茶、江宁区茶叶试验场“雨翠绿茶”、上坊林场“双龙湖”茶、汤山“汤峰”茶、铜井“铜井”雨花茶等。2009年江宁区启动了“雨花茶振兴工程”，选择具有一定种植规模、技术力量强、自然环境好的淳化街道青龙、苏田茶场，横溪街道许呈、西山茶场，江宁街道李村茶场等五家茶场作为雨花茶生产示范单位。五家单位还联手成立了“合众雨花茶专业合作社”，为全区雨花茶产业发展壮大奠定基础。

南京雨花茶开创了中国炒青型针形绿茶制作技艺的先河，1959年

炒茶的锅

创制成功即被农业部茶叶科学研究所认定为全国名茶，是农业部茶叶科学研究所、浙江大学、湖南农业大学等高校茶学系针形类茶的教学样本。20世纪80年代后，又六次被商业部评为全国名茶。2004年，雨花茶获得国家原产地域保护资格；2013年，获得“南京雨花茶”地理标志证明商标。江宁产的雨花茶色、香、味、形俱佳，茶园面积稳定在2666.67公顷，年产绿茶近700吨，面积和产量占全市的四成左右，多次被评为省部级优质名茶。1993年，荣获意大利维罗纳农业国际博览会二等奖；2003年，荣获“中茶杯”全国名茶特等奖；2006年，获省第八届“陆羽杯”名优特茶评比一等奖。自2010年起，江宁每年都举办“合众杯”雨花茶评比大赛，通过评比，区内各茶场的质量意识、品牌意识、市场意识得到增强。雨花茶的制作销售不仅可以带来很高的经济效益，为乡村振兴、农民增收发挥积极作用，同时还探索出一条乡村茶文化旅游的独特路径。2013年，江宁街道黄龙岘村依托传统茶园与开发研制的“龙针”“龙毫”优质茶叶，将传统茶村打造成“金陵茶文化旅游村”。

第五节 南京金箔锻制技艺

金箔锻制术是中国古老的技艺，经过一代又一代工匠的千锤百炼，这门古老技艺在江宁这块土地上传承、发展。今天的江宁，已成为世界金箔五大生产地之一。2006年5月，南京金箔锻制技艺被列入首批国家级非物质文化遗产。

一、发展脉络

南京金箔起源之说，绕不开三国孙吴时著名道人葛玄。葛玄致力于老庄学术，被后世道教尊称为“太极左仙公”。吴大帝孙权好道术，与葛玄道合。《三国志·吴书》记载：“孙权好道术，葛玄尝与之游，得权器重。特于方山立洞玄观。”葛玄奉命在方山洞玄观作坛布道、炼丹修行，制成金箔包裹的金丹，并将这门技艺传授给众多弟子。此后，葛玄曾孙葛洪又研制出一种用金更少的金箔包裹术——“饰金术”。据记载，原隶属江宁的龙潭、花园，很早就是锤箔者聚集之地。这里几乎“家家供仙翁，户户椎锤声”，打箔成为这一地区的传统行业。

金箔用途随着时代发展，渗透到社会各阶层生活中。明朝，手工业发展迅速，官府介入重要的技术领域，官营作坊与私营作坊共栖，促进了各门类技艺水平的提升。南京作为明朝开国都城，能工巧匠汇聚，金箔锻造技艺也不例外，达到一个非常高的水准。明代宋应星《天工开物》记录了当时金箔锻造的主要技艺流程，虽然简单，但也算当时的行业标准。明代周晖《金陵琐事》里记载了一则“金丝金箔”造假之事：“最不可伪者，金也。二十年来，金丝有银心者，金箔有银里者，工人日巧一日。”记录的虽是社会风尚的堕落，但从另一个侧面也不难看出当时南京地区金箔锻造技艺的精巧。

到了清代，清廷的“工部则例”“圆明园则例”规范了金箔的成色，黄金纯度最高的金箔为“库金箔”，其次为“苏大赤”“田赤金”。圆明园、清东陵的建造以及其他一些宫殿的建造修缮，需要消耗大量金箔，对金箔成色标准有严格规定。清东陵文物档案记录“所用金箔出自江宁”，说明当时产自江宁的金箔是达到则例规定的国家标准。

明代在南京、苏州、杭州三地设立官局织造。清承明制，保留了江南三织造，南京云锦是江宁织造最高水准的代表。南京云锦配色中非常重要的环节就是织物的织金夹银，云锦用料中需要扁金锻制、圆金和孔雀羽线搓制。这些工艺要求促成了金箔技艺范畴的进一步拓展，行业之间相互需求、相互提升。

金箔及其衍生品不是生活刚需，而与国运兴衰、社会稳定关系密切。晚清至民国，国势衰弱，军阀混战，民不聊生，江宁金箔濒临绝境，很多金箔艺人转行谋生。为了恢复这一传统技艺，江宁县金箔锦线供销合作社于1955年5月1日在花园乡正式成立，吸收当地最好的打箔工人入社，成立初期只有91名工人。1956年，该合作社完成江苏省下达的10万张金箔生产任务，作为礼物赠送给前来访问的印尼总统苏加诺。同年，在上海召开的全国“八家厂”铝箔质量鉴定会上，合作社的箔类产品质量一举得魁。

1983年7月，江宁县金箔锦线厂遭受严重的洪涝灾害，企业损失惨重，濒临倒闭。当时江宁县政府决定，将江宁县金箔锦线厂从紧邻长江边的花园乡搬迁到江宁县政府所在地东山镇。经过四十

20 世纪 80 年代中期的金箔集团切箔车间

年的艰苦努力，由江宁县金箔锦线厂发展至今的南京金箔集团，成为世界最大的金箔生产中心之一。至此，江宁金箔真正走上了复兴发展之路。

二、技艺特征

明代宋应星《天工开物》记载金箔制作：“凡造金箔，既成薄片后，包入乌金纸内，竭力挥椎打成（打金椎，短柄，约重八斤）。”简明扼要地阐述了制作过程所用器具、制作流程包括贴箔方法。在长期生产实践中，打箔人有一套自己的制箔标准化流程，总结下来包括配比、化金条、拍叶、做捻子、落金开子、沾金捻子、打金开子、装开子、炕炕、打了细、出具、切金箔十二道工序，可将2克24K黄金锤打成近1平方米的0.12微米薄的金箔。

南京金箔集团在几十年的生产实践中，不断挖掘传统技艺精华的同时，反复设计实验，基本实现机械化的流水线。如第一道工序黄金配比中，用科学的检测方法配比一定比例的银、铜元素，取代过去金箔匠人靠感官经验判断黄金成色，保证了成品金箔质量稳定性。压条机取代人工拍叶，恒温机取代传统的碳基炕。打箔机的使用，使得打金开子这道工序比人工打箔更具效力，质量控制更稳定，一人即可操作。过去的打金开子需要两个打箔工分别手持重达七斤的推锤、护锤，一上一下、一推一护，连续打击两万七千次。

虽然大部分工序可以机械化替代，但像沾金捻子、出具等工序，目前仍需要人工操作，对工匠的技术要求也非常高。工匠用鹅毛作工具，小心翼翼吹口风，挑起薄如蝉翼的金箔，需要练就口风成线成点的本领。基本功的训练中，取三根点燃的蜡烛，吹灭中间的一根，其余两根闻风不动，这才符合切箔工的基本要求。在这些工序中，还会用到最传统的生产用具，如鹅毛、竹刀、硝熟猫皮切箔垫衬

人工打箔

板、乌金纸等。值得一提的是，传说中葛玄用“点打法”完胜吕纯阳“平打法”。江宁金箔继承“点打法”技艺，也是国内两大金箔生产体系之一“苏帮”的技艺特征。人工捶打金箔的年代，捶打金箔的石墩上凸起一个小圆块，锤面与石块的接触面变小后，金块受压力量反而加大，加上乌金纸的裹垫，金箔成型快、色泽亮。如今电磁打箔机上，也依然保留这一特色。

三、历史传承

当年的花园乡（1987年划归南京市栖霞区）是江宁的“金箔之乡”，花园乡兴隆村一带的乡民，几乎家家打箔。自古以来，世操此业，父子相传，兄弟相授，名手辈出。清代南京人范启璋所著《蠡园文抄》记录了当年金箔作坊的店招对联：“点石成金，大造何须陶冶力；财源似水，功夫不断炼锤声。”这里产的金箔，质量与数量都独擅一时。中华人民共和国成立后，江宁县有关部门决定恢复和发展这一传统工艺。经过几年努力，招集流散工匠，添置工具设备，1955年

在花园乡成立了江宁县金箔锦线供销合作社，成为金箔这一古老技艺在新时期传承的起点。当年的打箔高手陈立森（1901—1957），出身打箔世家，十八岁开始打箔，他打出的金箔不破、不毛，一次打出2000多张箔，几乎没有废品、次品。他在江宁县金箔锦线厂先后带过12个徒弟，后来都成为打箔能手，使这门技艺薪火相传。

1983年，江宝全被任命为江宁县金箔锦线厂党支部书记，接管这个濒临破产的企业时，提拔金箔艺人杜恒金担任厂长。在新的领导班子的带领下，该厂对规制、技术进行了深入革新，将现代化的机械设备运用到传统工艺中，生产效率、产品质量、销售收入得到极大提升。2000年以后，企业改制，成立了“南京金箔集团有限公司”，金箔产量占到全国的70%、全世界的60%，成为世界最大的金箔生产基地，同时拥有一大批杰出制箔艺人，有拍叶王牌、切箔状元、打箔能手。

南京金箔集团生产的“金陵”牌金箔，从20世纪80年代开始就屡获殊荣。1987年获得国家最高质量奖，1990年获得第五届亚洲及太平洋地区轻工博览会金奖。中国金箔的国家标准，就是根据江宁金箔实际生产水平制定的。从20世纪90年代至今，“金陵”牌金箔被认定为

金箔工艺品

江苏省著名商标。

金箔产品标志性贴金装饰已遍布全国并走向世界。中央电视台大楼“中央电视台”的贴金大字，国务院赠送香港、澳门特别行政区的“永远盛开的紫荆花”“盛世莲花”，上海“东方明珠”电视塔塔标，还有传统建筑如故宫、布达拉宫、北京中南海等古迹修缮，都是采用江宁金箔以及由南京金箔集团承担的代表作。南京金箔不仅广泛用于泰国、新加坡、缅甸、日本等亚洲国家的一些佛寺、庙、塔、佛像等装饰，也用于欧美一些大教堂的装饰，如北欧大教堂、美国大教堂、基督复活大教堂等。南京金箔集团成立的中国金箔艺术馆，是世界最大的真金箔艺术馆，保存并展示传统的工艺流程及金箔历史。

第六节　铜山高台狮子舞

在中国传统文化中，狮子被视为祥瑞之兽，代表威严、力量、勇气与吉祥。自古从庙堂到民间，狮子是社会生活的图腾，由此衍生出各类与狮相关联的文化产品，舞蹈即是其中一类，狮子舞渐渐成为民间欢愉祈福活动之一。江宁民间有许多传统的狮子舞蹈，最具代表性的是铜山高台狮子舞，2008年，铜山高台狮子舞被列为第一批市级非物质文化遗产。2009年，被列入第一批省级非物质文化遗产扩展项目名录。

一、发展脉络

舞狮又称狮舞、狮子舞、要狮子等，源于中国并广泛流行于东亚、东南亚各国，是一种集娱乐、武术、杂技、音乐、信仰、竞技为一体的综合性民间文化活动。舞狮历史悠久，形式多样。民间的舞狮起源于三

国时期，南北朝时开始流行，至今已有一千多年历史。随着佛教的传入，民众对狮子的信仰更加广泛。传说释迦牟尼出生时，一手指天，一手指地，作狮子吼："天上地下唯我独尊。"狮子被逐渐神话，成为佛法威力的象征，青毛狮子是中国佛教中文殊菩萨的坐骑。

唐代狮子舞在宫廷里作为燕乐中的一个内容，名《太平乐》，又名五方狮子舞。诗人白居易的《西凉伎》诗中有对狮舞的生动记载："西凉伎，西凉伎，假面胡人假狮子。刻木为头丝作尾，金镀眼睛银帖齿。奋迅毛衣摆双耳，如从流沙来万里。"

宋明以降，狮子的石塑像、图案装饰已广泛用于官府与民间生活中。《东京梦华录》记载重阳节民间用粉面蒸糕相互赠送，做成狮子蛮王状，称作"狮蛮"。寺院里的僧人坐在狮子座位上举行斋会，讲经说法。明人张岱在《陶庵梦忆》里记录了绍兴灯景里斗狮子灯的热闹场面。民国时期，夏仁虎《岁华忆语》记载："金陵之龙灯，自上灯后，即游街市。……中间搀以高跷跳狮……及各种杂剧。"

位于江宁区南部丘陵山区的铜山，紧邻横山北麓，自古庙宇寺院众多，直至民国时期还曾保留古寺庵堂19座，其中较为有名的有灯台寺、紫草寺、华严庵（铜山庙）、红莲寺（张王庙）、无垢寺、三郎庙等。有庙即有会，跳灯、玩狮、舞龙，驱鬼迎神是这一地区最常见、最热闹的庙会活动。

铜山高台狮子舞主要流行在铜山的曹村、沈庄一带，源于何时虽没有资料记载，但铜山山阴村《王氏家谱》有关于王氏族人以狮子舞朝山的记载。铜山曹村《张氏家谱》也记载，曹村的古三郎庙，每逢庙会，四方百姓聚于此地跳灯舞狮，以示欢庆娱乐。

三郎庙位于铜山曹村张家自然村南，始建于宋代。《张氏家谱》记载，南宋度宗年间第一次修复三郎庙，每年农历三月三为庙会，香火旺盛，香客云集。清顺治十五年（1658）冬月，由周、王、张、夏四姓村民出资重修三郎庙。王氏、沈氏都是当地舞狮子世家。沈庄有个叫“二铜匠”的村民，舞狮进庙，能将三四百斤重的香炉举起，送到庙前的古戏台上。清朝末年，狮子舞玩球艺人王义昌也有一手玩球，一手能端起八仙桌及桌上的石香炉、贡品的绝技。

20世纪20年代，王氏子孙王惠荣在句容赤山出家为僧，游历各地，博众家舞狮之长，对山阴王氏狮舞进行技艺提升。将原来的单人玩球改为双人玩球，用六张八仙桌搭成高台，由地面到高台上完成狮舞的系列动作。除秉承传统狮舞灵活生动的舞法外，将惊险、技巧融入原有招式上，创出舞狮新套路，成为铜山高台狮子舞的雏形。

20世纪三四十年代，因战乱频繁、民众生活困苦，王氏、沈氏舞狮世家的狮子舞日渐衰落，濒于失传。中华人民共和国成立后，农村经济迅速发展，人民生活不断改善，曹村、彭福村、沈庄舞狮玩灯又重新兴起。沈庄、曹村分别于1957年、1958年相继成立了舞狮队。1960年，沈庄沈庆喜等舞狮艺人邀请溧水的舞狮艺人孙先荣前来传授一些舞狮技巧及新的动作。在原有的高台狮子舞基础上，新创“海底捞月”“丹凤朝阳”“猛虎下山”“打整节滚”等高难度动作，形成今天独具特色的铜山高台狮子舞。

二、文化特征

铜山高台狮子舞是江宁民间的一项民俗活动，表达人们向往平安吉祥、喜乐欢愉的愿景。舞狮艺人们通过狮舞动作的设计，传达这种情感。传统的曹村与沈庄两支舞狮队在表演形式上有所区别。曹村王氏是双狮带球，而沈庄沈氏是单狮无球。曹村的双狮分上下两场，上半场从“开四门”开始，接着有“双龙出水”“双龙洗澡”等；下半场有“狮子出洞”“蜻蜓吃水”“上六张台子”等六套动作。沈庄的单狮别具一格，能文能武，表演上一般分五个场次进行。从地面

动作的“狮子出场”“拜四方”开始，到上三张桌子，共计有45套动作。最后在桌子顶端的长板凳上完成“登凳倒立”“倒立跨凳”“飞跃下山”等惊险奇特的高难度动作，完成整个狮子舞。

至20世纪60年代，地方文化部门对两个村庄舞狮队的整套狮舞动作进行调研、整合、指导，保留两个队狮舞地滚、高台两部分的精华，并配有锣、鼓、铴、钹等打击乐器伴奏。动作设计上，以“武”为主，“文武”兼备。跳跃、跌打、翻滚、登高等“武”动作，充分展示狮舞勇猛威武的气势，最受观众喜爱；又兼有搔痒、理毛、张望、打招等“文”动作，体现狮子的憨态可掬。高台的设计是铜山狮舞的灵魂。用六张桌子搭成三层的高台，台上倒立、口叼台子、台上打半节滚、整节滚等，集舞、乐、杂技于一体，对艺人基本功要求特别高。

铜山舞狮

铜山高台狮子舞作为优秀的民间传统表演艺术，诞生于乡村，立足于乡村，具有广泛深厚的群众基础和民间传承性。经过几代人的传承创新，其表演套路丰富、表演技艺高超，深受群众喜爱。现在也从最初的家族式朝山祈福、舞狮拜年，发展成一种代表本地区民俗的精神文化名片。

三、历史传承

铜山高台狮子舞初创时为家族传承。当地山阴王氏家族、沈庄沈氏家族都是舞狮世家，舞狮技艺不传外姓。动作套路既文武兼备，更注重技巧性的穿插。狮舞在漫长的发展过程中，地域特色愈发明显，形成了北狮、南狮流派。铜山高台狮子舞既有北狮流派的杂耍技艺，更有南狮流派威猛与造型的多样。中华人民共和国成立后，这一传统民间舞蹈以新的形式传承。铜山曹村、彭福村、沈庄等传统舞狮村落自发成立舞狮队，打破了舞狮技艺不传外姓的痼习，师徒相传，同行切磋。

沈庄的沈庆喜，曹村的王惠荣、王化银、王洽青等在继承铜山高台狮子舞传统动作程式的基础上，经过不断改进、学习，形成目前的狮舞地滚动作六套、高台动作十七套。

传承人王化银、王洽青，一直致力于铜山高台狮子舞传统动作的挖掘整理，参加省、市、区的文艺汇演，同时积极参与对舞狮队新成员的培训。目前，禄口街道和江宁区文化部门在传承地的中小学培养了一批舞狮队员，定期训练、表演，使这一民间舞蹈得以长期稳定地传承。

从20世纪60年代开始，铜山高台狮子舞走出乡村，积极参加省、市、区的文艺汇演、调演并屡获殊荣，多次受邀赴苏州、无锡、镇江等地参加艺术节活动。1984年，参加江苏省暨南京市庆祝国庆三十五周年活动演出；1993年参加“南京金陵文化庙会”比赛，获优秀表演奖，夺得“红花杯”；2002年参加“金陵舞韵”南京市广场民间特色表演团队汇演，荣获金奖。铜山高台狮子舞被收录到《中国民间舞蹈集成·江苏卷》《南京市民间舞蹈集成》。

第九章　红色印记

江宁三面环抱南京主城，战略地位十分突出。近代以来，江宁人民形成了光荣的革命传统，境内红色文化资源非常丰富。

从1911年11月驻扎江宁县秣陵关的新军第九镇起义，打响了辛亥革命南京的第一枪，到1949年5月2日中共江宁县委正式成立，江宁境内留下了众多的红色印迹。在2018年出版的《南京红色印迹（1921—1949）》一书中，江宁区入选的红色资源点有15处，全部都与中国人民抗日战争相关，包括新四军先遣支队抗战指挥部遗址、新四军第一支队指挥部旧址、横山县抗日民主政府旧址、赤山之战纪念广场、谷里团结抗日坝遗址、邓仲铭殉难处和仲铭亭、龙都烈士墓、土桥烈士陵园、云台山抗日烈士陵园、周岗烈士陵园、方山烈士公墓、横山烈士纪念碑、陶家齐烈士墓、后阳烈士墓、姚文龙烈士墓。根据2022年出版的《火红的圣地——江宁红色遗址遗迹图志》一书，江宁区现存的红色遗迹遗址有37处，其中包括横山县抗日民主政府旧址等革命纪念地13处，云台山抗日烈士陵园等烈士陵园和烈士墓地19处，张阶华烈士墓等中华人民共和国成立后烈士墓地5处。

第一节　新四军先遣支队抗战指挥部遗址

新四军先遣支队抗战指挥部遗址位于江宁区禄口街道桑园社区后业村。遗址原有5间居住用的砖瓦房，属于开明士绅业文明的住宅。1938年5月19日，粟裕率新四军先遣支队为实施战略侦察，进抵铜山西南桑园铺的业家庄，设指挥部于业文明家中，开启了新四军在南京敌后浴血抗战的历程，也为横山地区成为新四军在南京周边坚持抗战的根据地奠定了基础。中华人民共和国成立后，继承居住该处房屋的业氏子孙，在几十年间因分家、维修，多次对其翻新重建。至1991年，旧址建筑全部拆除，改建为楼房。遗址附近还有沈氏宗祠新四军驻防旧址、横山烈士纪念碑等相关红色资源点。沈氏宗祠西距后业村不到10千米，粟裕率先遣支队曾经在此驻扎。横山烈士纪念碑位于横山北支章山东麓，距后业村不到2千米，2009年8月由江宁区人民政府所立，以纪念在横山事件中牺牲的新四军战士。纪念碑高11.2米，外镶红色大理石，正面镌刻彭冲题写的碑名。碑后墓穴安葬有十多名新四军烈士遗骸。2019年9月，江宁依托横山烈士纪念碑，又建成横山新四军革命纪念设施，内设展览，宣传新四军在江宁的光辉历程。

1938年4月24日，毛泽东以电报指示新四军“主力开往泾县、南陵一带，先派支队去溧水一带侦察”，并特别强调“须派电台及一有军事知识之人随去”。新四军军部决定组建先遣支队，先行进入江南敌后开展战略侦察。新四军第二支队副司令员粟裕任先遣支队司令员兼政委，钟期光任政治处主任，下辖司令部、政治处和3个侦察连，共约400人，由第一、二、三支队抽调的部分团以下干部和侦察分队组成。组队4天后即于皖南歙县岩寺出发，5月13日抵达高淳县境。随后，支队北渡石臼湖，越过横山，于5月19日抵达江宁铜山西南的业家庄。此地南依横山，北望秦淮河支流溧水河，离南京直线距离36千

横山新四军革命纪念馆

米，可进可退，交通方便，是一处良好的驻扎地。业家庄的大士绅业文明为国民党党员，与粟裕长谈后深为折服，将自家住房腾给先遣支队设立指挥部，自己一家移住于附设的辅助房中。支队在各村张贴了粟、钟二人署名的布告，宣传抗日。

安排妥当后，粟裕随即指挥队员了解江南敌后社会政治情况，勘察地形和道路、桥梁等交通设施。他还派出侦察参谋张铚秀、作战参谋张藩、宣传队长吴福海分别组成3个小组。其中，张铚秀负责经陶吴、秣陵关赴龙潭、下蜀等处，了解南京方面的敌情；张藩负责经溧水南境赴金坛、丹阳等地，了解常州方面的敌情；吴福海负责从溧水乌山过京杭公路赴句容等地，了解镇江方面的敌情；粟裕则坐镇业家庄，汇总各地情报，源源不断地向新四军军部电报其行动和侦察的情况，并亲自撰写综合报告派人送回军部。

5月下旬至6月上旬，先遣支队进入溧水新桥地区，与陈毅率领的新四军第一支队主力会师。6月中旬，先遣支队执行第三战区司令长官顾祝同的命令，前出下蜀，破坏了南京至镇江间的京沪铁路，以支援武汉会战。支队夜宿江宁土桥、上峰时，为打消当地刀会群众对外来武装的顾虑，冒雨露营，还积极主动帮助群众担水、扫地，树立了新四军的形象。6月17日，粟裕又率部继续前往镇江和句容公路经过的韦岗，伏击了日军运输车队，击毁汽车4辆，歼灭土井少佐以下官兵数十人，取得新四军江南抗战首战之捷，军威大震。粟裕率队返回业家庄时，为避开日军追击，途中绕经溧水柘塘，曾暂借曹村乡的沈庄（今属禄口街道彭福社区）驻扎，并在沈氏宗祠设立电台。

粟裕在战后报告中总结了此战意义："（1）这是本军出动江南的处女战，这一胜利，真是旗开得胜，因此，大大地提高了战斗情绪及本军的政治影响。（2）自南京失陷后，江南广大人民未见过中国军队的胜利，这次战斗大大的兴奋了群众。（3）战区司令长官给我们的任务只是破坏京镇铁道，但我们不仅完成了破坏铁道的任务，而且更加倍地取得了战斗的胜利，这使本军提高了在抗战军队中的地位。（4）打击了日寇横行无忌的行为。"6月下旬，先遣支队完成使命，结束归建，新四军军部特地致电称赞："先遣队的确起了先锋作用，奠定了我们在江南发展和胜利基础。"

先遣支队从组建到结束虽不到两个月，在横山的时间更短，但业文明目睹新四军言出必行，军纪严明，爱国爱民，其态度从最初的将信将疑转变为彻底支持，不仅自己积极配合新四军，还四处动员横山地区的乡绅起来抗日。1940年3月，中共苏皖区委和新四军江南指挥部决定扩大抗日根据地，建立抗日民主政权。业文明应邀参加了中共江当溧县委书记夏定才召集的会议，建议组织江当溧党政军民抗敌委员会。同年春，该委员会在江宁谢村正式成立。业文明当选委员会主任。6月（一说7月5日），委员会改名江当溧三县抗敌自卫委员会（简称三县联抗会），业文明兼秘书处处长。1944年春，横山县成立参政会，业文明又当选副议长，5月兼任山北参政分会议长，为江宁地区抗日民主政权在

日、伪、顽三方环伺的险境中生存壮大作出了重要贡献。

横山根据地作为当年新四军在江宁坚持抗战的一面旗帜，是周边敌人寝食难安的眼中钉。1940年8月2日，国民党江苏省第一行政区督察专员汪国栋趁新四军主力北上苏中，纠集国民党江宁县县长杨鼎侯、伪当涂县县长张四郎，联合江宁、当涂、溧水三县反动刀会首领，煽动、裹胁1万余名刀会成员，夹击中共江当溧县委机关驻地横山。新四军新三团政治部主任彭冲率部救援被围的县委机关和地方武装。战至3日，乘夜成功突围。但负责掩护的新四军战士有十余名不幸掉队，被敌人杀害。此后，横山党组织被迫转入地下，直至两年后横山根据地在艰难环境中再度恢复重建。

第二节　新四军第一支队指挥部旧址

新四军第一支队指挥部旧址位于江宁区横溪街道横山社区上庄村，占地面积400余平方米，建筑面积128平方米。1938年6月，新四军第一支队副司令员兼一团团长傅秋涛、副团长江渭清率部抵达横山地区，设指挥部于横山深处山谷地带的上庄村，积极开辟横山抗日游击根据地。横山旧属苏皖两省江宁、溧水、当涂三县交界之地，上庄村西距横跨苏皖边界的小丹阳镇仅有十余千米。1982年8月，该旧址被列为南京市文物保护单位，2005年11月被中共南京市委党史工作办公室列为南京党史教育基地。2017—2019年经全面修缮，现保存基本完好。

1938年6月4日，陈毅司令员率新四军第一支队（辖第一、二团）由皖南进入高淳。在与负责战略侦察的先遣支队司令员粟裕会面后，陈毅决定兵分两路：自己亲率司令部和二团东进茅山；傅秋涛、江渭清率一团第一、三营和教导队（后改第二营），北渡石臼湖，在

新四军第一支队指挥部旧址

江（宁）当（涂）溧（水）地区开展抗日游击活动。两支部队形成犄角之势，直接从正面威胁南京城。

12日，傅秋涛率所部1100多人进至小丹阳，选择在横山上庄村设立指挥部。当时，横山地区除了少数交通要道有日伪军设立的据点外，主要就是国民党游击队、群众自卫组织、大刀会、帮会、土匪等不同势力在活动，区域形势复杂。一团兵力有限，装备也不足，仅有四五百支枪，其余多为马刀。因此首先针对地方抗日武装开展统战工作，帮助部队立足。

很快，团部政工干部毛英奇做通了在当涂坝头村、江宁横溪桥一带活动的抗日自卫队首领、原采石邮政局长刘一鸿的工作，将拥有二三十条枪的刘部改编为苏皖边区抗日第一自卫大队。一团还与当地一些颇有群众基础的刀会组织建立了合作关系。

此时，在小丹阳北面不远的梅村驻有另一支势力较大的武装——原国民党军营长朱永祥所率游击队。朱在南京沦陷后，率残部四五十人及家眷溃退至江宁西南山区及安徽边境，收容败兵，又收编

新四军第一支队司令员陈毅与先遣支队司令员粟裕

了金宝圩的红枪会几百人，组成三个大队。他通过关系，联系到第三战区司令长官部，被顾祝同委任为第十九集团军游击指挥第一挺进支队（又称“江南游击队”）司令。但朱部以抗日为名，对人民进行残酷的压榨和搜刮，曾经火烧横溪乡赵村一带20余里民房，害死群众百余人，被称为“游吃队”“小日本”。为争地盘，他还火并溧水县县长兼游击司令王松泉部，烧了桑园铺。粟裕为抗日大局曾派人调解两部矛盾。一团进驻横山，宣传抗日，屡次接到群众对朱部的强烈控诉和严惩朱逆的请求。一团为打开局面，决定严肃处置朱部，遂积极向上反映情况争取支持，终于得到顾祝同“严密监视，相机解决”的命令。1938年7月4日，傅秋涛率部进至云台山东南麓、距梅村五六里的大傅村，完成攻击部署。6日上午，副团长江渭清亲赴朱永祥处谈判，以作最后的努力，劝其改邪归正，团结抗日。这时，一团通讯员在陆郎桥抓住朱的亲信，搜出其向日军投降的密信。下午，朱部意图向北逃跑，一团团部、一营、三营迅速进入阵地，双方开始激战。痛恨朱部的当地群众数百人带着土枪、土炮、大刀、长矛配合新四军战斗，大刀会点传师黄雨兰也率百余人助战，朱部大量红枪会成员在其喊话下临阵倒戈。三个多小时后，新四军取得大胜，俘敌八九百人，缴获八二迫击炮2门、轻重机枪30余挺、步枪数百支。朱永祥率特务营仓皇败逃朱门小山，被前来堵截的新四军全部缴械，朱永祥与其部副司令韩令昌等乘隙逃脱。新四军发动群众，一起搜山，7月8日在梅村西北的山中生俘朱、韩等人，随后转押至新四军军部，交第三战区长官部法办。从此，新四军在横山地区声威大震，为建立抗日游击根据地奠定了基础。

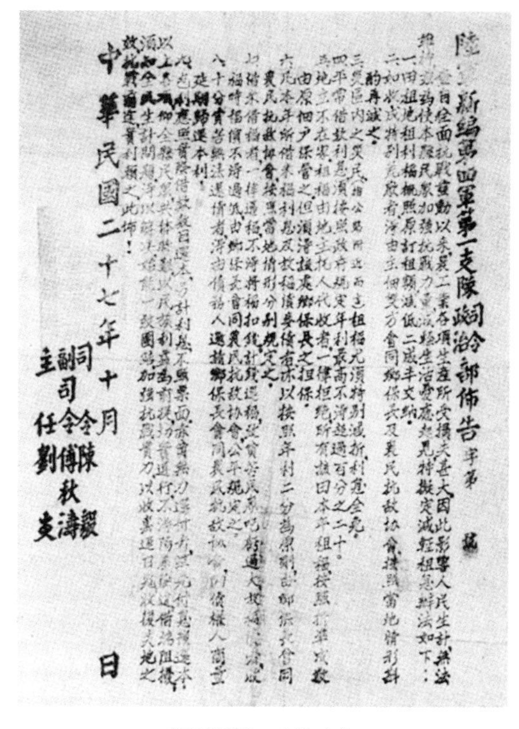

陸軍新編第四軍第一支隊司令部政治部佈告　字第　號

中華民國二十七年十月　日

司令　陳毅
副司令　傅秋濤
主任　劉炎

新四军第一支队布告

一团在横山地区加紧立足之际，积极执行新四军军部指示，与粟裕支队在南京以东的京沪线进行破坏活动的同时，又出击南京以西的京芜间日军交通线，阻碍其部队调动和物资运输，以配合保卫武汉。6月13日，在抵达小丹阳的次日，一团就破坏了京芜铁路采石至铜井段的3座桥梁。15日，又破坏了京建公路南京至秣陵段1公里多。20日，将京芜铁路南京至慈湖间的铁桥全部破坏。27日，日军发现新四军根据地在横山地区，遂由禄口调步骑兵300余人进攻横溪桥，一团侦察队猛袭敌人侧后，迫其退回禄口。随后，敌增援部队300余步骑兵也遭新四军先遣部队痛击，退回陶吴。7月4日，傅秋涛派二营一个连袭击陶吴镇，消灭了该镇的维持会。其后，一团在铜井、横溪、江宁镇、东善桥等地连续打击日伪军。15日，一团一营突袭西善桥，击毙日军一个分队20余人，生俘1人。此战新四军无一伤亡，极大地鼓舞了横山地区民众的抗日斗志。

7月中旬，第二支队三团在团长黄火星、副团长邱金声、政治部主任钟国楚率领下进入横山地区，设团部于小丹阳附近的冲河老村，接手第一支队一团防区。一团则奉命离开横山，东进溧水新桥地区，开辟江（宁）溧（水）句（容）抗日根据地。

第三节　云台山抗日烈士陵园

云台山抗日烈士陵园位于江宁区横溪街道云台村前坎塘。1964年5月，为纪念云台山战斗牺牲的新四军官兵，中共江宁县委、县人民委员会修建了云台山抗日烈士墓，8月1日将分散埋葬的65名烈士遗骸集中迁入，同时配建纪念亭，竖立大理石纪念碑。1979—1980年，重修烈士墓，新建纪念塔、陈列室、接待室，被江宁县委命名为县级爱国主义教育基地，并对外开放。1992年3月，该陵园被南京市人民政府列为市级文物保护单位。1995年，再次维修翻新。2006年，江宁区民政局扩建重修墓园，更名为云台山抗日烈士陵园，扩建了占地面积300多平方米的革命史料陈列室。2016年6月，被中共南京市委党史工作办公室列为南京党史教育基地。2020年9月3日，云台山抗日烈士陵园入选第三批国家级抗战纪念设施。2021年，江宁区对陵园进行升级改造，纪念馆重新装修、布展；同时，迁入周边地区散葬的9名烈士墓和一个3人合葬的无名烈士墓。

陵园占地面积1.8万平方米。大门牌坊为三门四柱式。纪念塔和烈士墓建有台基，四周砌汉白玉护栏，栏上饰有云纹和莲花纹，台周遍植苍松翠柏。纪念塔底座长6米、宽5.5米，碑身长4米、宽3.5米、高16米，正面刻“云台山抗日烈士永垂不朽”11个金字，碑顶端嵌红色

云台山抗日烈士陵园

五星塔徽。塔后为烈士墓，前有“永垂不朽”墓碑，高1.8米、宽0.6米，碑后墓丘高2米，有六角形底座，边长13.4米。

1938年春，原闽西、闽赣边、闽粤边、浙南红军游击队合编成立新四军第二支队，张鼎丞任司令员，谭政林、粟裕先后任副司令员，罗忠毅任参谋长，王集成任政治部主任，下辖第三、第四团，共1800余人。三团为主力，有1200余人，黄火星任团长，邱金声任副团长，钟国楚任政治部主任。同年7月中旬，三团由皖南进入苏皖边地区的横山，接替第一支队一团防务。三团进至横山后，仅一个多月就摧毁了禄口、朱门、陆郎、博望、老虎墩等处日伪据点和维持会13个，缴获大量枪支，解救了即将送往南京做慰安妇的青年妇女30余人，控制了小丹阳、横溪、谢村、护驾墩、霍里、濮塘等重要村镇。8月26日，三团在第二支队副司令员粟裕指挥下，粉碎了日军对小丹阳地区的八路围攻，毙敌20余名，伤敌30余名，缴获作战命令、地图等军用品，战士无一伤亡，取得首次反“扫荡”作战的胜利。12月中旬，日军一个联队分四路会攻横山，三团各连向外线运动游击，打破

围攻，歼敌200多人，缴获轻机枪6挺、步枪100余支。日军联队长在会攻挫败后留言给黄火星，说新四军打仗“狡猾”，要约定时间、地点再战。1939年1月7日，日军再纠集1000余人，分三路进攻横山。三团以一营及三营一部迎战，周旋7个小时，毙敌十余人，日军再次撤退。同月8日，日军又对横山根据地中心地带发起六路围攻。团长黄火星紧急下令转移，在边打边撤过程中，毙伤日军50余人，自身仅伤亡9人。

日军不甘挫败，在横山周边的秣陵关、小丹阳、溧水城、陶吴等主要集镇长期驻军，控制要点，伺机围歼新四军主力。三团将各部分散布置，继续游击作战。其中，一营（包括营部和一、二连）由营长邱立生、政治教导员王荣春率领，携带轻机枪2挺、步枪30余支奉命赴江宁镇一带破坏京芜铁路。该营由闽西红军明光独立营、独九团三营、十七团、十八团等部队各一部组成，战士们大部分来自福建苏区。

2月25日，一营近百人进驻横山西北的云台山后石塘村。由于日军在村口安插了化装乞丐的密探，因此消息走漏，驻小丹阳等据点的日伪军伊藤、沃野等部队共出动兵力500余人向云台山进剿。敌军分六路进击：矿山来敌70余人，先占领前后石塘、莺子山一带；慈湖来敌100余人，由朱门出发，先占查塘及西南一带山区；陶吴来敌100余人，分为两路，一路经龙庵桥向后石塘、曾庄一线搜索前进，一路由云台山脚下向后石塘、曾庄方向合围，并分兵占领云台山最高峰的云台寺；小丹阳来敌100余人，也分两路，一路由窑头进逼后石塘、曾庄，一路占领云台山南端高地。

当日晚饭后，一营转移至西距后石塘三四里的曾庄宿营，并婉拒了乡民提出的宿营云台寺以防不测的建议。26日拂晓，哨兵见到偷袭的日军立即鸣枪报警。日军听到枪声，很快蜂拥而至，迫击炮、机枪、步枪、手榴弹，各种火力均向曾庄集中，封锁了进出道路。军事哨一班的战士与敌展开肉搏，大都牺牲。一营立即组织突围，撤出村外，迅速向云台山主峰山顶冲去。王荣春冲出住房一百多米远，双腿被炮弹炸断倒地，牺牲前将望远镜、公文包交给一排副排长曹有金，嘱他转交团长黄火星。敌人已于夜间占领了山头和大庙，从山顶和半山腰的仙人洞对面两面夹攻。

由于仰攻伤亡太大，战士们被迫改变计划，由凤凰岩方向冒着密集的火力拼死打开缺口，许多战士牺牲在凤凰岩土坳深塘和后石塘山坳附近。曹有金脚部负伤后，用棉大衣裹着滚下山去，被当地群众送至主力部队卫生队治疗。激战4小时，除了部分干部、战士成功突围（绝大部分负伤）外，共牺牲65人（其中营长、营教导员、副营长、连长、排长各1名，班长3名）。敌人被毙伤的也有40多人。此次战斗是三团自进驻横山地区以来的唯一一次失利，此后三团调回皖南，归新四军军部直接领导。

曾庄人民在战斗中不怕敌人，奋勇救助新四军战士。除了曹有金外，一名向凤凰岩方向突围的炊事员潜入李大嫂家隐蔽，大嫂让其换上丈夫的破衣服，假装放牛。日军冲进李大嫂家，刺伤炊事员的嘴巴，李大嫂不顾危险坚持说炊事员是自己的丈夫，其子也主动上前叫“爹爹”，最终救下了炊事员。敌军撤走后，曹庄人民将烈士遗体一一掩埋在山脚下，并将其名字写在毛竹片上，每年清明前往奠祭。

第四节　赤山之战纪念广场

赤山之战纪念广场位于江宁区湖熟街道丹桂社区渡桂村村民广场。渡桂村，原名杜桂村，地处赤山西麓，因旧有六朝古刹杜桂院而闻名。2015年，中国人民抗日战争暨世界反法西斯战争胜利70周年之

际，中共南京市江宁区委党史工作办公室为纪念1940年5月14日新四军新二支队副司令员廖海涛率直属队和四团三营在赤山伏击日军的战斗，建“赤山之战纪念广场”。广场占地面积近500平方米，由“赤山烽火”纪念石、“思陶亭”及文化宣传栏组成。2020年对“赤山之战纪念广场”提档升级。

1939年冬，新四军开始执行主力向江北发展的方针，陆续将主力部队北调渡江。1940年初，新四军军部以原第二支队部分机关部队重新组建新二支队，以江南指挥部参谋长罗忠毅兼任司令员、廖海涛任副司令员。1月12日，罗忠毅等率新二支队党政机关进入句容北部地区。1940年3月，以原四团三营九连和句容东北区民众抗敌自卫团（镇句江国民抗敌自卫团）合并整编为新三团，团长为巫恒通，政委为陈宏，参谋长为曾绍墟（5月以后为傅狂波），政治处主任为彭冲。同时，在溧阳安中里，以原四团二营四连和侦察连为基础，与溧阳、溧水、高淳、江宁、当涂的地方抗日武装整编成新四团，团长为黄玉庭，副团长为钟国楚（后升团长），参谋长为王胜，政治处主任为王直（后为罗桂华）。下辖3个营，一营为原江当溧地方武装新一连吴福

赤山之战纪念广场

泽部，二营为原第二支队侦察连和特务营刘一鸿部，三营为原第二支队四团二营四连。

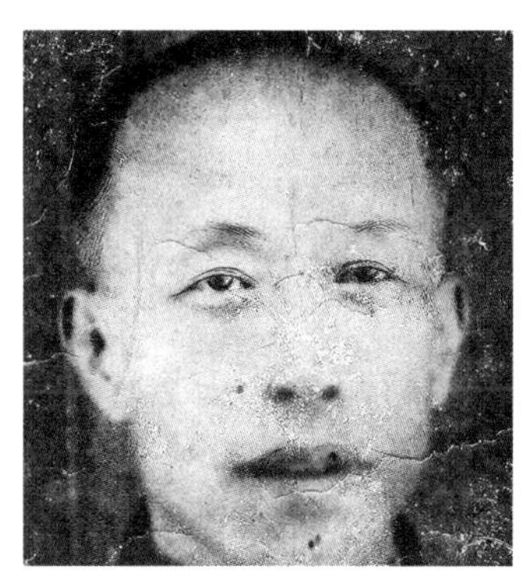
湖熟情报站站长陶家齐

1940年5月，新四军湖熟地区情报站站长陶家齐（原国民党湖熟燕丹乡代理乡长、当地安清帮首领）向新四军新二支队发来情报，吉田中队长率领日军南浦旅团冈本联队一个加强中队由南京开至湖熟，妄图“围剿”三岔镇军民，组织维持会，建立伪政权。三岔镇当时为国民党江宁县政府所在地。5月13日，新二支队副司令员廖海涛率直属队和四团三营由句容葛村绕过赤山湖，进驻日军必经之地——赤山脚下的窦家边，准备伏击。14日上午9时以后，吉田加强中队140多人从湖熟据点出发，经窦家边去三岔组织维持会。日军顺着秦淮河河堤行军，同时向赤山开炮，进行火力侦察。侦察员苏小三和郭维华发现后，立即向新二支队司令部报告。廖海涛令特务连和三营七连隐蔽在西北岗的小山坡上，以机枪、步枪、掷弹筒和手榴弹发起猛烈攻击。突如其来的打击让日军死伤近半，河网纵横的开阔地带又无处藏身，吉田只得将残敌集中到堤埂后面的坟地里，负隅顽抗，并用九二式步兵炮猛轰特务连阵地。三营其他战士从侧面冲锋，九连二排排长王树德率四班战士迂回到敌人后侧，用机枪和手榴弹突击坟地里的日军，很快将其消灭。吉田又纠集残兵躲进窦家边村外的拱桥下。战至11时，拱桥下的日军仅剩十余人，但吉田仍拒不投降。此时，四团战士已伤亡七八十人，日军援兵随时可能赶到。赤山附近的山坡、河堤上都是观战百姓，许多人还主动送来茶水饭菜，一些人甚至用大刀、铡刀帮助新四军砍杀逃跑的日军。廖海涛决心迅速彻底歼敌，一边命令负责警戒的连队密切注意监视日军进援方向，一

边组织突击队，集中用手榴弹轰炸拱桥桥洞。到下午1时，吉田等残兵全部被击毙。此战共歼灭日军100多名，生俘2名，缴获步枪60余支、机枪2挺、掷弹筒2个、九二式步兵炮1门，首创新四军缴获日军大炮的纪录，也是新二支队成军后第一场重大胜利，粉碎了日伪散布的“新四军在江南站不住脚，都逃到江北”的谣言。廖海涛特为《火线报》赋诗一首：“坚持江南抗敌军，日寇惊呼胆寒心。赤山之战缴敌炮，茅山烽火震南京。”陈毅司令员也专门发电祝贺，并指示要警惕敌人报复。17日，南京果然出动日伪军5000多人，配备80多辆战车，由南京、江宁、溧水、句容、镇江、天王寺等地，兵分数路，向郭庄庙、虬山一带“扫荡”。早有准备的新四军在葛村以少数兵力牵制，大部队乘夜突围，经江溧公路转移而去。

第五节　邓仲铭烈士殉难处纪念碑和仲铭亭

邓仲铭烈士殉难处纪念碑位于江宁区禄口街道黄桥社区冯潭庄村西。该地位于秦淮河南源溧水河支流横溪河北岸，南边不远为禄口机场，东北3千米处为禄口街道（原禄口镇）驻地。1943年8月3日，中共苏南区党委副书记邓振询在此处渡河时不幸落水牺牲。1981年8月3日，江宁县人民政府为纪念邓振询烈士牺牲38周年，在冯潭庄村西边的秦淮河上建成一座拱桥，名“重民桥”，以资纪念。桥长60米，宽6米，砌有钢筋水泥桥栏。北岸桥头约30米处竖立大理石纪念碑一座，上刻“邓仲铭同志殉难处”，碑座长约2米，宽约1.6米，高约2.5米。仲铭亭位于江宁区东山街道骆村社区竹山公园北侧山腰处，北邻天印广场。该亭由江宁县委、江宁县政府为纪念邓振询牺牲40周年而建，1983年6月动工，7月完工。亭高

仲铭亭

6.1米，跨度7.2米，亭子形式为六角攒尖顶，檐口有江渭清题“仲铭亭”匾额。亭中朝北立有高1.8米、宽0.6米、厚0.6米的邓仲铭烈士碑，汉白玉碑身正面有武中奇题写的“邓仲铭烈士碑”六个大字，其他三面以隶书题刻烈士生平及事迹。亭前为外港河，上建仲铭桥一座。仲铭亭于1984年被江宁县政府列为县级文物保护单位，1985年被列为县（区）级爱国主义教育基地。2012年12月被中共南京市委党史工作办公室列为南京党史教育基地。

邓振询，又名邓仲铭、邓重民，江西兴国人。出身贫苦家庭。1926年参加农民运动，1928年加入中国共产主义青年团，1929年2月加入中国共产党。参与领导兴国暴动，历任兴国县工会委员长、江西省职工联合会委员长。1933年，当选中国店员手艺工人工会委员长。1934年1月，任中华苏维埃共和国中央政府执行委员会委员兼劳动部长。同年10月参加长征，任红五军团政治部地方工作部部长。到陕北后，任中华全国总工会西北办事处主任兼中华苏维埃中央政府西北办事处劳动部部长。抗日战争全面爆发后，奉中共中央之命赴江西整编南方各省红军游击队，任江西省委组织部部长。1939年1月，抵皖南新四军军部，任中共皖南特委书记。1940年3月，任中共苏皖区委书记。1942年7月，转任中共苏南区委副书记。1943年3月，兼任新成立的苏南区行政公署副主任。

1943年4月，蒋介石掀起第三次反共浪潮，国民党顽固派以第三十二集团军的13个团向溧水、溧阳新四军发起疯狂进攻。邓振询积极协助江渭清领导苏南军民发起反顽战役，后为保存力量，苏南区党委领导分别随新四军主力部队主动撤出溧水，北上江当溧句一带活动。7月下旬，邓振询随四十六团转至横山地区，并具体指导当地开展抗日斗争。8月3日晚，风雨交加，邓振询宿营于禄口冯潭庄。因遇敌情，部队连夜转移。邓振询指挥大部队在高桥渡口先行渡河，他最后登船，不幸船只在河中翻沉，落水牺牲。四十六团当即派出一个营掩护打捞，三天后才在下游200米处找到遗体。江宁县党政军民在距柘塘敌据点仅十余里的平陵乡若城村举行了追悼会，吊唁者达数百人，会场挂满挽联。其中一副挽联写道："昔奔革命，今奔革命，中国共产党功绩伟大；生为大众，死为大众，苏南邓主任精神不死。"遗体最初安葬于江宁县龙都乡，墓碑上书"邓公之墓"。1944年8月3日，在其牺牲一周年之际，苏皖区党委、苏南行政公署在宜兴隆重举行追悼大会。江渭清代表苏皖区党委亲致悼词，给予高度评价："邓副主任为中国共产党高级干部之一，尽瘁中国革命，十年有余，领导苏南斗争时逾三载，而其对党与革命无限忠诚，生活刻苦严肃，学习紧张积极，沉着果断，诲人不倦，实为全国人民及全体共产党员之模范。"同年冬，遗体迁葬周岗乡绿杨村附近的猴山。1958年3月，又迁葬南京雨花台烈士陵园。1960年4月，江苏省人民委员会在邓振询墓前立碑。

第六节　横山县抗日民主政府旧址

横山县抗日民主政府旧址位于江宁区横溪街道许呈村，现存建筑占地面积448平方米。该村地处横山北面的低山丘陵地带，地势由西南向东北倾斜，村中有秦淮河支流由南向北经过。旧址建筑原为大地主余少璋1913年所建住宅，1938年粟裕等新四军将领初至江宁时都曾在此居住过，1943年横山县抗日民主政府正式设机关于此。1982年8月，分别被南京市和江宁县列为市、县级爱国主义教育基地。因长期无人看护，年久失修，同年10月南京市文管会拨专款交付呈村，主要对大厅、对厅、八字门东侧墙和大门西侧房实施维修。门楼内西侧完整的宅院得以保留，西宅中北侧主屋5间房共有123.4平方米，门楼内及东面倒塌的房屋被拆除。1999年再次大修，恢复了院墙、八字门和主体建筑两进5间房屋以及前、后院，门楼按原样加固，围墙拆除重砌。建筑内展陈横山地区抗日游击战的相关图片。院内种植树木花草，安排专人管理。2005年，为纪念抗日战争胜利60周年，中共江宁区委又给予批准修缮，并由区委党史办制作展示江宁抗日斗争活动的展板38块。2005年11月16日，被中共南京市委党史工作办公室列为第二批南京党史教育基地。2015年，为纪念中国人民抗日战争暨世界反法西斯战争胜利70周年，江宁区再次拨款修缮，并更新了纪念馆的展陈。

横山是新四军最早进入江宁的地区。1938年5月中旬，粟裕就率领先遣支队抵达此处，开展战略侦察；6月，第一支队进驻横山开展抗日游击作战，建立了抗日游击根据地；夏秋之际，横山各区都成立了抗日动员会。1940年8月，日伪军与当地反动势力制造横山事件，抗日活动一度陷入低谷。同年10月，中共江当句溧中心县委派遣纪涛伪装货郎，潜入横山，逐步重建党组织。

横山县抗日民主政府旧址

1942年6月，新四军四十六团重返横山，恢复横山抗日游击根据地；8月，复建中共江当溧县委（次年春改称横山县委），成立了江当溧三县行政委员会；12月，因日伪军在横山地区驻军“扫荡”，横山党政机关和主力部队暂时撤出。1943年4月，为应对国民党顽固派的摩擦，中共苏南区委、十六旅旅部部分后方机关一度转移至江宁湖熟地区。同年夏，新四军四十六团重返横山，逐步恢复了当地的抗日局面。同年7月，横跨江宁、当涂、溧水三县的横山地区划分为山南、山北、山西三片，成立了3个区工委及区办事处。其下又先后建立8个区级政权，另外还建有新市、小丹阳、禄口、陶吴、湖洋、长龙等游击区，由县委直接领导其秘密支部。各区政府对原有乡保政权大多仍维持利用，将其改造为既应付日伪又为抗日政权服务的两面政权。在群众基础较好的地区则直接委任乡镇长，如铜山区各乡和亭山区的临淮乡、石生乡。在设有敌伪据点的禄口、谢村、横溪三镇也有区政府委任的镇长。在建设区乡政权的过程中，县委决定成立一个比江当溧三县行政委员会更坚强有力的县级政权。同年冬，横山县抗日民主政府正式成立，原三县行政委员会副主任李钊兼任县长。县政府指挥机关设在呈村。县政府设有一局三科：公安局，局长黄吉民；财经科，科长曹琪（牺牲后由姚秉中继任）；文教科，科长程世勤；军事科，科长赵家淦（次年6月为李琪）。抗日民主政权实行“三三制”原则，共产党员、非党左派进步分子和中间分子各占三分之一。横山县、区、乡各级政权中都有一定名额的党外人士，如正副科长中的赵家淦、陈思勤、杨骏等，正副区长中的王懋海（云台区）、李善斌（谷里区）、高沛清（亭山区）等。

县政府成立后，发现当地一些农民为了谋生曾大量种植罂粟，以致开春时常闹饥荒，于是一方面下令限期禁种罂粟，一方面立即开展了二五减租和借粮度荒工作。各边区则坚壁清野，开展武装保卫秋收和反抢粮斗争。对不配合的顽固地主，组织农会发动群众进行说理斗争。为确保救国公粮的顺利征缴，县政府还坚决镇压了与日伪勾结、威胁群众的国民党顽固派和汉奸，发动了群众，形成了良好的抗日形势。

1944年春，横山县吸收原江当溧三县行政委员会的大部分成员，成立了县参政会，地方士绅张干农当选议长，地方士绅业文明、胡养吾（黄埔军校毕业生，曾任李济深部团长、国民党县长）当选为副议长。5月，横山县山南、山西、山北等地分别成立了参政分会。横山县抗日民主政府很重视参政员意见，经常召开各种座谈会和士绅会，并向参政会做施政工作报告。参政会亦积极支持抗日工作，为抗日民主政府在敌、伪、顽三方环伺的险境中生存壮大作出了不可磨灭的贡献。

抗战胜利后，国共开展重庆谈判，中共中央决定让出南方解放区，以谋求和平。1945年9月下旬，华中局根据中央指示，要求苏南部队尽快北撤。同月25日至26日，中共苏浙区委组织部长召集苏南各县县委书记，部署北撤工作。9月底，横山县党政干部全部编入警卫团，在曹村集中。10月初，部队经溧水、丹阳，从武进渡江北撤，投入新的斗争。

第十章　人物风流

江宁位于秦淮河腹地，“母亲河”的滋润哺育了这片广袤的沃土，钟灵毓秀，万千气象，古老而神奇。

寻根溯源，境内汤山葫芦洞的南京直立人头盖骨，距今已有50万年历史；即便是湖熟文化遗址，亦有近4000年历史的烙印。春秋战国时，这里先后隶属吴、越、楚国。始皇帝三十七年（前210），废金陵邑设秣陵县，县治就置于江宁的秣陵镇，这片土地从此不再沉默无闻。此后，历经三国两晋南北朝、隋唐五代以及宋元明清漫长的淬炼，这里先贤辈出，德才流芳。他们一展人生，勋业昭彰，为本地增色，百代彪炳。

第一节　政军人物

一、谢安

谢安（320—385），字安石，号东山，世称谢太傅、谢相、谢公。出自陈郡阳夏（今河南太康）谢氏，与山东临沂琅琊王氏齐名，合称王、谢。

谢安

谢安作为新一代的代表，对家族的延续起到决定性作用。其父谢裒，太常卿。谢安自小聪慧，负有盛名。年轻时隐居浙江会稽（今浙江绍兴）东山，胸怀韬略，留心时政。

因国运每况愈下，谢安40多岁时选择入仕，在建康（今江苏南京）度过了他一生最为辉煌的岁月。在任丞相期间，他不仅成功挫败桓温的篡位阴谋，避免了内战爆发，还指挥了著名的淝水之战，为东晋赢得了几十年安宁。

谢安到建康任职后，因久别会稽旧地，多有思念，于是选择都城之南的江宁土山，建造了一所别墅，时常到此把酒言欢。土山之名，由此也改称“东山”。

太元八年（383），前秦苻坚率领90万大军，南下伐晋，兵至淮淝之地（今安徽境内），晋国朝野震惊。时任宰相的谢安临危受命，审时度势，缜密安排。他亲任征讨大都督，领兵8万迎战，与侄谢玄齐心协力，运筹帷幄，一举取得“淝水之战”的胜利，保住了岌岌可危的东晋政权。

在淝水之战对决前夕，谢安带着家人，陪着朋友，来到东山“围棋赌墅”，以此安定民心。当捷报传到时，谢安正和客人下棋。他得知这一消息后，表面上相当镇静，内心却异常激动，在跨过门槛时，一不小心竟把木屐的后跟给折了。

作为一代名臣，谢安的雅量和功绩，为后世所尊崇。“金陵四十八景”中的“东山秋月”，因有谢安的加持而声名远播，正所谓“山不在高，有仙则名”。

二、萧衍

萧衍（464—549），字叔达，小字练儿。南兰陵（今江苏常州）中都里人。父亲萧顺之是齐高帝族弟，封临湘县侯，官至丹阳尹。

梁武帝萧衍

宋孝武帝大明八年（464），萧衍生于秣陵县同夏里（今江宁区原上坊镇一带）三桥宅中。他少有英才，博学多识。文学造诣甚高，与沈约、谢朓等人游于南齐竟陵王萧子良门下，被称为“竟陵八友”。他胆识过人，屡立战功，加之家族背景，逐渐成为国中砥柱。

南齐在南朝四代中国祚最短，从建元元年（479）至中兴二年（502），仅有23年。借鉴宋亡教训，齐高帝和武帝以宽厚为本，治政清明，一时经济发展，社会安定，后世史家称其为“永明之治”。但武帝死后，后继皇帝又重蹈覆辙，导致朝纲混乱，走上亡国老路。

齐永元三年（501），时任雍州刺史的萧衍起兵攻入建康。他先立东昏侯萧宝卷之弟萧宝融为帝，仅一年后便改弦更张，迫使和帝禅让，正式称帝，国号梁，是为梁武帝。萧衍于天监元年（502）即位，至太清三年（549）病死，在位48年，是南朝统治时间最长的皇帝。

梁武帝看到东晋凭借士族的维持，国运长达一百多年，但皇帝无权，朝廷被大族把持；而宋、齐两朝用诸王藩镇，权力系于皇帝一人，造成宗室内乱。他汲取前朝经验教训，励精图治，国势日盛，南方出现自魏晋以来从未有过的兴旺局面。

梁武帝一方面很勤政，另一方面又热衷于佛教，广兴佛寺。他曾四次“舍身”同泰寺为僧，然后让群臣用上亿钱为其赎身。当时，建康城有寺院五百多所，僧尼十余万，寺院经济膨胀，大大增加了百姓负担，社会矛盾突出。

梁武帝采取铁腕手段，在他统治的大部分时期，政局安定，经济发展，但表象之下，难掩深层矛盾。晚年，诸皇子争夺皇位继承权日趋激化，太清二年（548），其侄萧正德勾结东魏降将侯景发动叛乱。

梁武帝崇佛图

侯景原为被鲜卑族同化的羯族人，品行不端，辗转诸君门下，最终投靠萧衍。梁武帝委以重任，任命他为南豫州刺史，镇守寿阳（今安徽寿县）。朝中有大臣了解侯景为人，认为乱事就要来了。

不幸果然降临，归顺的侯景以诛杀朝中弄臣朱异为借口，在萧正德接应下渡江攻城。梁武帝萧衍自食其果，成了阶下囚，被软禁于台城净居殿，不久就忧愤成疾而死。

三、岳飞

岳飞（1103—1142），字鹏举。河南汤阴人。北宋末年从军，自幸遇名臣宗泽以后的十余年间，率领岳家军同金兵进行了大小数百次战斗，所向披靡，“位至将相”。

岳飞与南京还有一段渊源。当年，他曾在位于江宁的牛首山及韩府山筑垒设伏，大战金军统帅金兀术。

牛首山，又名天阙山，坐落在南京城南中华门外约15千米处起伏

岳飞

的丘陵之间，属宁镇山脉西段南支。主峰海拔242.9米，面积约500公顷，以牛首山为主体，北连翠屏，南接祖堂。因山顶南北双峰酷似牛之双角而得名，《金陵览古》曰："遥望两峰争高，如牛角然。"其山势陡峭，形势险要，历来为兵家必争之地。韩府山，地处牛首山以北，绵延数里，北起秦淮河边，南与牛首山相连，是南郊的一道天然屏障。

南宋建炎三年（1129）十月，金兀术率10万金兵攻打建康（今江苏南京）。建康留守杜充贪生怕死，弃城投敌，失去主帅的宋军一败涂地。危急关头，时为下级军官的岳飞指挥本部两千人马立住阵脚，与金兵血战，从晨至夕，随后退至广德继续抗金。

次年四月，岳飞率兵自宜兴西进抵江宁，在清水亭首战告捷，大败金兵。是役，金军遭到阻截，一路横尸。随后，岳飞所部进驻牛首山、韩府山一线扎营，修筑石垒设伏。当金兵窜至山下宿营时，岳飞派百人敢死队趁夜色冲入敌军营帐偷袭，金兵猝不及防，多有伤亡，余者四散，又被他事先布置的骑兵射杀。金兵被迫从建康西北的靖安镇（亦称龙湾）渡江北逃，岳飞领步骑兵乘胜追击，一举收复建康。

韩府山的龙泉寺后山，当地人称其为将军山或断臂崖。据传，当年岳飞大战牛首山，手下一员猛将深入敌阵，奋勇搏击，斩杀多名金兵的同时，亦不幸伤及自己的臂膀。他隐身在一个岩洞中养伤，后被当地百姓发现，他们送茶饭，采草药，帮助他疗伤。将军伤好后又奔赴抗金战场，人们为纪念这位因抗金而断臂的英雄，遂命名此山为将军山，崖为断臂崖。

岳飞大战牛首山，距今已近九百年，然横亘山脊、连绵数里的故垒工事遗存，自山腰处仍可见。石垒底宽约1.2米，顶宽0.8米，均高约1米，最高处约1.5米，现尚存2000多米，其中一段约800米保存基本完好，殊为难得。置身此处，仿佛还能感受到当年战鼓擂、鏖战急的场面，分明看见岳飞带领岳家军奋勇杀敌，大败金兵。

四、郑和

郑和（1371—1433），本姓马，名和，小字三保。云南昆阳（今云南昆明）人。回族。明初入宫为宦，后助燕王朱棣靖难有功，赐姓郑，升任内官监太监，时称三保太监。

明成祖朱棣即位后，为了宣示国威，派郑和率领船队出使西洋。在1405—1433年的28年间，郑和船队先后到达东南亚、印度半岛、阿拉伯等地，最远曾达非洲东岸，促进了中国与各国间的经济、文化交流。

郑和像

郑和下西洋是中国古代规模最大、船只最多、海员最多、时间最长的航海活动，比欧洲国家航海早半个多世纪。所到之处，厚往薄来，充满祥和，赢得尊崇，一时“威德遐被，四方宾服”。

宣德八年（1433），在最后一次下西洋返航途中，郑和因积劳成疾，在印度古里（今科泽科德）病逝。至7月船队归国，明宣宗赐葬都城之阳的江宁牛首山南，郑和与这片土地融为一体。

郑和墓南北长300米，东西宽60米，按伊斯兰风格修建。整个墓形呈“回”字形，墓前台阶有二十八级，每七级设一个平台，共四层，寓意郑和历时28年，七下西洋，遍访40多个国家和地区。作为中

国海上丝绸之路项目遗产点之一，郑和墓已被列入《中国世界文化遗产预备名单》。郑和墓与相邻不远处的“郑和墓史料陈列馆”，现为郑和文化园。

郑和船队七下西洋是六百多年前的壮举，也是世界航海史上浓墨重彩的一笔。而郑和作为直接指挥者，名垂千载。诚如梁启超所言：“及观郑君，则全世界历史上所号称航海伟人，能与并肩者，何其寡也！”

五、王以旂

王以旂（1486—1553），字士招，号石冈。江宁人。正德六年（1511）进士。早年担任江西上高知县。后为征授御史，巡视河南，考察吏治。嘉靖年间，累迁兵部右侍郎。时值徐州、吕梁二洪水竭，运船胶滞，影响通航。明廷命王以旂以兵部右侍郎兼右佥都御史，总理河漕。他努力而为，擘画有方，一面引流，一面疏浚。第二年，渠水通，晋秩一等，拜南京右都御史，诏为工部尚书，后改左都御史，又代为兵部尚书兼提督团营。

嘉靖年间，陕西地区边患严重，亟需臣僚分君忧、解国难。时任陕西三边（延绥、宁夏和甘肃）总督的曾铣，亲历蒙古诸部的频繁骚扰，提出通过收复军事重地河套的方案，以克服相关地区的边患危机。明世宗朱厚熜阅后极喜，因事关重大，又请兵部及廷臣集议，诸臣认为俱可施行。尤其得到刚从严嵩手中夺回首辅之位的夏言大加赞赏，“河套议起，言故慷慨以经济自许，思建立不世功。因陕西总督曾铣请复河套，赞许之”。但因严嵩等人交相攻讦，朝纲不安，使得明世宗态度骤变。嘉靖二十七年（1548），夏言被罢免，曾铣则被押解至京，又对之前赞同曾铣复套之议的兵部官员各夺俸示罚，另派兵部尚书王以旂继任，总督三边军务。

王以旂采取一系列有效举措，一时边镇以安，出现了“四野牛羊随处牧，千家禾参满场收”的场景。王以旂因功加官至太子太保。

嘉靖三十二年（1553），王以旂去世，军民悲悯，为之罢市。赠少保，谥襄敏，赐葬祖堂山。有《漕河奏议》《襄敏集》。

王以旂墓文臣像

王以旂墓位于江宁区谷里街道王家坟自然村北，早年湮没在山间浓密的植物中，不为人知。20世纪30年代，其墓尚有石刻文臣一对、武士一对、石狮一对、碑一对。现仅存两武士一文臣像共三尊，1982年被公布为南京市文物保护单位。

六、华金元

华金元（1889—1911），江宁人。新军第九镇征兵时，他应征入伍，先充士兵，后为初级军官。在第九镇接受了反清爱国思想，当同盟会发展会员时，他毅然入会，成为坚定的革命党人。

1910年9月，广州同盟会负责人赵声等开始筹备广州新军起义。为了配合这次行动，他们派人到各地联络驰援，以壮声势，驻扎在南京的九镇有40余名官兵赴广州参加。

华金元一行启程赴粤时，其他同盟会会员秘密在下关为之饯行。他们是抱着必死之决心。分袂之际，徐国泰代表南下同志发表慷慨激昂的演说，表示此行不论成败，誓以身殉，以唤起民众，激励后起之士。

1911年4月8日，黄兴主持召开会议，研究制定起义计划。由于时势艰危，举义时间一波三折，差点流产。原定4月13日发动，后因故推迟到26日，又再次延滞一日。可到了24日，广州城中形势骤然紧张，当局

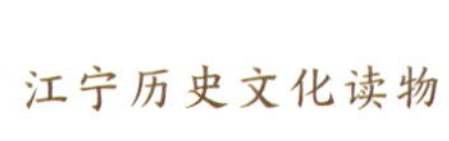

下令缴去新军枪械。接下来的局势进一步恶化，黄兴遂于26日晨做出改期决定，到达广州的先锋队员开始分批撤往香港。当时，还有一批志士抱着誓死一战的决心，黄兴不忍放弃，重又决定起义如期举行。

辛亥农历三月二十九日（4月27日）下午5时半，黄兴率领130多名敢死队员冲出小东营指挥部，进攻两广总督署。起义队员臂缠白巾，脚穿黑面塑胶鞋，手执枪、刀，带着炸弹，奋勇前行。经过短暂枪战，很快便攻占总督衙门。孰料，起义军遍搜各处，不见一人踪影。黄兴顿感不妙，立即下令迅速撤离，去攻占巡警教练所和弹药库。

黄兴带队冲出东辕门时，即遇上清军，双方展开激战。华金元和同为九镇官兵的徐国泰、阮德三最初一直追随黄兴左右，充当协助与护卫角色。后在巷战中彼此被冲散，他们寻黄兴不得，只能自行而战。华、徐、阮三人转战至双门底，遭到清兵围剿，他们拼死一搏，终因寡不敌众，未能杀出重围。在乱军冲杀中，华金元、阮德三英勇牺牲，徐国泰负伤被俘，亦壮烈殉难。先后有80多位义军英勇献身，这就是著名的广州“三·二九”起义。

当地志士冒着极大危险，收殓遗骸72具葬于黄花岗，史称黄花岗七十二烈士。华金元等因当时没被发现而未同载烈士碑。后经陆续查明，于1932年补入史册，英名流芳。

对于广州起义，孙中山予以高度评价：“直可惊天地、泣鬼神，与武昌革命之役并寿。”作为参加者之一，华金元为中国历史进程的变革贡献了自己年轻的生命，值得永远铭记。

七、魏今非

魏今非（1903—1983），又名魏仰之。句容郭庄高阳桥（今属江宁区周岗集镇）人。少贫，13岁到湖北蕲州一杂货店做学徒。北伐战争时期投身革命，1926年在蕲春县组织店员工会，积极发动员工迎接北伐军。1927年4月加入中国共产党。当时，蒋介石叛变革命，大肆屠杀共产党人，在白色恐怖下，他曾组织秘密党支部，开展地下活动。先后任蕲春县总工会秘书兼组织部长、县委委员，区委书记兼特支书记。

中共领导蕲春暴动失败后，魏今非与党组织一时失联。为了保存革命火种，以图继续斗争，他决定暂回老家，1931年冬落脚于淳化镇上庄村岳父家。1933—1936年，魏今非到佘建乡（今上坊镇）中下小学任教，他利用这一公开身份，一面给学生启蒙共产主义教育，一面私下积极寻找党组织。在多方打探暂无着落下，经过秘密考察，他于1935年发展雷文（魏润生）、戴顺容（戴容重）和俞民瑜三人加入中国共产党。因此，他是为江宁县组织地下党支部、播撒革命火种、开展党的地下活动第一人。

1937年全面抗战爆发后，魏今非在句容县筹组救亡协会，组织抗日武装。后去武汉与党组织接上关系，并领受新任务。在抗日战争和中国人民解放战争中，先后任安徽无为县民众动员委员会指导员、津浦路西联防办事处秘书长、定远县县长、和含专署专员、鲁南三专署专员、鲁南区党委三地委委员、陕南行署副主任、中原财办秘书长、中原前方财办主任、中原临时人民政府秘书长等职。

中华人民共和国成立后，魏今非历任中南军政委员会副秘书长，广州市委常委、副市长，广东省委财贸部部长，广东省委常委、候补书记、副省长，国务院财贸办公室副主任、商业部顾问，工商行政管理总局党组书记、局长。他是第五届全国政协委员、中国共产党第十二次全国代表大会代表。

魏今非参加革命半个多世纪，忠心耿耿地为党为人民工作，为中国人民解放事业奋斗。战争年代，他积极动员组织群众投身革命，贡献尤多；和平时期，他投身社会主义建设，长期从事财经工作，积累了丰富经验，为经济发展作出了贡献。

八、邓振询

邓振询

邓振询（1904—1943），又名邓仲铭、邓重民。江西兴国人。1926年7月，北伐军挺进江西，邓振询投身大革命，成为当地农民运动的领导人之一。次年，蒋介石发动“四一二政变”，革命跌入低谷，他被迫转入地下活动。

1928年，邓振询加入共产主义青年团。1929年2月加入中国共产党。1929年3月，毛泽东、朱德率领红四军转战赣南、闽西，他来到兴国，帮助该县首建革命政权。次年2月，邓振询出色地领导了全县工人革命斗争，被选为总工会委员长。

1931年11月7日，邓振询作为江西省工人代表，出席在瑞金召开的第一次全国苏维埃代表大会，次年2月又被选为闽赣两省工人代表大会主席团成员，并担任全省职工联合会执委兼组织部长和委员长。邓振询一心扑在工作上，妻子遭敌机轰炸罹难，顾不上告别；儿子得天花，也没空回家照料。

1933年5月，全总苏区中央执行局在瑞金召开第一次全国店员手艺工人代表大会，邓振询被选为该工会委员长，逐渐成长为工运领袖。

1934年10月，邓振询随中央红军主力长征到达陕北，先后担任中华苏维埃共和国中央政府西北办事处劳动部长、陕甘宁边区政府民政厅长兼工农厅长，致力于发展边区生产和经济建设。

1937年全面抗战爆发后，党中央派邓振询等前往南方工作。他出任江西省委副书记兼组织部长，并受东南局派遣，前往赣南、闽西，协助完成新四军第二支队的组建。

1939年1月，邓振询调任中共皖南特委书记，次年2月又派往苏南任中共苏皖区党委书记，7月初出任江南军政党委书记。在苏南工作期间，国民党顽固派不断挑起纷争，他积极应对。

1940年冬，国民党掀起第二次反共高潮，制造了皖南事变，苏南敌后斗争进入最艰难时期。邓振询领导有方，粉碎了国民党顽固派和日伪军的夹击，巩固了根据地。

1942年，邓振询出任苏南区党委副书记兼苏南区行政公署副主任。1943年3月，蒋介石掀起第三次反共高潮，接连向新四军驻苏南溧水、溧阳的部队进攻。为了保存有生力量，新四军主力于6月撤出溧水地区，邓振询随四十六团转战江宁横山一带。8月3日，部队宿营于江宁冯潭庄，因遇敌情，星夜转移。在渡秦淮河时遭袭，邓振询不幸遇难于高桥渡口。

几天后，江宁县军民在周岗圩绿杨头村为其举行追悼会。次年8月3日，苏皖区党委和苏南行署在宜兴再次举行追悼邓振询烈士大会。

1958年3月，邓振询遗骸迁葬南京雨花台烈士陵园。1983年8月，江宁东山镇修建“仲铭亭”，以纪念这位献身革命、为中华人民共和国建立奠基的英烈。

第二节　文化人物

一、法融

法融（594—657），俗姓韦，润州延陵（今镇江丹阳）人。禅宗牛头派创始人。少读佛经，颇多感悟，遂有削发之念，19岁出家为僧，入句容茅山从三论宗僧炅法师剃度。后从大明法师钻研般若三论（《中论》《百论》《十二门论》）和《华严》《大品》《大集》等经。大明圆寂后，他漫游各地，从盐官（今浙江海宁）邃法师、永

法融

嘉旷法师等听讲各种经论，颇有造诣。但自感全凭知解还不足与实际相契，继而复入山中精修，二十载不懈。

法融与江宁结缘，是在贞观十七年（643）。他来到幽栖山的幽栖寺北岩下构茅茨禅室，潜心修行弘法。相传，他于石室冥思深悟，有百鸟衔花之祥瑞，故此地有“献花岩”之名。“献花清兴”为金陵四十八景之一。

贞观二十一年（647），悟道有得的法融在幽栖寺开讲《法华经》，一时名扬。永徽三年（652），应县令之请入城阐述《大品般若》，后又传授《大集经》。

法融多年精研般若空宗，后遇禅宗四祖道信印证所解。道信称，此法他已付与弘忍（禅宗五祖），故而嘱咐法融可自成一系。此后，法融便于牛首山创宗，成为一个独特的分支，此为禅宗分派之始。牛首山号晋室天阙，山顶双峰并峙，自然天成，恰似牛头双角，亦称牛头山，故其所立之宗称为“牛头宗”。由此，法融成为佛教南宗始祖，幽栖寺则被誉为南宗祖庭，改称祖堂寺，而牛首山分支幽栖山亦更名祖堂山。“祖堂振锡”是为金陵四十八景之一。

显庆元年（656），专负人事的司功萧元善再三邀请法融赴建初寺弘法，法融于次年圆寂于建初寺，时年64岁。

法融的著述，所传只有存于《全唐文》和《景德传灯录》中的《心铭》，作于牛首山，乃一骈文，四字一句，一共198句，792字。它是牛头禅的根本典籍，强调“无心用功”的禅修之法，其后南宗所倡领悟说，可谓承继于此。另有著作《绝观论》，和《心铭》之说别无二致。

法融的门下，从最初的师承关系而言，昙璀应是牛头宗第二世，他晚年曾在牛首山师事法融，但后来却公认智岩为二世。故牛头宗法系六世的传承分别为：以法融为初祖，智岩第二，慧方第三，法持第四，智威第五，慧忠第六。

牛头禅是中国禅宗过渡时期最重要的一支，也是达摩禅传入中国化的开端。它承前启后，深刻影响后来慧能禅的形成，为中国佛教“禅宗”的形成奠定了基石。后代高僧评价法融禅师是真正中华禅的创造者，称其为“东夏之达摩”。

二、王昌龄

王昌龄（698—756），字少伯。其籍贯有太原、京兆（今陕西西安）两说。早岁贫苦，靠农耕为生。大约20岁离家，前往嵩山学道。后到长安谋求发展，继而投笔从戎，西出玉门，踏上出塞之路。虽边功未立，但《出塞》等名篇却回响在大唐空际。

王昌龄

“秦时明月汉时关，万里长征人未还。但使龙城飞将在，不教胡马度阴山。”这首《出塞》诗乃边塞诗的代表，唐人七绝的压卷之作。它气势雄浑，意境高远，极具画面感。大漠、孤烟、雄关、烽火、金戈、铁马，虽未言及，却在眼前，吟之令人拍案叫绝。

唐玄宗开元十五年（727），经不懈努力，王昌龄进士及第。初官秘书省校书郎，此职自古由文学之士充任，为当世所重。后以博学鸿词登科，超群绝伦，于是改任河南汜水县尉，但数年未得提拔。其

后，因事被贬闽南。开元末，王昌龄返回长安。天宝三载（744），他出任江宁县丞，为一县之副。

据载，王昌龄从长安赴江宁任所，迟迟不就，闲居洛阳半年。初到江宁，亦是无心任事，以此泄愤。但他很快便调适心绪，力尽本职，前后八载。此后，他不升反贬，再次遭厄。更为不幸的是，时逢安史之乱，几近花甲之年的王昌龄在返乡途经安徽亳州时，竟被刺史闾丘晓无端杀害，一代诗人死于非命。

王昌龄在南京时，隐居青溪。清代中期，陈文述有《青溪访王龙标故居》诗云："盛唐诗格压南朝，少伯风流久寂寥。我向青溪宫畔过，扬花明月忆龙标。紫裘换酒兴翩翩，花月春江醉欲眠。一样才人工乐府，当时只有李青莲。"诗中的王龙标即王昌龄，因他晚年曾被贬为龙标（今湖南黔阳）尉，故称。

王昌龄在南京青溪的故居引起不少士子的兴趣。第一个前来造访的是他的挚友常建，唐代著名诗人，与王昌龄同榜进士，两人过从甚密。唐代宗大历年间（766—779）常建授盱眙尉，曾到金陵一游。彼时，王昌龄早已谢世，常建宿其故居，唯见孤云，不见故友，感时伤世，不胜悼惜之情，遂留下《宿王昌龄隐居》这首真挚感人的诗篇，以悼念亡友。

作为一代诗人，王昌龄有古今"七绝圣手"之誉，时称"诗家夫子王江宁"。他一生创作诗歌200余首，代表作还有《从军行》《闺怨》《芙蓉楼送辛渐》《采莲曲》等。

三、袁枚

袁枚（1716—1798），字子才，号简斋，自号仓山居士、随园老人。浙江钱塘（今浙江杭州）人，出身书香门第。自幼聪颖好学，9岁即能作诗，游杭州吴山时有"眼前三两级，足下万千家"之句，初显才识。他勤读苦记，年仅12岁就中秀才，一时成为钱塘佳话。

袁枚

乾隆三年（1738），袁枚乡试中举，次年高中进士，被选为翰林院庶吉士。数年后外放任溧水知县，任内颇多建树。其后，又被调任江宁、江浦、沭阳县令，亦有声誉。他曾言："盖贤者视民如家，居官而不能忘其地者，其地之人，亦不能忘之也。"

尹继善调任两江总督后，久闻袁枚名声，便将其调任江宁知县。巨邑江宁本是难治之县，到任后他勤于政务，勇于任事，不避权贵，治理积案，几年的实绩，赢得一片政声。就在颂扬四起之时，袁枚于乾隆十四年（1749）突然以病请辞，从此他绝迹官场，隐居随园，驰骋于文苑诗坛，为当时江南首屈一指的大才子，主盟诗坛。主要著作有《小仓山房诗文集》《随园诗话》《随园食单》等多种。

随园位于五台山以北小仓山一带，本名"曹家花园"，园主乃曹雪芹祖父曹頫。雍正帝继位后，曹家被抄革职，花园易主，为新任江宁织造隋赫德据有，改称"隋织造园"，简称"隋园"。乾隆十年（1745）秋，为袁枚购得。在改造中就势取景，点缀美化，一切皆一个"随"字，故易"隋"为"随"，遂名"随园"。

袁枚精心改造，花费甚巨，营造后有"二十四景"，甘熙在《白下琐言》中赞誉其"处处有画图之妙，城中名园无出其右"。当时这里成为文人荟萃之地。袁枚在此广交文人墨客，聚会一堂，论文赋诗，情趣盎然。

随园是袁枚的得意之作，与之相伴五十余载，情谊甚浓。他曾写

有六篇记述随园的专文，叙说自己的心曲。在去世前两月，他对随园表现出无限眷念，特作诗留别。嘉庆三年（1798），袁枚去世，葬于小仓山。太平天国战争期间，随园悉数遭毁，这座江南名园消失在历史中。

作为南京著名文人，袁枚身负诗人、散文家、文学批评家和美食家等多种名头，成就卓然，堪称那个时代的“天之骄子”；且又极富意趣，享园林美景，品肴馔美食，为后世所艳羡。

四、汤濂

汤濂（1823—1904），字蠡仙，雅号“金陵诗疯子”。今江宁汤山街道鹤龄社区百合村人。生于小康之家，用他自己的话说，“家本小阜”。平生之志，无发财做官之梦，唯喜读书，“三十年闭户”。著有《小隐园全集》。汤濂虽非诗界大腕、文章泰斗，但其诗还是颇具成就，两江总督曾国藩赞誉其“才名籍甚”，诗文“别开生面”，并欣然为其文集作序。

汤濂

汤濂为文法古，自成一体，老到而有韵味，“著诗文四十卷”。生长于乡野之间，过着恬静的生活，造就了他无拘的性格，进而体现在笔尖上挥洒自如。

汤濂自幼生活在江宁这片土地上，安宁度日。不幸南京遭遇战乱，近于城郭的江宁受之影响。他不得不背井离乡，举家避难于湖南，长达13年之久。身处异乡的他无时无刻不眷念故园，写下了许多感怀之作。不止于关注一枝一叶，亦把个人遭际与社会变革以及普罗大众联系在一起。同治三年（1864），战事终于结束，汤濂回到魂牵梦系的故里，一切又恢复如常。

汤濂的一生较为平淡，作为一介读书人，除了涉猎文史外，就是外出游历，足迹遍及南京。他将饱览美景的爱好与擅长作诗之技艺融为一体，全身心地投入创作之中，成全了一时之乐，也留下歌咏桑梓的传世作品。

南宋诗人曾极曾撰有《金陵百咏》，汤濂亦有同题组诗，前者对后者的影响，以及后者对前者的师承，堪称一段佳话。汤濂几乎将南京的风景名胜全部游遍，以自己独到的眼光和审美情趣看待古都的山水形胜和人文荟萃，写下了吟唱故土的诗作，是对这片养育之地的礼赞，堪称南京诗歌史上的奇葩与遗珍之作。其中，诗文涉及今江宁境内的就不下20余首，读来能够感受到诗人的家国情怀。

汤濂另有《金陵四十八景》组诗，伴随着明清时期金陵十景、金陵十八景、金陵四十景、金陵四十八景胜迹而出现。他自言仅三日即完成，可见其才思敏捷，落笔为诗，妙笔生花，为后世留下精彩一页。

五、史量才

史量才（1880—1934），原名家修，字量才，以字行。江宁人。20世纪著名的报业巨子，一位具有民主思想的知识分子。先中秀才，后从新学，活跃于报界。1908年在上海任《时报》主笔。因目睹辛亥革命的失败和政坛的污浊，深感失望，遂把主要精力转向新闻事业，试图通过社会舆论的力量监督当局，激浊扬清。

史量才

1912年是史量才人生中的一个重大转折

点，他以12万元买下了老牌的《申报》。从此，他的事业以及生命与这张报纸合而为一。

在他主持报纸的21年间，《申报》发展迅速，不仅成为当时全国实力雄厚的民办报纸，且在国内舆论界举足轻重。

以高度负责的态度，把办报视为记载历史，真实、客观和公正，这就是史量才的办报史观，亦是《申报》长盛不衰的生存之道。不仅如此，他还有着鲜明的观点，让读者一目了然。史量才姓史，加之主张“以史自役”，章太炎将他的这种办报方针称为“史家办报”。

本着这一方针，举凡每天发生的国内外重大事件，都记录在《申报》上。在关乎民族存亡的非常时期，受时代感召，史量才的行事风格大变，《申报》亦如他的主人一样，在尽量保持客观中立和冷静的同时，开始喷涌忧愤和激情。他强调“无党无偏、言论自由、为民喉舌”，坚持“人有人格，报有报格，国有国格”。

史量才主持《申报》时期，追随时代潮流，真实记录国内外大事，旗帜鲜明地加以评论剖析，为国家的前途和命运呐喊。进入20世纪30年代，要求抗日和民主，反对国民党不抵抗政策，支持民族救亡运动，成为《申报》的立场。因招致当局极度仇视，《申报》多次遭制裁。蒋介石对此亦大为不满，把史量才召到南京，威逼利诱。史量才不为所动，最终激怒了蒋介石，也为他后来遭到枪杀埋下伏笔。

1934年11月13日下午3时，当史量才乘坐的轿车由杭返沪，行至沪杭公路翁家埠段时，突遭军统特务袭击，不幸遇难。

史量才遇难后，长眠于吉庆山，与美丽的西湖相伴。他的墓碑上是章太炎题写的墓志铭，赞誉他像春秋史官子鱼和历代正直的史家，出于对国家和历史的责任感，忠于事实，秉笔直书。

第三节　科技人物

一、葛玄

葛玄（164—244），字孝先。丹阳郡句容人。道教养生学及炼丹史上的重要代表人物。晚年在江宁方山度过数年岁月，据说方山洞玄观为其得道之处。

葛玄出身官宦之家，祖父葛矩曾为汉安平太守，黄门郎；父亲葛焉先后出任孙吴的州主簿、山阴令、散骑常侍和大尚书。葛玄未入仕途，早年师从著名方士左慈学道，习《太清》《九鼎》《金液》等丹经，长于治病，常制丹药以济人。后入阁皂山（今江西清江境内）继续修行，成为道教灵宝派祖师，被后世尊为“葛仙公”。其道术传于郑隐，郑隐又传于葛玄从孙葛洪。葛洪不负师传，终成一代道教理论家、炼丹术家和医药学家。

据载，孙吴赤乌二年（239），吴大帝孙权闻葛玄大名，邀其来建业（今江苏南京），并为他在江宁方山立洞玄观，这是江东最早的道教宫观，供其修道炼丹。

道教术数中很重要的一项就是炼丹，原本是为寻求长生不老而通过药物以获取的方术，臆想服用仙丹后可以返老还童、延年益寿甚至幻想永生。尽管此举绝无可能，但乐此不疲者有之，尤其是君王，期待能永享江山，故而对术士关心有加并提供帮助。在这特殊的求索中，术士通过经年累月的实践，认识到了许多物质的属性，以及物质变化的规律，并通过相应的化学实验，从中汲取和积累了许多最为质朴的知识，为现代化学提供了宝贵经验，故葛玄被称为早期“化学家”。

赤乌七年（244），葛玄走完了他对延续生命而孜孜以求的一生。半个世纪后，葛洪步其后尘，继续着他叔祖的未竟事业。建兴二年（314），葛洪返乡，隐居江宁方山洞玄观，一面续撰《抱朴

方山洞玄观旧影

子》，一面炼丹修道，终有斩获，正所谓“金丹炼成亏葛洪”。他还留下描写洗药池的诗一首：“洞阴冷冷，风佩清清。仙居永劫，花木长荣。”

近一千八百年过去了，葛玄在洞玄观所用煮药铛、药臼等虽已无寻，但洞玄观遗址、炼丹井、洗药池尚存。睹物思人，似乎还能感受到他为之不懈的努力。

洞玄观位于江宁方山南侧，作为孙权敕建的皇家道院，又因道教开教祖师“二葛三张”的葛玄首创，在中国道教史上地位崇隆。据传，历史上该观规制很高，规模宏大，信众广远，信徒众多，全盛时有一宫、三观、六殿、九台、十八堂，被誉为中国道教创教圣地和发源地。

二、陶弘景

陶弘景（456—536），字通明，号华阳隐居。丹阳秣陵（今江宁）人。其祖父陶隆侍从宋孝武帝征战有功，封晋安侯。父陶贞宝深解药术，官至江夏孝昌相。他禀性聪慧，自幼好学，读万卷书。

陶弘景

17岁时，陶弘景应齐高帝萧道成之诏，出任诸王侍读兼总记室，因得赏识，迁拜左卫殿中将军，后被皇帝调任“奉朝请”。在朝廷为官20年后请辞，隐居句曲山（茅山）华阳洞潜心修道。

梁武帝当政后，深知陶弘景才气过人，希望他能出山做官，并亲笔御诏：“心中何所有？卿何恋而不返？”陶弘景接诏后思忖再三，写下了《诏问山中何所有赋诗以答》一首：“山中何所有，岭上多白云。只可自怡悦，不堪持赠君。”通过回答天子之问，阐明鄙人所好超尘脱俗，以示自己的坚定志向。其后，梁武帝曾多次礼聘，但他不改初衷，隐居不出。朝廷每遇凶吉、征讨大事，梁武帝无不遣使前往征询，时人称其为“山中宰相”。

陶弘景的成就是多方面的，他的文采斐然，其《答谢中书书》一文，艺术笔力高超。书法不拘常式，虎虎生威。他撰有天文历算方面的著作多种，如《帝代年历》《天文星经》。他对山川地理、方图物产亦皆通晓，其《古今州郡记》及编制的《西域图》，既研究行政区域沿革，亦反映西域自然地理，其重要性不言而喻。

陶弘景对古代医学和药物方面贡献尤多，增补了东晋葛洪《肘后救急方》；汇编成书的《本草经集注》，是继《神农本草经》之后又一里程碑式论著，首创按药物自然属性和治疗属性分类之新法，成为我国药物分类的标准，沿用千余年。他还撰有《效验方》等药书。作为一个道教徒，他为求长生不老之方，热衷于炼丹，在长期实践中积累了大量资料和经验，先后著有《合丹药诸法式节度》《集金丹黄白方》《太清诸丹集要》《炼化杂术》等书。

陶弘景还是最早记述我国古代灌钢冶炼法之人，此法在当时最为先进，广泛用于生产工具的制作，对推动南朝农业和手工业发展起到重要作用。

三、张栋梁

张栋梁（1887—1937），号仲庵，生于江宁县湖熟镇。祖辈六代行医，医道累世相传。少时随父张少鸿习医，得其真传。父亲去世后，他继续潜心学业，先后投湖熟潘岗头李开基老中医门下和拜名医吴少成为师，学识渐丰。由于医术日臻精深，诊断用药得心应手，其医名遂震乡里。

民国初年，江苏督军李纯患重痢，缠身数年，苦不堪言。曾访医鼓楼医院未果，经张栋梁之手得以治愈。曾任江苏省省长的王瑚因痼疾诊治，痊愈后赠以“救恤灾黎”金字大匾。鼓楼医院英籍院长马林曾赞誉他“不愧是位中国名中医”。

1928年，张栋梁迁至南京城南门西磨盘街10号行医，由于医术高超，善治疑难杂症，治愈众多沉疴痼疾者，其医名遍及省、市各地乃至外省。

张栋梁极力维护和发展中医事业。1929年2月，国民政府卫生部召开第一届中央卫生委员会会议，余云岫等人提出四项议案，其中包括“废止中医”案。为此，全国中医界代表进行抗辩，由张简斋、张栋梁等10人分别与相关政府官员当面交涉，据理力争，迫使当局最终撤销此案。

1931年，中央国医馆成立，张栋梁为首届常务理事。后被聘为附设国医特别研究班教师，次年又出任南京市第一届国医襄校委员。

是年，宁夏省主席马鸿逵得重疾，经张栋梁治疗一月后竟神奇般痊愈，特赠千元以示酬谢。他则将其转送至南京城北施诊所作为基金，以拯救更多病人。

张栋梁行医数十年，拥有丰富的临床经验。他辨证准确，用药大胆，治病每收奇效，无数次“妙手回春”，驱除病魔。更为称颂的是他的医德，治病不分贵贱贫富，以救人为要。对生活无着者常送诊送药，不取分文；对路远而经济拮据者，除了免于诊费外，还出钱接济盘缠。

为了弘扬国粹，培养后继人才，1934年，张简斋与随翰英、杨伯雅和张栋梁等捐款筹办“南京国医传习所”，他出任教习，每次授课听者甚众。

1936年6月中旬，立法院秘书长梁寒操突然生疾，入住中央医院后经诊治病情虽好转，但胸前之疮却久未愈合，并时常作痛。前来探视的市长马超俊夫人沈慧莲提议，何不尝试一下中医，并推荐了张栋梁。没想到运用土法内服几味药，7天后就病除。

1937年8月，致力于中医昌盛并救治众多患者的张栋梁，因积劳成疾，溘然离世。民失良医，闻者悲切，中央国医馆挽以“国医泰斗”唁匾。在移柩湖熟潘岗头祖茔途中，路祭者甚多，当地士绅还举行了隆重的公祭。

作为民国时期南京的四大名中医之一，张栋梁医术精湛，名响江南，其一生有益于百姓之功德，至为可嘉。

四、周仁

周仁（1892—1973），字子竞，出生于江宁一个官吏之家。父亲去世早，他于1902年入读上海育才中学。清宣统二年（1910），毕业于江南高等学堂。考取清华留美公费生，求学于康奈尔大学机械工程学院。

周仁

1914年下半年，包括周仁在内，胡明复、赵元任、秉志、章元善、过探先、金邦正、杨杏佛、任鸿隽等9位留学生先后创办《科学》杂志和成立“中国科学社”，“以共图中国科学之发达”。

是年，周仁获硕士学位，研究方向是冶金。他深感强国必先利器，而制造业没有钢铁就等于“无米之炊”。为了报效祖国，他放弃继续攻读博士学位的机会和摩尔公司的重金聘请，毅然回国。这位著名的“海归”，成为我国现代科学技术界的先驱之一。

1917年，周仁出任南京高等师范学校教授，讲授机械工程课，既有理论深度，又切合实际，深受学生欢迎。1922年，出任上海南洋大学（交通大学前身）教授兼教务长。1927年来到国立第四中山大学，出任工学院院长，并负责筹备中央研究院工程所。翌年，出任该所研究员和所长，建立三相电弧炉，进行钢铁冶炼研究。1933年炼出不锈钢、锰钢、高速钢等铸件，为中国电炉炼钢创始人之一。全面抗战期间，工程研究所内迁昆明，并创办中国电力制钢厂，生产专用钢丝绳及合金钢。

1948年，国立中央研究院选举首届院士，周仁以其在科学技术领域的不凡成就而当选。

中华人民共和国成立后，周仁历任中科院工学实验馆馆长、冶金陶瓷研究所所长、冶金研究所所长、硅酸盐化学与工学研究所所长、中国科学院华东分院副院长和上海科学技术大学首任校长。1955年当选中科院学部委员，还先后当选为第一、二、三届全国人大代表、中国金属学会理事长、上海硅酸盐学会理事长等。

为了加快钢铁工业发展，服务于社会，周仁领导冶金所致力于科研成果的转化，率先研究成功并推广应用球墨铸铁；又对内蒙古包头含氟稀土铁矿和四川攀枝花钒、钛铁磁矿的冶炼与开发进行探究，其成果得以全面利用。

1953年，周仁肩负周恩来总理关于抓好古瓷研究这一重托，运用现代科技对历代精品进行测定，并调查分析各地原料，经反复试验，一批新的国瓷问世。他著有《景德镇瓷器的研究》一书以及诸多论文，其成果分获国家自然科学奖和全国科学大会重大成果奖。

1973年12月3日，周仁病逝于上海。1986年8月10日，一尊周仁的半身铜像矗立在中科院上海冶金研究所院内。五百余人参加了揭幕典礼，他们怀着崇敬之心，缅怀这位为我国钢铁冶金事业和陶瓷业的发展作出卓越贡献的先贤。

大事记

远古时期

距今50万年前，江宁汤山一带有直立人活动。

距今20万年前，此地有从直立人向智人过渡的古人活动。

夏商周

夏（前21世纪—前16世纪），以汤山点将台遗址下文化层为代表的点将台文化已迈入青铜时代。

商前期（前16世纪—前13世纪），江宁分布有大量湖熟文化聚落遗址。

周元王三年（前473），越王勾践灭吴，江宁之地属越。

周显王三十六年（前333），楚威王大败越国，江宁地域归属楚国所有。楚国筑城石头山，置金陵邑，是为南京主城最早的行政建置。

秦汉

始皇帝三十七年（前210），秦始皇东巡，归途中经过南京，相传因望气者言金陵有王气，遂下令凿钟阜，在方山掘断长垄以通流。同时，改楚金陵邑为秣陵县，县治设于秦淮河中游今秣陵街道，新置丹阳县、江乘县。

汉初，分江乘县地置胡孰县。自汉高祖五年（前202）至元光六年（前129），今江宁地区分别隶属于楚国、荆国、吴国、江都国。

元朔元年（前128），汉武帝削藩，颁布推恩令，改秣陵、丹阳、胡孰三县为侯国，封江都王刘非之子刘敢、刘胥行、刘缠分别为丹阳侯、胡孰侯、秣陵侯。三人死后，封国侯号被废除，恢复三县建置。

建安十六年（211），孙权自京口（今江苏镇江）徙治秣陵。废江乘、湖熟两县，改设典农都尉。次年，改秣陵县为建业县，县治由秣陵关迁往石头城。

六朝

赤乌八年（245），吴大帝孙权遣校尉陈勋领兵三万开凿破岗渎，筑方山埭。

太康元年（280），西晋改建业县为秣陵县，分秣陵县西南境置临江县。废江乘、湖熟典农都尉，复为江乘县、湖熟县。次年，改临江县为江宁县，“江宁”之名自此始。

太元八年（383），谢安坐镇东山指挥东晋军队大败前秦于淝水，成为历史上以弱胜强的经典之役。

元嘉年间（424—453），刘宋江夏王刘义恭撰《汤泉铭》，成为有史记载最早对汤山温泉的赞美之辞。

普通八年（527），梁昭明太子萧统在湖熟建造读书台，世称“梁台”。

隋唐五代

开皇九年（589），秣陵、建康、同夏、湖熟等县并入江宁县，县治迁往六朝建康城南门宣阳门外的陈朝安德宫旧址。

武德三年（620），改江宁县为归化县，八年（625）改归化县为金陵县，九年（626）又改为白下县。贞观九年（635）复为江宁县。

天宝元年（742），置丹阳郡于润州（今江苏镇江），领江宁、句容等六县。

至德二载（757），以润州江宁县升置昇州金陵郡，寻改江宁郡。次年，江宁郡改名昇州，复置江宁县。

上元二年（761），废昇州，改江宁县为上元县。

大历九年（774），唐代宗李豫"感梦"敕修牛首山佛窟寺七层佛塔。

杨吴天祐十四年（917），析上元南十九乡、当涂北二乡置江宁县。自此至民国初年，上元、江宁两县同城而治。

保大元年（943），葬南唐先主李昪于祖堂山南麓钦陵。

宋元

建隆三年（962），葬南唐中主李璟于祖堂山南麓顺陵。

淳化五年（994），置上元县淳化镇。

景德二年（1005），江宁县陶吴铺改为金陵镇，又称陶吴镇。次年，江宁县置秣陵镇。

建炎四年（1130），南宋统制岳飞先后在牛首山等地大败金兵，收复建康。

元贞元年（1295），在秣陵镇、江宁镇、龙都等要害镇寨设立巡检司。

明

洪武二年（1369），迁江宁县治于银作坊。

永乐三年（1405），明成祖朱棣为其父孝陵营建碑亭，在阳山留下三块巨大碑材，称为阳山碑材。

宣德八年（1433），郑和于第七次下西洋途中卒于印度古里（今科泽科德），后归葬于牛首山南麓。

正德十六年（1521），《正德江宁县志》刊行，这是现存江宁建县后的第一部县志。

万历二十六年（1598），《万历江宁县志》刊行。

清

乾隆十三年（1748），江宁知县袁枚修纂《乾隆江宁县新志》。

乾隆十八年（1753），吴敬梓创作《金陵景物图诗》，咏东山、天印山。

乾隆二十二年（1757），乾隆帝与太后第二次南巡至江宁，游东山、祈泽池、牛首山、祖堂山、献花岩等。二十七年（1762），第三次南巡至江宁，游东山、牛首山等。三十年（1765），第四次南巡至江宁，游祖堂山。

咸丰三年（1853），太平军攻占江宁省城，江宁府署及上元、江宁两县署移治淳化镇、秣陵关。

同治十三年（1874），汪士铎主纂的《同治上江两县志》刻成，成为南京历史上唯一两县合修的县志。

光绪年间（1875—1908），东山秋月、牛首烟岚、祖堂振锡、献花清兴、天印樵歌、祈泽池深、台想昭明、虎洞明曦江宁八景入选“金陵四十八景”。

宣统三年（1911）九月十八日（11月8日），统制徐绍桢率新军第九镇在秣陵关举义反清。至十月十二日（12月2日），江浙联军攻克南京。

民国

1912年1月3日，临时政府以上元、江宁两县范围设立南京府，并

废除两县。

1913年12月，北京政府废南京府，仍设江宁县，并将上元县并入。

1916年6月，《江宁县乡土志》出版，是一部记载江宁县地情的志书。

1920年9月，李瑞清去世，同年冬归葬于牛首山东麓雪梅岭（今江宁区东善桥林场牛首山分场内）。

1927年4月12日，国民政府定都南京，江宁县改辖城外乡郊。8月25日，江宁县反对划入南京市，市县分界之争遂起。10月17日，国民政府修改条例，放弃江宁县市辖之议，着手划定市县分界线。

1933年2月10日，江苏省政府设江宁县为自治实验县。

1935年5月12日，江宁自治实验县在土山举行县署迁治仪式，土山镇改称东山镇。

1937年12月13日，南京沦陷，江宁县各乡镇亦落入侵华日军之手。至次年2月，日军实施血腥大屠杀，犯下累累罪行。

1938年5月19日，新四军先遣支队司令员粟裕等率领新四军先遣支队抵铜山业家庄，次月上旬离开。6月5日，新四军第二支队司令员张鼎丞等到达博望、横山和秣陵关。6月12日，新四军第一支队一团进驻丹阳，开展抗日游击。

1939年7月，中共江当溧工委、江溧句工委成立。8月、9月，两工委分别改为县委。

1940年3月，中共江当溧句中心县委成立。

1941年8月1日，江宁县抗日民主政府正式成立。

1942年8月1日，江当溧三县行政委员会成立。

1943年冬，江当溧三县行政委员会改组为横山县抗日民主政府。

1945年8月下旬，新四军主力部队与江宁、横山的地方武装先后拔除南京郊县据点，形成对南京城的包围之势。

1948年10月，江宁文献委员会主任委员卢前撰成《东山琐缀》。

1949年4月24日，中国人民解放军第三十五军一〇五师追击溃逃的国民党军队至湖熟、汤山等地区，并解除其全部武装。4月28日，中共南下干部工作队接管江宁，成立江宁县人民政府。5月2日，中共江宁县委成立。

主要参考资料

［唐］许嵩撰，张学锋、陆帅整理：《建康实录》，南京出版社2020年版。

［宋］马令撰 ［宋］陆游撰：《南唐书》（两种），南京出版社2010年版。

［宋］曾极撰 ［宋］苏泂撰 ［清］王友亮撰 ［清］汤濂撰：《金陵百咏·金陵杂兴·金陵杂咏·金陵百咏》，南京出版社2012年版。

［宋］周应合纂：《景定建康志》，南京出版社2009年版。

［元］张铉修纂：《至正金陵新志》，南京出版社2011年版。

［明］礼部纂修 ［明］陈沂撰：《洪武京城图志·金陵古今图考》，南京出版社2006年版。

［明］王诰修、刘雨纂、管景等增修：《正德江宁县志》，南京出版社2012年版。

［明］李登纂修，盛敏畊、顾起元同纂：《万历江宁县志》，南京出版社2012年版。

［清］陈开虞纂修：《康熙江宁府志》（陈开虞本），南京出版社2011年版。

［清］袁枚修纂：《乾隆江宁县新志》，南京出版社2013年版。

［清］莫祥芝、甘绍盘合纂：《同治上江两县志》，南京出版社2013年版。

［清］陈文述撰：《秣陵集》，南京出版社2009年版。

［清］周宝偀撰：《金陵览胜诗考》，南京出版社2021年版。

［清］甘熙撰：《白下琐言》，南京出版社2007 年版。

［清末民初］陈作霖编 ［民国］佚名纂 ［民国］孙濬源、江庆沅编：《上元江宁乡土合志·江宁县乡土志略·江宁县乡土志》，南京出版社2013年版。

［清末民初］张璜撰 ［民国］中央古物保管委员会编辑：《梁代陵墓考·六朝陵墓调查报告》，南京出版社2010年版。

［民国］卢前著：《冶城话旧·东山琐缀》，南京出版社2016年版。

南京博物院编著：《南唐二陵发掘报告》，文物出版社1957年版。

蒋赞初：《南京史话》，江苏人民出版社1980年版。

吴汝康、李星学主编：《南京直立人》，江苏科学技术出版社2002年版。

中国人民政治协商会议南京市江宁区委员会编：《江宁历史文化大观》，南京出版社2008年版。

赵慕明著：《江宁山水》，团结出版社2016年版。

江宁区政协教卫文体和文史委编：《江宁历代碑刻精选》，江苏凤凰美术出版社2016年版。

王聿诚、吕凡著：《江宁地名掌故》，南京出版社2019年版。

中共南京市江宁区委宣传部、中共南京市江宁区委党史办（区志办）、南京市江宁区乡贤文化促进会编：《红色印记：江宁革命先贤》，南京出版社2020年版。

中国人民政治协商会议南京市江宁区委员会编：《江宁非物质文化遗产资源集萃》，南京出版社2022年版。

中共南京市江宁区委党史工作办公室、南京市江宁区退役军人事务局、南京市江宁区地方志办公室编：《火红的圣地——江宁红色遗址遗迹图志》，南京出版社2022年版。

中共南京市江宁区委宣传部、中共南京市江宁区委党史办（区志办）、南京市江宁区乡贤文化促进会编：《江宁古代乡贤》，南京出版社2022年版。

刘文庆编著，南京市江宁区郑和墓园文物保护管理所编：《牛首山题刻释读》，南京出版社2022年版。

南京市地方志编纂委员会办公室编：《南京历史文化干部读物》，南京出版社2023年版。

后　记

历史文化是一个国家和民族的重要精神资产，不仅可以为人们提供丰富的文化体验和情感共鸣，让人们更好地了解和认识自己的文化身份和文化底蕴，还可以通过传承为人类社会的发展和进步注入新的动力和活力。为坚定文化自信、坚持守正创新，中共南京市江宁区委党史工作办公室、南京市江宁区地方志工作办公室经过充分论证和调研后，决定编写一部具有权威性、普及性和可读性的《江宁历史文化读物》，以期在“强富美高”新江宁建设中加强历史文化保护与传承，为江宁人民提供更多更好的精神食粮，促进文化发展成果的全民共享。

在组织编写《江宁历史文化读物》之初，我们对这本书有着一些基本的定位。本书全方位、多视角地展示江宁历史文化的内涵与魅力，适合各级党政干部、广大知识分子、各层级在校学生和其他具有初级以上文化程度的读者阅读，不仅能够促进江宁人民群众对本土历史文化的了解、传承与创新发展，而且为广大域外人士到江宁区经商、学习、旅游乃至选择宜居宜业的生活与发展热土时，提供一个实用而便捷的认识江宁、了解江宁的窗口。

为编好本书，我们对各章的撰稿人进行了精选，最终邀请到对江宁

历史文化研究颇有建树、具有较高社会知名度的专家学者承担撰写任务。其间，我们也重视从江宁区文史专家中遴选撰稿对象，以发挥熟稔区情、民情和史情的本土专家的才干与作用。

本书具体分工是：前言，王志高撰写；第一章，赵慕明撰写；第二章，祁海宁撰写；第三章，卢海鸣撰写；第四章第一节，高峰撰写，第二、三节，赵洪军撰写；第五章，周维林撰写；第六章，邵磊、殷春华撰写；第七章，许长生撰写；第八章，苏润撰写；第九章，邓攀撰写；第十章，韩文宁撰写；大事记和主要参考资料，徐智汇编。全书由卢海鸣统稿。

在本书的编写过程中，各位受邀专家学者给予了鼎力支持，南京出版传媒集团（南京出版社）对本书的出版提供了便利条件，在此对他们的辛勤付出一并表示感谢！由于编者水平有限，书中难免有缺漏或不当之处，敬请广大读者批评指正。

中共南京市江宁区委党史工作办公室
南京市江宁区地方志工作办公室